吕思勉 —— 著

张耕华 编

吕思勉讲中国史

中华书局

图书在版编目(CIP)数据

吕思勉讲中国史/吕思勉著;张耕华编. —北京:中华书局,
2019.1(2020.4 重印)
ISBN 978 – 7 – 101 – 13572 – 5

Ⅰ.吕… Ⅱ.①吕…②张… Ⅲ.中国历史 – 通俗读物
Ⅳ.K209

中国版本图书馆 CIP 数据核字(2018)第 262091 号

书 名	吕思勉讲中国史
著 者	吕思勉
编 者	张耕华
责任编辑	常利辉
出版发行	中华书局
	(北京市丰台区太平桥西里38 号 100073)
	http://www.zhbc.com.cn
	E – mail:zhbc@ zhbc.com.cn
印 刷	北京瑞古冠中印刷厂
版 次	2019 年 1 月北京第 1 版
	2020 年 4 月北京第 3 次印刷
规 格	开本/880 × 1230 毫米 1/32
	印张 12⅞ 插页 2 字数 300 千字
印 数	11001 – 17000 册
国际书号	ISBN 978 – 7 – 101 – 13572 – 5
定 价	32.00 元

目录

001 | 编选说明

001 | 导读

第一编　上古史

003 | 第一章　太古之传说

　　003 | 传说的价值　　004 | 进化的三时期　　005 | 三皇的传说

007 | 第二章　中华民族之建国

　　007 | 搜集、渔猎、畜牧、农耕四时代　　008 | 国家的起源

　　009 | 中华民族的起源

012 | 第三章　唐虞夏商之政教

　　012 | 唐虞时代的情形　　012 | 尧舜的禅让　　014 | 禹的治水

　　015 | 唐虞的政教　　015 | 夏商的兴亡　　016 | 夏商的政教

018 | 第四章　上古之文化与社会

　　018 | 食的进化　　019 | 衣的进化　　020 | 住的进化

　　021 | 行的进化　　021 | 工具的进化　　021 | 宗教和哲学思想

　　022 | 文字的发明　　023 | 古代的氏族　　024 | 部落和民族

　　024 | 工商业的兴起

026 | 第五章　周之建国及其政教

026 | 周朝的建国　　028 | 西周的兴亡　　029 | 周朝的封建制度

031 | 周朝的官制　　032 | 周朝的学校选举制度

033 | 周朝的赋税　　034 | 周朝的兵制　　035 | 周朝的刑法

036 | 周朝的教化

037 | 第六章　春秋与战国

037 | 春秋时列国的争霸　　039 | 战国的互相吞并

041 | 异民族的同化

042 | 第七章　周代之社会概况

042 | 封建时代的社会组织　　042 | 商业资本的兴起

044 | 等级的破坏　　　　　　045 | 宗法的破坏

046 | 第八章　春秋战国之学术思想

046 | 学术思想发达的原因　　047 | 孔子　　049 | 先秦诸子

052 | 第九章　本期结论

052 | 上古史的性质　　　　　053 | 上古史的年代

054 | 民族的同化和疆域的开拓　　055 | 文化的进步

055 | 社会组织的变迁

第二编　中　古　史

059 | 第十章　秦代之统一与疆土之拓展

059 | 秦始皇的政策　　　　　061 | 秦时疆土的拓展

062｜秦朝的灭亡　　　064｜楚汉的分争

066｜第十一章　两汉之政治概况
066｜汉初的政治　　　069｜武帝的文治武功　　070｜前汉的灭亡
070｜后汉的兴起　　　071｜后汉的乱亡
072｜汉朝政治制度的劣点

075｜第十二章　两汉疆域之开拓与对外交通
075｜汉初域外的形势　077｜汉平匈奴　　　　　078｜汉通西域
079｜汉平朝鲜　　　　079｜汉平两越及西南夷
080｜后汉的武功　　　081｜汉时的海上交通

083｜第十三章　两汉之学术与宗教
083｜汉代的崇儒　　　084｜文字的变迁　　　　085｜汉代的经学
085｜汉代的史学　　　087｜汉代的文学　　　　088｜道教的起源
088｜佛教的输入

090｜第十四章　两汉之社会概况
090｜汉代社会情形　　091｜汉朝救济政策
092｜当时学者的议论　093｜王莽的变法
094｜汉朝的士气和武风

096｜第十五章　三国之分裂与晋之统一
096｜后汉的分裂　　　097｜三国的鼎立　　　　099｜晋朝的统一

101｜第十六章　中华民族之新融合
101｜两晋南北朝总说　105｜南北朝的大略

106｜异民族的新融合

109｜第十七章　两晋南北朝之文化与社会
109｜玄学和佛学　　　110｜中外文化的和合　111｜道教的成立
112｜文学与美术　　　112｜门阀的兴起

114｜第十八章　隋之统一与唐之继起
114｜隋唐的概说　　　116｜隋朝的治乱　　　117｜隋唐的兴亡
117｜唐初到开元的治乱

120｜第十九章　隋唐之武功与对外交通
120｜隋唐时域外的形势　122｜隋朝的武功　　　123｜唐初的武功
124｜唐玄宗时的武功　　125｜隋唐的对外交通

127｜第二十章　隋唐之政治与学术
127｜隋唐政治概观　　128｜隋唐的官制
130｜隋唐的选举制度　131｜隋唐的兵制　　　132｜隋唐的法律
133｜隋唐的赋税　　　135｜隋唐的学术　　　136｜隋唐的文艺

139｜第二十一章　隋唐之社会与宗教
139｜隋唐初年的富庶　140｜南方文化经济的发达
141｜商业的发达　　　142｜隋唐时的宗教

144｜第二十二章　中国文化之东被
144｜中国文化东被的原因　145｜朝鲜和日本的文化
146｜隋唐时代的中日交际　146｜渤海的兴起

148 | 第二十三章　唐之衰亡与五代之纷乱

148 | 安史之乱　　　　150 | 藩镇的跋扈　　　　151 | 宦官的专权

152 | 唐朝的分裂　　　　153 | 五代的纷乱

153 | 周世宗的雄略和宋朝的统一

156 | 第二十四章　宋之统一与变法

156 | 宋朝的积弱　　　　157 | 宋朝积弱的原因

158 | 宋代社会情形　　　159 | 王安石的变法　　　160 | 新旧的纷争

162 | 第二十五章　辽夏金之兴起与对宋之关系

162 | 宋辽的关系　　　　163 | 宋夏的关系　　　　164 | 金朝的兴起

165 | 宋朝的南渡　　　　167 | 南宋和金朝的和战

169 | 第二十六章　宋之学术思想与社会概况

169 | 宋代的理学　　　　171 | 宋代的经史之学

172 | 宋代的文艺　　　　172 | 宋朝士大夫的风气

173 | 宋代社会状况　　　174 | 印刷术的发达

176 | 第二十七章　元代之武功

176 | 蒙古的兴起　　　　177 | 金朝的南迁　　　　178 | 成吉思汗的西征

179 | 夏金的灭亡　　　　180 | 蒙古对东西南三方面的用兵

180 | 宋朝的灭亡　　　　181 | 建立大帝国　　　　182 | 蒙古的分裂

183 | 元朝的衰亡　　　　185 | 明太祖的恢复

186 | 第二十八章　中国文化之西渐

186 | 铁器和蚕丝　　　　187 | 罗盘针火药印刷术　　　189 | 马哥孛罗

190｜第二十九章　明之内政与外交
190｜成祖的北迁　　191｜明初的武功　　192｜土木之变
192｜明中叶的内忧外患

194｜第三十章　明之衰亡与奋斗
194｜神宗之怠荒　　195｜东林党及三大案　196｜流寇之祸
196｜明人之奋斗

198｜第三十一章　中华民族的拓殖
198｜中华民族近代的发展　198｜历代的南进　199｜郑和的出使
199｜明代南洋的拓殖　　200｜华人在南洋的政治势力
201｜拓殖的成绩

202｜第三十二章　元明之文化与社会状况
202｜元明时代的学术思想　204｜元明时代的文艺
205｜元明时代的社会阶级　205｜元时输入的宗教
206｜元明时代的社会经济　207｜从宋到明币制的变迁

210｜第三十三章　本期结论
210｜本期的民族斗争　211｜本期的文化
212｜本期的经济和社会组织　212｜本期的政治

第三编　近世史

217｜第三十四章　中西交通之渐盛与西学之输入
217｜新航路的发现　219｜中西相互的关系　220｜教士的东来

220 ｜ 科学的输入

223 ｜ **第三十五章　清代之勃兴**
223 ｜ 清朝的起源　　224 ｜ 明朝的战争　　225 ｜ 清朝的入关
226 ｜ 明朝的灭亡　　226 ｜ 三藩的灭亡　　227 ｜ 台湾郑氏

228 ｜ **第三十六章　清初之政治及武功**
228 ｜ 清初的政治　　230 ｜ 蒙回藏的平定　　232 ｜ 西南诸国的平定

234 ｜ **第三十七章　中华民族之扩大**
234 ｜ 满蒙的同化　　236 ｜ 回藏的开拓　　236 ｜ 西南的开拓

238 ｜ **第三十八章　清初之外交与中叶之政治**
238 ｜ 中俄交涉　　240 ｜ 广东通商交涉　　242 ｜ 传教的情形
242 ｜ 清中叶的内政

244 ｜ **第三十九章　鸦片战争**
244 ｜ 鸦片的输入　　246 ｜ 林则徐的禁烟　　247 ｜ 中英的开战
248 ｜ 南京条约　　249 ｜ 南京条约的善后

250 ｜ **第四十章　太平天国**
250 ｜ 民族主义的勃兴　　251 ｜ 太平军的起事
252 ｜ 太平天国的兴亡　　254 ｜ 太平天国事变的影响
255 ｜ 北方的捻乱　　255 ｜ 西北西南的回乱

257 ｜ **第四十一章　英法联军与中俄交涉**
257 ｜ 广东交涉的纠纷　　258 ｜ 英法联军的东来

260｜天津北京条约　　261｜中俄划界交涉　262｜中俄伊犁交涉

264｜第四十二章　中法战争和西南藩属的丧失
264｜越南的衰乱　　　　265｜中法战争和越南丧失
266｜缅甸和暹罗的丧失　266｜哲孟雄不丹的丧失
267｜西南的危机

270｜第四十三章　中日战争与外力之压迫
270｜朝鲜日本的盛衰　271｜中日初期的交涉
272｜日本的窥伺朝鲜　272｜中日战争　273｜马关条约
274｜中日战后外力的压迫

276｜第四十四章　维新运动之始末
276｜维新的酝酿　278｜咸、同、光的朝局
279｜戊戌维新及政变　281｜政变后的情形

282｜第四十五章　八国联军之役
282｜义和团的起源　　　　283｜义和团的扰乱及联军入京
284｜东南的互保和东三省失陷　284｜辛丑和约
285｜乱后的形势

287｜第四十六章　日俄战争与东北移民
287｜俄国占据东三省　　288｜日俄战争　　289｜日俄和议
289｜日俄战后东北的形势　291｜中国的移民

293｜第四十七章　清代之政治制度与末年之宪政运动
293｜清代之官制　295｜清朝的科举　297｜清朝的兵制

298｜清朝的刑法　　　299｜清朝的赋税　　　301｜清末的宪政运动

303｜**第四十八章　清代之文化与社会状况**

303｜学风的转变　　　　304｜清代的考据学

306｜清代的义理辞章之学　306｜清代的社会状况

308｜**第四十九章　清代之经济状况**

308｜闭关时代之经济状况　310｜五口通商后的经济状况

310｜清末的经济状况

313｜**第五十章　本期结论**

313｜环境的变动　　　314｜适应的困难

第四编　现　代　史

319｜**第五十一章　孙中山先生与革命运动**

319｜革命的酝酿　　　320｜孙中山先生　　　321｜同盟会成立

322｜当时海内外的情势　322｜同盟会的革命运动

324｜**第五十二章　辛亥革命与中华民国之成立**

324｜清末的形势　　　325｜革命军的起事　　326｜中华民国成立

326｜清朝的灭亡　　　327｜临时政府北迁

329｜**第五十三章　民国初年之外交**

329｜俄蒙外交　　　330｜英藏交涉　　　332｜善后大借款

334 | 第五十四章　军阀政治与内战

334 | 二次革命　　335 | 帝制运动和护国军　　337 | 复辟之变

337 | 护法之役　　338 | 北方的混战　　339 | 陈炯明的叛变

340 | 第五十五章　欧战后之外交

340 | 二十一条的要求　　342 | 巴黎和会　　345 | 华盛顿会议

347 | 山东问题的解决　　347 | 德奥俄三国新约

349 | 第五十六章　国民革命之经过

349 | 国民党的改组　　350 | 江浙直奉之战及段政府

351 | 国民革命军的北伐

354 | 第五十七章　国民政府成立后之内政与外交

354 | 训政的工作和宪政的预备　　356 | 条约的改订

356 | 关税自主的交涉　　357 | 撤消领判权的交涉

358 | 租借地和租界的收回　　359 | 东北的事变

360 | 第五十八章　最近之文化经济与社会状况

360 | 最近的经济状况　　362 | 最近的经济政策

364 | 第五十九章　本期结论

364 | 现代史的性质　　365 | 民族主义的成绩

366 | 民权主义的成绩　　367 | 民生主义的成绩

367 | 成绩的总批评

第五编　综　论

371 | 第六十章　历史与人类生活之关系
　　　371 | 历史与人类生活　　　　371 | 民生为社会进化的重心
　　　372 | 社会进化是历史的重心　373 | 从怎样生活的到该怎样生活

376 | 第六十一章　中华民族之逐渐形成与前途
　　　376 | 中华民族的形成　　　　377 | 中华民族前途的希望

379 | 第六十二章　中国文化之演进及其未来
　　　379 | 中国文化的演进　　　　380 | 中西文化的比较

382 | 第六十三章　国际现势下吾国之地位与复兴运动
　　　382 | 国际的现势　　　383 | 吾国的地位　　　383 | 复兴运动

385 | 附录　编辑者言

编选说明

古人说"著述等身"，以此来形容吕思勉先生著作之多，那是名副其实的。即使以中国通史论，也有十余种书三四百万字。如何在诸多著述中选编一本呈现吕先生治史精华的简明学史读本？是以笔者尝试选编这本《吕思勉讲中国史》。

《吕思勉讲中国史》是以吕思勉先生中国通史初阶读物为正文，以吕先生其他史著中相关论述为附注，汇编而成的一部普及读本。正文部分取自《更新初级中学教科书 本国史》，该书一九三七年七月由商务印书馆出版发行，是吕先生依照当时教育部修正课程标准编而写的初中历史教科书，原分四册，共设五编，编下分章，章下分目。第一至第四编分述上古史、中古史、近古史和现代史，第五编为综论。每章附有习题、注释或参考书目。现仍保留原书的分编和章节目录，将章序顺延，注释改为正文括号注。原书的图表、历史地图、人物插图等，主要保留相关图表和历史地图；历史地图部分基本保持原貌，字序等不做改动。每章的习题、参考书目及每册首页原印的教学进度表，此次未收录。原书的《编辑者言》，今天读来仍有相当的参考价值，特附于书后。

编排方面，每章的附注与正文部分用不同的字体，以示区别。附注文字基本按吕著原文直录，部分做了缩编或删节，但都给出了出处。吕先生写过好几种初高中和大学的教科书以及大量的有关中国史的著述。由于预设的读者对象、写作的目的和时代背景各不相同，这些著述，有的在史事的叙述上更为详细，有的在因果的分析上更加深入，有的则是对史事或历史人物的评述，我们择取有关段落作为附注编录于正文具体章节之下，以加深对相关史事的理解。吕先生的部分遗稿出版较晚，与其写作年代相差甚远，本书引录时特注明写作年代。

各章前面的引言，均据该章内容摘编而成，旨在概括总结、提纲挈领。无论是正文还是附注，基本均按原稿刊印。个别与现在习惯用法不同的字词，酌情做了修改。如"狠"改为"很"、"原"改为"源"、"见"改为"现"等。至于书名不称"中国通史"，那是怕与吕先生的《吕著中国通史》相混淆；这里的"中国史"，其实也就是"中国通史"。

任何一本著述都是时代的产物，都带有时代的印记，也只能历史地加以理解，本书也不例外。编者的择取选编，也仅反映编者的认知和体会，是否妥当，须由读者来判断，并期望得到读者的建议和批评。本书从审稿到版式设计，常利辉女士付出最多；本书的选编过程，也得到裘陈江、张仲民老师的帮助，在此一并致以感谢。

编者

二〇一八年八月八日

导读

　　如果要用一句话来概括史学家吕思勉先生对历史学，乃至对整个社会的贡献，那就是：中国通史能成为一门可讲可读的课程、成为青年学生及一般国民学习历史知识的基本读本，吕思勉先生厥功甚伟。

　　与一些职业的历史学家不同，吕先生一生中的大部分年月，都在学校中任教职。从二十二岁起，他就担任常州私立溪山两级小学堂的教师，其后，他先后在苏州东吴大学、常州府中学堂、南通国文专修馆、上海私立甲种商业学校、沈阳高等师范学校、上海沪江大学、上海光华大学等学校任教。一九五一年光华并入华东师范大学，他遂入华东师范大学历史系任教。除了在一九一四年后有四年在上海中华书局、商务印书馆任编辑外，五十余年，自小学、中学至大学，一直未离开过课堂的讲台，这在现代史学名家大家中是很少见的。

　　众所周知，在中国传统时代，并无今日通行的中国通史这种科目和历史读物，只是到了二十世纪初，因梁启超提倡"新史学"，强调为国民撰史，强调历史教学要面向社会和青年学生之后，新式学校才逐渐开设中国通史的课程，史学家们也开始编撰这种新式的历史读物。吕先生在学校的任课，自以文史类的科目居多，而在历史科目中，则以中国通史课程为主。他编写的教科书，也以中国通史为最多。他的通史著述，原都是为教学需要而编写的。如《白话本国史》原是东吴大学、常州府中和沈阳高等师范学校教授历史课所积累的讲稿，书名全称是《自修适用白话本国史》，也是供青年学生自学历史所用。

《吕著中国通史》是在光华大学讲授"中国史"写的讲稿。他也为中小学生编写过各种历史教科书和教学参考书。如《高等小学校用 新式历史教授书》《高等小学校用 新法历史参考书》《新学制高级中学教科书 本国史》《复兴高级中学教科书 本国史》《初中标准教本 本国史》《高中复习丛书 本国史》《初级中学适用 本国史补充读本》《更新初级中学教科书 本国史》,等等。

　　吕先生的通史著述,都有"大视野、通识感,而不拘泥于局部细节"的特色。历史的内容是广泛而繁复的,古人就有"一部十七史,不知从何说起"的感慨。写给中学生看的中国通史,当选哪些史事为重心?是不是该多讲点历史故事呢?"老先生们估量人们知识的深浅,往往以知道的、记得的事情多少为标准。讲历史,自然尤其是如此。但无意义的事实,知道了,记得了,有什么用处呢?尤其是观点误谬的。"①受这种观念的影响,教科书的编写或课堂上的讲授,不免会偏于堆积史事。其实,史事若不能理解它的意义,即使记忆了,又有何益?不求理解而勉强记忆,这对于真正的历史学习反而是有害的。

　　吕先生认为:学习历史,应该是在理解的基础上获得一个历史的轮廓,而不在于史事记忆上的多少,也不在求其详细。"过求详细,反要连轮廓而丧失掉的。古人说:对马的认识,在牝牡骊黄之外。这似乎是句笑话,其实确有至理。我们现在问:有一条河,其下流是以定期泛滥的,因此遗下很肥沃的土地,为世界上最古文明的源泉。这是什么河?在什么国里?不常读书的人,或者仓猝之间,竟记不起尼罗、埃及的名字。然而只要这个人,是受过教育;他所受教育,不是白受的;总记得这条河是在非洲的北部,决不会误以为在欧洲在亚洲,而河流与文明的关系,与最古文明的关系,他也还是了解的。如此,这个人的书,

①《三国史话》,开明书店1943年版,第2页。

就算是没有白读。反之，在科举式的考试下读书，竟可以尼罗、埃及等名词，背得烂熟，而这一条河，在历史上，在地理上，有何等关系；因而与人有什么关系；竟茫然不知。有时或者会照书上所说的，默写、背诵出来，而于这句话的内容，其实并没有了解。这种教育，就算白受了。"①

正是出于这种观念，他编撰的通史著述，都有一种"居高临下""登楼远眺"的特色。如写春秋战国的学术派别，吕先生只写诸家思想的主要内容，不写孔子、老子、墨子等生平活动；写秦之强大及秦之统一，只说"七国之中，又以秦为最强。因为（一）由地势险固，易守难攻。（二）且秦国民风，最为朴实勇敢。（三）而秦孝公又用商鞅，定变法之令，强迫全国的人民都尽力于农，秦遂成为最富的国家"。②既不写有关秦孝公、商鞅变法的措施和具体过程，也不写有关商鞅的许多故事。不写历史的局部细节，并不是说局部的细节不重要，而是强调细节与整体的关系，细节的描述，原也是为了有整体上的全面把握，或揭示一些不可忽视的历史侧面。如《史记·高祖本纪》云："（汉）八年，高祖东击韩王信余反寇于东垣。萧丞相营作未央宫，立东阙、北阙、前殿、武库、太仓。高祖还，见宫阙壮甚，怒，谓萧何曰：'天下匈匈苦战数岁，成败未可知，是何治宫室过度也？'萧何曰：'天下方未定，故可因遂就宫室。且夫天子以四海为家，非壮丽无以重威，且无令后世有以加也。'高祖乃说（悦）。"从"怒"到"悦"，这是一个细节，再参以其他记载，正可说明"汉之刻剥其民，而为史所不详者多矣"。③

有许多史事间的联系，非拓宽了视野、扩大了时空范围则不易察觉。如吕先生叙汉征匈奴，说：西域都是小国，汉攻匈奴，

①《更新初级中学教科书 本国史》第一册，编辑者言，第1—2页。又见本书第387页。
②《更新初级中学教科书 本国史》第一册，第34—37页。又见本书第39—40页。
③《秦汉史》上册，开明书店1947年版，第55页。又见本书第91页。

并不能得其助力，而劳费殊甚，所以当时人大都是反对的。但是史事复杂，利害很难就一时一地之事论断。西域与中国陆地相接，自近代西力东渐以前，中西的文明，实在是恃此而交流的。西域之地，设或为游牧民族所据，亦将成为中国之患，汉通西域之后，对于天山南北路，就有相当的防备，后来匈奴败亡后，未能侵入，这也未始非中国之福。[①]这是拉长了时段才能获得的"史识"。再如他论明初北方边防之坏，说：明太祖虽居南京，而北方边防规模颇远，即元之上都置开平卫。又因元之大宁路之降，设泰宁、朵颜、福余三卫，而宁王权居大宁以节制之，地跨辽、热、吉三省间。成祖起兵，以兀良哈（今乌梁海）兵从征有功，以大宁地方，赠兀良哈。后又徙大宁都司于保定。于是，开平势孤。宣宗时，徙治独石口。北边所守者，遂成今长城之线。而宣（宣化）、大（大同）为极边矣。若能始终保持太祖时之形势，则对蒙古可取攻势，而至满洲，可有自热河趋吉林之快捷方式，不单凭出山海关趋辽阳之一道也。今既为成祖所坏，故对蒙古始终取守势，而趋满洲之快捷方式，亦遂断矣。[②]这都是放开了视野、拓展了空间才能获得的历史观察。在这些地方，教科书的作用就是带着学生做"鸟瞰远眺"，开阔他们的视野和境界，观察史事的各个侧面；一些隐含在大视野、长时段中的历史联系，由此豁然而贯通。吕先生曾引雷海宗的话告诫青年学生要有广博的知识，开阔的眼界，说"凡人年到三十，人格就已固定，难望再有彻底变化。要作学问，二十岁前后，是最重要的关键"，年轻时一定要"眼光要放大"，"不拘拘于一局部"。[③]

---

① 《吕著中国通史》下册，开明书店1944年版，第404页。又见本书第79页。

② 《本国史（元至民国）》，原为1942年在常州青云中学教授高二历史的讲义，见吕思勉讲、黄永年记：《吕思勉文史四讲》，中华书局2008年版，第71—72页。又见本书第192页。

③ 《孤岛青年何以报国》，原刊《美商青年月刊》1941年第3卷第1期，见《吕思勉全集》第12册，第691、690页。

　　吕先生的通史著述，还有一个特点就是非常关注民生。他的史著，但凡婚姻、财产、赋税、实业、货币、物价、衣食、住行等有关民生的内容都有详详细细的叙述。对于一些被"盛世"之名而遮蔽的民生疾苦，他都一一揭示出来，以纠正认知上的错觉或盲点。比如，写汉初的轻徭薄赋，一般都写"无为而治""三十税一"等史事，但吕先生特地指出"汉代钱价贵"，虽是"三十税一"，而百姓负担仍不轻。写汉武帝时的富庶，通常引《史记·平准书》"京师之钱累巨万，贯朽而不可校；太仓之粟陈陈相因，充溢露积于外，至腐败不可食"等记载，但吕先生则指出，《平准书》紧接的下文是："网疏而民富，役财骄溢，或至兼并。""兼并是该行之于穷困之时的，富庶之日，如何反行起兼并来呢？"结合董仲舒的言论，可见"所谓富者，不过总计全国的富量，有所增加，而并不是均摊在众人头上。所以这时候的富人，固然远较天下初平时为富，穷人则还是一样；而贫富相形之间，其悬殊或者反较大乱初平时为甚"。[①]"财富总量有所增加，而其分配的不平均如故。所以汉代的人，提起当时的民生来，都是疾首蹙额。"[②]写宋朝的史事，通常会写经济如何富庶、文化如何发展、市民生活如何丰富，即使说它"积贫积弱"，也多落笔在财政、兵力方面。而吕思勉则说："从唐中叶以后，豪强兼并，地权不平均，历五代、两宋之世，始终没有能够改正。加以南渡以后，两浙的腴田，都落入富豪世家之手，收租奇重。末年，贾似道做宰相，因国用窘迫，又把贱价强买做官田，即以私租为官税。"所以"宋朝的农民是很困苦的"。[③]

[①]《中国社会变迁史》，写于1934年，曾以《大同释义》为题，初刊于《吕思勉遗文集》下册，华东师范大学出版社1997年版，第244—245页。又见本书第66—67页。
[②]《复兴高级中学教科书　本国史》上册，商务印书馆1934年版，第103、127页。又见本书第67页。
[③]《初中标准教本　本国史》第二册，上海中学生书局1935年版，第114—115页。又见本书第158页。

　　至于史事的是非得失，吕先生也多站在民众的立场，以民众的利益为评判准绳。如他论晚唐之役法说：力役是征收人民的劳力。人民所最缺乏的是钱，次之是物品。至于劳力，则农家本有余闲，但使用之不失其时，亦不过于苛重，即于私人无害，而于公家有益。（晚唐）之所以役民者，并非古代的力役之征，而是庶人在官之事。古代的力役之征，如筑城郭、宫室，修沟渠、道路等，都是人人所能为的；而且其事可以分割，一人只要应役几日；自然不虑其苛重了。至于在官的庶人，则可分为府、史、胥、徒四种。此等事务，是不能朝更暮改的。从事其间的，必须视为长久的职业，不能再从事于私人的事业。所以"晚唐以后的役法，其厉民却是最甚的"。[1]他对制度的评价如此，对人物的评价也是如此。梁太祖朱温，因他之篡皇位、杀无辜，历代史家对他都无好评。然吕思勉则说："梁太祖的私德，是有些缺点的，所以从前的史家，对他的批评，多不大好。然而私德只是私德，社会的情形复杂了，论人的标准，自亦随之而复杂，政治和道德、伦理，岂能并为一谈？就篡弑，也是历代英雄的公罪，岂能偏责一人？老实说：当大局阽危之际，只要能保护国家、抗御外族、拯救人民的，就是有功的政治家。当一个政治家要尽他为国为民的责任，而前代的皇室成为其障碍物时，岂能守小信而忘大义？在唐、五代之际，梁太祖确是能定乱和恤民的。"[2]

　　严耕望曾说，吕思勉的史学是建筑在国学基础上，然而他的治史意趣并不保守。并以吕先生用白话文来撰写中国通史，和赞同马克思以经济为社会基础之说为例来说明这一点。[3]其实，吕先生的"不保守"，还体现在他对传统国学的评估上。他教青年读书，总告诫要"先读现在的科学书，而古书且置为缓图为顺

① 《吕著中国通史》上册，开明书店1940年版，第147页。
② 《吕著中国通史》下册，开明书店1944年版，第468页。又见本书第152页。
③ 严耕望：《治史三书》，上海人民出版社2011年版，第177页。

序"。他最反对的是不察名实而无条件地迷信古书，这样的读书，不仅无益反而有害了。他说：读书的为利为害，全看你能不能综核名实，如不能综核名实，难免会被古书所误，尤其是社会历史方面的书。所以，读书的"先后缓急，却不可不审其次序。对于现代的科学，先已知其大概，然后在常识完备的条件下，了解古书，自然是有益的。若其常识不完具，退化了好几世纪，而还自以为是，那就不免要生今返古，与以耳食无异矣"。①

吕先生也反对把读书、治学视为敲门砖。他说，把读书、治学视为敲门砖，那是科举时代的态度，后来科举虽然废除，但这种态度始终没有改变。"凡所讲习，都视为敲门砖，对于本身并无诚意。如此，自然说不上有兴趣，更说不上有热心，什么有用的好学问，在这态度下都断送了。"②他说："自吾有知识以来，五十年矣。小时所遇之读书人，其识见容或迂陋可笑，然其志则颇大，多思有所藉手以自效于社会国家，若以身家之计为言，则人皆笑之矣。今也不然。读书者几皆以得一职求衣食为当然，一若人之所求，更无出于此之外者。人诚不能无衣食，然谓所求仅仅在此可乎？人之所求，仅在衣食，是率天下皆自私自利之徒也，聚自私自利之人，而欲为利国利民之事，不亦蒸沙而欲成饭乎？社会科学其本在识。当识人事之万象纷纭，而能明其理，知其所以然之故，然后知所以治之之方，而识之本，尤在于志，必有己饥己溺之怀，然后知世有饥溺之事，不然饥溺者踵接于前，彼视之若无所见也。张横渠见饿莩辄咨嗟，对案不食者竟日。嗟乎，见此饿莩者，独横渠也哉？人之志量，固有大小，然未尝不可以学而扩充之。日与第一流人相接，熏其德而善良。入芝兰之室，久而与之俱化，未有志徒在乎身家衣食者。第一流人或不易

① 《孤岛青年何以报国》，见《吕思勉全集》第12册，第693页。
② 《学制刍议续篇》，原刊《改造杂志》1947年第2期，见《吕思勉全集》第12册，第1117页。

遇，尚友古之人，则其道也。今之时事艰难极矣，有大志者，理宜风起云涌，而顾寂然，是则士之耻也。"①这是半个多世纪前吕先生对青年学生的告诫，今天仍值得我们深长思之。

李永圻　张耕华

二〇一八年九月十六日

---

① 《吕诚之先生讲经世》，1941年10月26日讲，原刊《光华学刊》创刊号，1941年出版，见《吕思勉全集》第12册，第842—843页。又见本书第384页。

第一编　上古史

第一章　太古之传说

　　历史，是要有了文字，才会有的。没有文字以前，就只得凭向来的传说，加以幼稚的思想，把他附会联贯起来了。然而传说虽然幼稚，其中总也包含着些思想和事实。中国古代，较确实的传说，是和火的发现同时的。所谓三皇，第一个是燧人氏，便是发明取火的法子的。第二个是伏羲氏，他制造网罟，教人民打猎、捕鱼。第三个是神农氏，就要教人民种田了。

传说的价值

　　地球的有人类，已经几十万年了；人类的有历史，却不过几千年。因为历史，是要有了文字，才会有的。没有文字以前，就只得凭向来的传说，加以幼稚的思想，把他附会联贯起来了。然而传说虽然幼稚，其中总也包含着些思想和事实。现在科学发达了，历史不完备的地方，可以借别种科学来补足。如地球如何生成？生成之后，有何变化？可以借助于地文学和地质学。地球上什么时代有生物？又什么时代才有人类？有了人类之后，又是如何进化的？可以借助于古生物学和人类学。如此，历史的年代，就渐渐的延长了。根据着这种眼光来看古代的传说，我们就愈觉得有味。

历史年代

　　历史之有年代，犹地理之有经纬线也。必有经纬线，然后知其地在何处；必有年月日，然后知其事在何时。举一事而不知其时，即全不能知其事之关系矣。然历史年代，有难言者。今设地球之有人类，为五十万年，而列国史实，早者不越五千年，有确实年代者，又不及其半，是则事之有时可记者，不及二百分之一也。况于开化晚者，所记年代，尚不及此；又况蒙昧民族，有迄今不知纪年之法者邪？以历法推古年代，本最可信，然昔人从事于此者，其术多未甚精；古历法亦多疏舛；史籍记载，又有讹误；故其所推，卒不尽可据也。先史之世，无年可纪，史家乃以时代代纪年。年代愈古，则材料愈乏，而其所分时代愈长。看似粗略，然愈古则演进愈迟，变异亦愈少，据其器物，固亦可想见其大略也。（《先秦史》，开明书店1941年版，第32、39页）

进化的三时期

人是会使用工具的，研究人类学的人，就把他所用的工具，来分别他进化的时代。最初所使用的，大抵是天然的石块，虽然略加改造，离天然的形状，总还是很近的。这个唤做"始石器时代"。后来进步了，便会把天然的石块，改造成自己所要用的样子，唤做"旧石器时代"。再后，并能造的很精致了；这个唤做"新石器时代"。石器时代所用的锤、刀、镞等物，看似粗劣，却帮助人类做成了许多东西；而且在对动物的斗争上，很是有利。用火，也是人类的最大发明。有了火，人就可以得光明，得温暖；也可以做防卫和攻击的手段。而其关系尤大的，则是易于将东西改造，譬如天然露出的金属，给人类取得的，就可以把他打成器具。就是和土混杂的，亦可借火的力量，把土烧掉了取出来。如此，就渐渐的先进于用铜，后进于用铁了。人类进化的步骤，大略如此。

社会演进的等级

社会的演进，可以从多方面观察，而用种种标准，以分别其演进的等级。但是人类最急切的问题是求食；而其所以能高出于其他动物，则因其能使用器械。所以用人类取得食物的方法，和其所使用的器械的不同，来分别他演进的等级，是最切要的。用取得食物的方法来分别，可以分为：（一）搜采，（二）渔猎，（三）农业、牧畜时代。以其所使用的器械为标准，则可分为：（一）石器，（二）铜器，（三）铁器时代。大约渔猎时代，还只能使用石器；到农牧时代，渐能使用铜器和铁器了。（《中国民族演进史》，亚细亚书局1935年版，第34页）

三皇的传说

中国古代，较确实的传说，是和火的发现同时的。古代传说，开天辟地的叫做盘古。（此系秦汉间的传说，见任昉《述异记》及徐整《三五历纪》，系据《绎史》卷一《开辟原始》篇转引）其次有所谓三皇（三皇五帝异说甚多，本书三皇之说，系据《尚书大传》；五帝之说，系据《史记·五帝本纪》。欲知其详，可参看拙撰《白话本国史》第一编第二章，商务印书馆本），三皇第一个是燧人氏，便是发明取火的法子的。第二个是伏羲氏，他制造网罟，教人民打猎、捕鱼。第三个是神农氏，就要教人民种田了。

传说的君王可代表进化中的一个阶段

古代的传说，总把社会自然的事情，归功于一两个人，尤其是酋长身上。但是古代的君主，都以德为号。（这是服虔之说）所以所谓某某氏、某某氏，亦可说是并无其人（至少虽有其人，而不关重要），而其名称，只是代表进化中的一个阶段。神话姑不必论。古代传说的君主，较有事迹可征的，是巢、燧、羲、农。巢是有巢氏，教民构木为巢的。燧是燧人氏，教民钻木取火的。羲是伏羲氏。伏羲，亦作庖牺。从前的人，说他是畜牧时代的酋长，这实在是望文生义。伏羲的正当解释，见于《尚书大传》中［《尚书大传》，是西汉初年伏生所撰。伏生名胜（汉人言生，如今人言先生），还是秦朝的博士，是汉朝传《尚书》的第一个经师，所以其说较古而可信］，是"下伏而化之"之义。至其事业，则《易经·系辞传》，说他"作结绳而为网罟，以佃以渔"。其仍在渔猎时代可想。至于神农二字，则古人本多当农业或农学的意义用，神农氏为农业时代的君主，那就不言可知了。（《中国民族演进史》，第35—36页）

第二章　中华民族之建国

汉族在太古时代，似乎分为两支：一支在河南的，是燧人、伏羲、神农，从渔猎进化到农耕。一支在河北的，则以畜牧为业，这就是黄帝之族。当神农氏的末年，两族曾起过一次冲突，就是所谓阪泉、涿鹿之战。其结果，黄帝之族得利，从此以后做共主的，就都是黄帝的子孙。虽然古代的天子，未必有多大权力，然而共主的统绪，相承不断，我国建国，就此放下基础了。

搜集、渔猎、畜牧、农耕四时代

人所以维持其生命的，最紧要的便是食，而取得食物的方法，亦随时代而不同。最初只是到处游行，遇见可吃的东西，就取来吃，这个唤做搜集时代。进步些，能和动物斗争，则入于渔猎时代。一定的地面上，可供渔猎的动物，是有限的，有时候还不能渔猎；所以在这时代的人，常常挨着饥饿。于是在草原之地的，进化而为畜牧；在山林川泽之地的，就进化而为农耕。

农耕即孔子所言的大同时代

《礼运》所载孔子论大同之言，业已人人耳熟能详："老有所终；壮有所用；幼有所长；鳏寡孤独废疾者，皆有所养。"更简而言之，便是"养生送死无憾"六个字。老子说："郅治之极，邻国相望，鸡犬之声相闻，民各甘其食，美其服，安其俗，乐其业，至老死不相往来。"老死不相往来，用现在人的眼光看起来，固然不是美事。然而甘其食，美其服，安其俗，乐其业，却是不易得的。这颇可与孔子论大同之语，互相发明了。从游牧再进到耕农，则人类的生活，益形宽裕；而其性质，亦因之大变。这实缘其所操事业之平和，而其生活程度，亦远高于旧时之故。孔、老所想望的境界，大抵即在此时。（《中国社会变迁史》，见《吕思勉遗文集》下册，第154、157、160页）

国家的起源

国家不是最初就有的，是社会发展到一定的阶段，才建立起来的。搜集时代，不必说了。就渔猎时代，文明程度，也嫌太低；而且因受食物的制限，所团结的人，亦觉得太少。游牧时代，团结的人固然多了；文明程度，也固然较高了；毕竟是逐水草而居，和一定土地的关系不密切。农耕社会，则又内部太觉平和，分不出治者和被治者的阶级来（古代的农业公产部落，内部的关系，是很平和的。孔子所谓大同，大概就指的这个时代。可参看拙撰《大同释义》，见《文化建设杂志》第一卷第九、第十两期），所以往往不能形成国家。国家最普通的起源，是畜牧和农耕两种部落的结合。原来畜牧民族，性喜侵略，往往把农耕民族征服。而农耕民族，安土重迁，宁愿纳贡表示服从，而不愿意逃走。游牧民族，就始而征收其贡品；继并迁居其部落之内，代操其治理之权，形成治者和被治者的关系，国家就于此成立了。这是政治学家的成说，返观我国的古史，似乎也是符合的。

由大同入小康

大概农业社会，衣食饶足；其人所从事的事业，又极和平，所以其性质最为善良。对外多能"讲信修睦"，内部更其不分彼此。孔子所说的大同时代，大约就是指此等部落而言。

假定有两个部落，互相争斗，一胜一败，败者的财产，就要为胜者所有，连人也做了他们的奴隶了。如此，便生出征服者和被征服者的阶级来。即使没有征服和被征服的关系，一部落中，治者的权力，也会日渐扩大，至于与被治者分离。古代的国家，大概是如此造成。(《初中标准教本 本国史》第一册，上海中学生书局1935年版，第20、21页）

部落互相接触，兵争渐起，发生征服与被征服之关系。而各部落之内部，执掌政权及富有财产者，权力渐显，地位亦渐高。社会则渐降而入小康之世矣。(《高中复习丛书 本国史》，商务印书馆1935年版，第8页）

中华民族的起源

地球上的人类，其初该是同出一源的。因为环境的不同，影响到容貌上，而分为许多种族；又因文化的不同，而分为许多民族。中国大陆，在古代是有许多民族，杂居其间的。而在黄河流域的华族（中华民族的起源地，说者各有不同，但以从中亚细亚迁来逐渐到黄河流域之说，比较近是。自从民国十年以来，北平西南的周口店，发见一种猿人遗骨，称为北京人，又名中国猿人，推算年代，当在五十万年至百万年左右。似乎中华民族的祖先，就发源于中国本土。或者极古时候已由中亚迁来了），就是后来称为汉族的，文明程度最高。汉族在太古时代，似乎分为两支：一支在河南的，是燧人、伏羲、神农，从渔猎进化到农耕。（普通以伏羲为游牧时代的酋长，乃因"羲"又作"牺"，"伏"又作"庖"，因而生出"驯伏牺牲""取牺牲以充庖厨"等曲说。这是不对的。伏羲二字，乃"下伏而化之"之义，见《尚书大传》）一支在河北的，则以畜牧为业，这就是黄帝之族。[《史记·五帝本纪》说："黄帝迁徙往来无常处，以师（人众）兵（军械、师兵、犹言武装的徒众）为营卫。"所以知其为游牧民

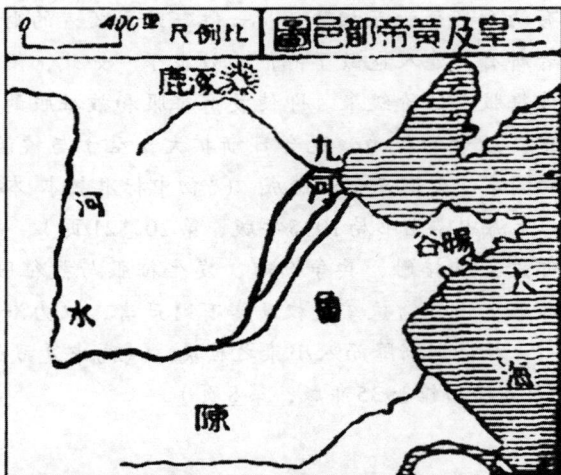

燧人氏，出旸谷（今山东半岛之地），分九河（今黄河下流）。

伏羲氏，都陈（今河南淮阳县）。

神农氏，都陈，徙鲁（今山东曲阜县）。

黄帝邑于涿鹿之阿（涿鹿，山名，在今河北涿县。阪泉，当在涿鹿附近）。

族] 当神农氏的末年，两族曾起过一次冲突，就是所谓阪泉、涿鹿之战。（据《史记·五帝本纪》说：神农氏这时候衰弱了，诸侯互相攻击，神农氏不能征讨，诸侯之中，蚩尤氏最为暴虐。黄帝和蚩尤战于涿鹿，把他擒杀。又和炎帝战于阪泉，三战然后得胜。诸侯乃共尊黄帝为天子）其结果，黄帝之族得利，从此以后做共主的，就都是黄帝的子孙。虽然古代的天子，未必有多大权力，然而共主的统绪，相承不断，我国建国，就此放下基础了。

炎、黄之际为世运一大变

《战国策·赵策》曰："宓牺、神农，教而不诛，黄帝、尧、舜，诛而不怒。"《春秋繁露·尧舜不擅移汤武不擅杀》曰："今足下以汤、武为不义，然则足下所谓义者，何世之君也？则答之以神农。"若是乎，自古相传，咸以炎、黄之际，为世运之一大变也。案《战国·秦策》：苏秦言神农伐补遂，《吕览·用民》谓夙沙之民，自攻其君而归神农。《说苑·政理篇》同。则神农之时，亦已有征诛之事。盖神农氏传世甚久，故其初年与末年，事势迥不相同也。然此等争战，尚不甚剧，至炎、黄之际，而其变益亟。（《先秦史》，第57页）

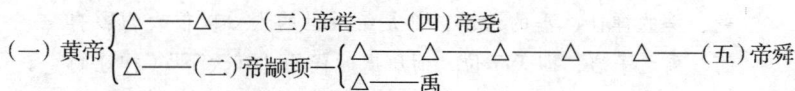

$$
（一）黄帝\begin{cases}△——△——（三）帝喾——（四）帝尧 \\ △——（二）帝颛顼—\begin{cases}△——△——△——△——（五）帝舜 \\ △——禹\end{cases}\end{cases}
$$

五帝系图

第三章　唐虞夏商之政教

黄帝还以游牧为业，到唐尧时候，就已经改事农耕了。尧、舜的禅让，禹的治水，都是给后世的人心以很大的影响的。禹之子启，即天子位，而唐虞时代的"官天下"（禅让制度），就一变为"家天下"（世袭制度）。夏、商两代，可考见的事情，还不很多。论其大略，则古书多说"夏尚忠，商尚质"。可见其时的风俗，很为朴实；而生活程度，也还不高。夏代约四百年，为商所灭；商代约六百多年，为周所灭。商代君主多兄终弟及，和周朝传子之法不同。

唐虞时代的情形

立国是要有两种力量的：一种是文化，一种是武力。古代炎、黄二族，论文化，似乎炎族较优；论武力，似乎黄族较强。两族合并之后，中华民族，就可以发扬其光辉了。炎、黄二族，大约本来是很接近的，所以同化很为容易。黄帝还以游牧为业，到唐尧时候，就已经改事农耕了。何以见得呢？因为《书经》第一篇《尧典》，是记载尧时候的事情的。其中载尧命羲、和四子，分驻四方，推步日、月、星辰，制成历法，以教导农民。可见其时对农业，已经很重视了。所以这时代的政教也很有可观。

尧舜的禅让

尧、舜的禅让，禹的治水，都是给后世的人心以很大的影响的。据《书经》上说：尧在位七十年，因年老，倦于政事，要想传位给当时管理四方诸侯的官，唤做四岳的，四岳不敢承允。这时候，虞舜尚在民间，因其有德行，众人共举他。尧乃举舜，试之以政事。后来就使他摄政，传以天子之位。尧死后，舜让避尧的儿子。诸侯都归向舜，舜才即天子位。后来用同样的手续，传位于夏禹，禹即位之后，也是预定将王位传给益的。而禹之子启贤，天下都归心他，启遂即天子位，而唐虞时代的"官天下"——禅让制度，就一变为"家天下"——世袭制度。

尧舜禅让之说

尧舜禅让之说，予昔极疑之，尝因《史通》作《广疑古》之篇。由今思之，昔时所疑，盖无甚得当者。唯果谓尧、舜、禹之禅继，皆雍容揖让，一出于公天下之心，则又不然。《韩子》所引史记之文，即其明证。古代史事，其详本不可得闻。诸子百家，各以意说。儒家称美之，以明天下为公之义；法家诋斥之，以彰奸劫弑臣之危。用意不同，失真则一。昔人偏信儒家之说，以为上世圣人绝迹后世，其说固非；今必一反之视为新莽、司马宣王之伦，亦为未当。史事愈近愈相类，与其以秦汉后事拟尧舜，自不如以先秦时事拟尧舜也。自周以前，能让国者，有伯夷、叔齐、吴泰伯、鲁隐公、宋宣公、曹公子喜时、吴季札、邾娄叔术、楚公子启之伦。既非若儒家之所云，亦非若法家之所斥。史事之真，固可据此窥测矣。然儒家所说，虽非史事之真，而禅继之义，则有可得而言者。《书》说之传者，今唯《大传》，而亦阙佚已甚。欧阳、夏侯三家，胥无可考。自当以《孟子》为最完。今观其说，则先立天子不能以天下与人之议，然后设难以明之。曰孰与之？曰天与之。天与之者，谆谆然命之乎？曰：否。天视自我民视，天听自我民听。故舜禹之王，必以朝觐讼狱之归，启之继世亦然也。所谓天与贤则与贤，天与子则与子也。故曰："唐、虞禅，夏后、殷、周继，其义一也。"（《禅让说平议》，原刊《古史辨》七，开明书店1941年版，第268、269—270页）

禹的治水

当尧的时候，天下有洪水之患。舜摄政，举禹，叫他去治水。禹乃先巡行各处，看定了地势，然后用疏浚之法，导小水使入大水，大水使入海。当时独流入海的，是江、淮、河、济四条水，谓之"四渎"，为诸水之宗。

治水的三阶段

朱子说：禹的治水，只有《书经·皋陶谟》即今本《益稷》中，"予决九川，距四海，浚畎浍距川"几句话最可信。川是自然的河流，畎浍则人力所开的水道，海乃湮晦之义，距离较远，而其地的情形，为我们所不知之处，则谓之海，所以夷、蛮、戎、狄，谓之四海。九是多数的意思。"决九川，距四海，浚畎浍距川"，只是把人力所成的沟渠引到大河里，又把大河通到境外罢了。治水最早的法子，该是堤防，这原是最易见到的，然久之就觉得其不妥，不顺着自然力的方向去利用他，而要与之相争，这总是不行的，于是就从堤防进步到疏浚。古书上说鲧治水的失败，禹治水的成功，就是代表这一个观念的，未必是当时的事实。然而疏浚的工程太大，人力实不能胜，奈何？于是有（明）潘季驯束水攻沙之法。束水攻沙者，河行到平地，流势宽缓，将未显出堆积作用来时，我们则窄其道而束之，使其再显出冲刷作用和搬运作用，于是从上流挟带而来的泥沙都被搬走，不至堆积下来了，不和自然力争斗，亦不见他退缩，而即利用他的力量，

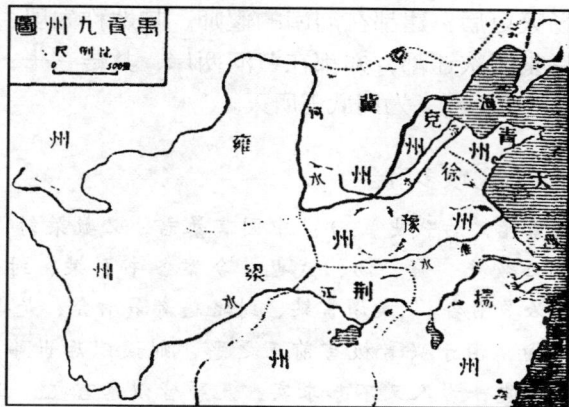

来达到我们的目的，这确是治水最高的方法了。治水的三阶
段，恰代表了人类对付自然的三种态度。(《治水的三阶段》，
原刊上海《正言报·学林副刊》1945年第2期)

唐虞的政教

当禹治水的时候，益、稷两人，都是他的辅佐。益把山泽之
地，放火焚烧，禽兽都逃匿了。弃乃教民稼穑，契做司徒的官，
又继之以教化。契封于商，便是商朝的祖宗；弃封于邰，便是周
朝的祖宗。(商，今陕西商县。邰，今陕西武功县)

夏商的兴亡

夏启即王位之后，传子太康。因淫佚，为有穷国君羿所篡。
后来羿又为其臣寒浞所杀。并灭夏朝的王相。相的儿子少康，才
灭浞，号称中兴。尧、舜、禹三代，本来都是建都在太原的。少
康复国之后，则似乎建都在河南，所以到夏桀时，其都城却在
阳城了(今河南登封县)。夏代共传十七主，约四百年，而为商

所灭。商汤灭夏后，建都在河南的偃师。其地称为殷，所以又称殷朝。后来屡次迁都，亦都在黄河两岸，共传三十一世，约六百四十多年，至纣，为周武王所灭。

桀、纣恶政多附会

夏曾佑《古代史》曰："中国言暴君，必数桀纣，犹之言圣君，必数尧、舜、汤、武也。今案各书引桀、纣事多同，可知其必多附会。"案谓言桀、纣之恶者多附会，是也。然谓附会之由，由于兴者极言前王之恶，则误以后世事度古人。古本无信史，古人又不知求实，凡事皆以意言之，正如希腊荷马之《史诗》，宋、元以来之平话耳。或侈陈而过其实，或臆说而失其真，皆意中事。然附会之辞，虽或失实，亦必有由，不能全无根据也。就桀、纣言之，则纣之世近，而事之传者较详，桀之世远，而事之传者较略，故以纣之恶附诸桀者必多，以桀之恶附诸纣者必少。（《先秦史》，第127—128页）

夏商的政教

夏、商两代，可考见的事情，还不很多。论其大略，则古书多说"夏尚忠，商尚质"。可见其时的风俗，很为朴实；而生活程度，也还不高。又孔子说："禹尽力于沟洫。"可见其时，对于农田水利，颇为讲究。然而夏朝的税法唤做"贡"，是取几年收获的平均数，以定每年应纳的税额，丰年不能多，凶年不能少。这个却远不如商朝的"助"法了。助法是把田分为公、私。只借人民的气力，助耕公田，而不再税其私田的，这个就是所谓井田之制。从前论税法的人，都说他最好。又商汤死后，他的孙子太甲在位，因其不守成法，宰相伊尹曾把他放逐在桐的地方三年。太甲悔过，才把他迎接回来。而据孔子说：则商代新君即位，三年之内，是不管事的，百官都听命于宰相。可见商代相权颇重；又商代的君主，多是兄终弟及的，亦和周朝传子之法不同。

第四章 上古之文化与社会

人类最初的团结，是靠着血统的。论血统，也是以女子为主。中国的姓，最初就是代表女系的；到牧畜时代，生产渐渐以男子为中心。于是女子渐处于从属的地位，姓也改而代表男系。文化渐次进步，住居相近的人，就渐渐的联合起来了，这就是所谓部落。一部落之中，语言、风俗、信仰等，自然都相同。此等文化相同的人，就成为一个民族。民族以文化为标准，我国人从古就深知此义。所以《春秋》之义：诸侯用夷礼，就当他是夷狄；用中国之礼，就当他是中国。这个并不是孔子一人的私见，大概当时的风气是如此。

食的进化

中国的进化，大约自三皇以来。其初所吃的东西，是草木之实，鸟兽之肉（见《礼记·礼运》）；和水中的蚌蛤等类（见《韩非子·五蠹》）。后来进化了，渐渐的知道吃各种植物，这个唤做"疏食"。［疏食二字古有两义：（一）其初因菜类较谷类为粗疏，所以对于谷食，而称谷以外的植物为疏食；（二）后来亦称粗的谷类为疏食，更后乃以疏食专指粗的谷类，而别造蔬字，以为菜食之名。此处的疏食二字，是依第一义指谷以外的植物的，谷以外的植物，后世的人，不用为主食品，古人则不然。《管子·八观篇》说："万家以下，则就山泽；万家以上，则去山泽。"可见当时，靠疏食还能养活许多人口］从疏食再进一步，就会谷食了，古书上说神农尝百草，因而发明了医学，这正是疏食时代的事。

衣的进化

衣服：最初所着的，是鸟兽的羽皮；或者把植物的叶子编起来，着在身上；这个唤做皮服和卉服（皮服、卉服的名词都见《书经·禹贡》）。后来发明了利用植物的纤维，才会用麻。相传黄帝的元妃嫘祖，是发明养蚕的。（见徐光启《农政全书》引《淮南蚕经》）从此以后，又会用丝做衣料了。裁制的方法：最初只是用一块皮，遮蔽下体的前面，这个就是所谓韨。连后面也遮蔽起来，就是所谓裳了。着在上身的唤做衣。有一种，把衣裳连在一块的，唤做"深衣"。有袴管的：短的唤做裈，长的唤做袴。除童子外，没有以短衣和袴为外服的。天子、诸侯、大夫、士等，朝服、祭服，都是衣裳分开的，平时则着深衣；庶人则径以深衣为礼服。深衣是用白布做成的，不染色。（古代服，是讲布的精粗的，不讲颜色，平民穿的衣裳，都是本色，所以称平民为白衣；就是贵族，在平时着的，也是白衣）戴在头上的，最尊重

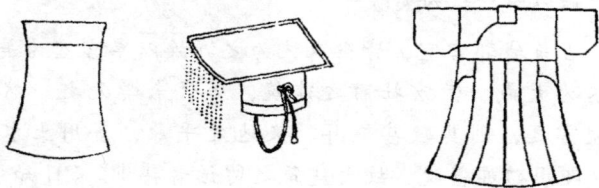

韨，后来着在裳外，以为装饰。据郑玄说，是渔猎时代，只知道遮蔽下体前面时的衣服。

冕，上有木板，前面用线穿着珠玉垂下来，谓之旒。天子的冕有十二旒。诸侯以下，递减两旒，至三旒为止。两旁又有丝棉做的丸，垂到耳边谓之纩。这该是野蛮时代的装饰，流传下来的。

深衣的裳，分为六幅；裳的下端和上端，为三与二之比，所以无须打裥。其余的裳，都是不分幅而打裥无数，谓之"襞绩"。

的唤做冕，次之是弁，通常所戴的是冠。这冠和带，是古人看得最重要的，所以中国人总自称为冠带之国。庶人亦用一块巾裹着头发。脚上穿的唤做袜，袜以外又有履。冬天是皮的，夏天是葛的。又有绑腿，唤做"行縢"，亦唤做"邪幅"。

住的进化

居住，最初有两种：一种住在树上，唤做巢居；一种在地上掘一个窟窿，人住在里头，唤做穴居。进步些，能在地面做起一个土堆来，像现在的坟一般，则唤做"复"（见《诗经·绵》疏）。从巢居进化到会把树木砍伐下来，照自己的意思，搭成架子；从穴居进化到会版筑（先在两面立了木版，墙要筑到多少厚，木版的距离就是多少宽，把土填在版中间，然后筑坚他），在这架子的四面，筑起墙来；上面盖着茅或瓦，就成功所谓宫室了。宫室的发明，据《易经·系辞传》上说，是在黄帝、尧、舜的时候。这时候，还发明了棺椁，而且会"重门击柝，以御暴客"。

> 古以卑宫室为美谈
>
> 古筑城郭宫室，皆役人民为之，故以卑宫室为美谈，事土木为大戒。崇宏壮丽之建筑，历代未尝无之。然以中国之大言之，则其数甚微耳。又地处平原，多用土木而少石材。即用砖亦甚晚，故大建筑之留诒者甚少。《日知录》曰："予见天下州之为唐旧治者，其城郭必皆宽广，街道必皆正直，廨舍之为唐旧创者，其基址必皆宏敞。宋以下所置，时弥近者制弥陋。"致慨于"人情之苟且，十百于前代"。此等足觇生计之舒蹙，治化之进退，诚为可忧。（《中国文化史六讲》，写于1929至1930年间，见《吕思勉遗文集》下册，第138页）

行的进化

当人住在山林中的时候，是只有人走出来的小路的，这个古人唤做蹊径。这时候，遇见小的水，就径在水里走过去，唤做"徒涉"；大的水，就没有法子了。后来住到平地上，路宽广了，也平坦了，就可以利用牛马，于是又发明了车，而且也发明了船。这等进化，据说也在黄帝、尧、舜时候。

工具的进化

和黄帝打仗的蚩尤，古书上都说他是"造兵的人"。"兵"，就是现在所谓兵器，古人是用铜做的。大约是炎、黄之间所发明。从周朝到汉朝，大概兵器是用铜，农器是用铁。《易经·系辞传》上说：神农作耒耜，黄帝作弓矢，都是用木的（这时候的箭，大约是用石镞的）。大约金属虽然发明，还没有能够广为利用。到了商代，才为金石并用时期，已有精巧的铜器，如钟鼎之类留传后世。相传纣王曾作玉杯象箸，亦足征那时进化之程度了。

宗教和哲学思想

以上所说的，是物质方面的进化。至于精神文明，则古人所笃信的为宗教，而哲学思想，亦就伏羲画八卦，该是古代所崇拜的八个神。大禹时代，又有五行之说。五行，大约是古人所认为万物的原质的；借其相生相克，来说明万物的变化。

古人的五行说

古人说五行生成的次序是：一曰水，二曰火，三曰木，四曰金，五曰土。他的原理是："以微著为渐。五行之体：水最微，为一。火渐著，为二。木形实，为三。金体固，为四。

坎(水)

巽(风)

艮(山)

震(雷)

乾(天)

兑(泽)

坤(地)

离(火)

八卦图

五行相克
木—土—水—火—金

五行相生
木—火—土—金—水

土质大，为五。"从轻微不可见的气，变成极博大的土，只是由于一种动力。一方面，固然由微而至著；一方面，也由著而仍至于微。气固可以成形质，形质亦可以复返于气。大概古人的意思，以为物质凝集的最紧密，就有质可触；次之就有形可见；再次之，就并形而不可见，而但成为一种气了。这种凝而复散，散而复凝的作用，是无时而或息的。所以说："易不可见，则乾坤或几乎息矣。"用现在的话解释起来，"易"就是"动"，"乾坤"就是"现象"，就是咱们所能认识的，只是动的现象。总而言之，他彻始彻终，只是把一个"动"字，说明世界的现象。(《中国古代哲学与宗教的关系》，原刊《沈阳高师周刊》第31、32期，1921年5月21、28日出版)

文字的发明

古书上多数说仓颉是造字的人，也有说他是古代帝王的，也有说是黄帝史官的。这都不确，因为文字本是迫于需要，众人合力，慢慢创造出来的，古代人民，结绳记事，后来才有书契，为文字之始。最初多属象形文字，如日字象日，月字象月，鱼字象鱼，鸟字象鸟。文化渐近，文字也渐多。遂有指事、会意、谐声、假借、转注五项以次出现，和象形称为"六书"。（六书，除象形外，指事是直指其事，如上、下二字，人在一上为上，人在一下为下。会意是体会字的意义，如武、信二字，止戈为武，人言为信。谐声是半形半声，如江、河二字，水旁为形，工可为声。转注是可以辗转互注的字，如考可训老，老亦可训考。假借是一字两用，如令为命令，又为司令，又训贤良。长为长短，又为长官，又训优长）

古代的氏族

　　人类最初的团结，是靠着血统的。当夫妇之伦未立时，人本来只知道母亲，不知道父亲是谁。后来夫妇之伦，虽然渐渐确立了，然而这时候，男子都是在外面，从事于战争打猎等事情。在后方看守器物、抚育儿童等事，都是妇女担任的。所以这时候的家，完全是女子所有。论血统，也是以女子为主。这就是社会学家所谓女系氏族。中国的姓，最初就是代表女系的。驯伏动物，大概从来就是男子的事情。所以到牧畜时代，生产渐渐以男子为中心。农业虽说是女子发明的（农业为女子所发明，是现在社会学家之说，求之古书，也是有证据的，如古人祭祀时，男子所进的祭品是动物，女子所进的是菜果之类。初次相见所送的贽，男子是羔、雉等类，女子却是榛、栗之类），到要开辟山林的时代，也就转入男子手中了。于是女子渐处于从属的地位，姓也改而代表男系。

古代姓氏之别

　　姓之始为女系，故于文"女生为姓"，如"姬""姜"等字是也。其后女系易为男系，则姓亦用以表示男子之血统。而同出一始祖者，又有氏以表其支派，乃称姓为正姓，氏为庶姓。古人姓氏各别，如齐大公姜姓，吕氏是也。姓百世而不更，氏数传而可改。三代以前，大抵男子称氏，女子称姓。封建制度破坏，贵族谱牒沦亡，莫能审其得姓受氏之由，亦无新创之姓氏，而二者之别遂亡。（《高中复习丛书 本国史》，第 24 页）

部落和民族

人是生来会合群的，所以其团结，并不以血统为限。文化渐次进步，住居相近的人，就渐渐的联合起来了，这就是所谓部落。一部落之中，语言、风俗、信仰等，自然都相同。就是接近的部落，也会渐渐同化的。此等文化相同的人，就成为一个民族。

民族以文化为标准

所谓民族，本是以文化为标准的，并非有什么种族的成见。我国人从古就深知此义。所以《春秋》之义，诸侯用夷礼，就当他是夷狄；用中国之礼，就当他是中国。这个并不是孔子一人的私见，大概当时的风气是如此。所以同是一个国，当其未进化时，可以夷狄自居，及其已进化后，就以中国自居，而且以攘夷狄自任了。尊王攘夷，是当时霸主很重要的责任。因为（一）有一个共主，列国间的秩序，到底要容易维持些；（二）而野蛮之国的侵扰，又是文明之国的公敌。（《初中标准教本 本国史》第一册，第 46、47 页）

工商业的兴起

使人分裂争逐的是政治，把人连结起来的，是文化和经济。

在古代，各个部落，大概都是自给自足的，后来交通渐渐的便利了，人的欲望，也渐渐的增加了，就发生交易的事情。最初的交易，只是以物易物；没有定期定地的。交易渐渐的繁盛了，就会约定时间和地方，像现在的市集一般。《易经》上说，神农氏日中为市，就是这个道理。这时候，货币也渐渐发生了，用作货币之物：大约渔猎民族是贝，游牧民族是皮，农耕民族是粟、帛。金属，因其便于收藏，易于分割，渐渐的为各种人民所爱用，就发生古代的钱刀。最初所交换的，大概都是天产品。因为这时候，用具粗劣，人人都会自造的。亦或一民族中，因原料的出产，或技艺的精良，所制造的东西，是别一个部落所没有，或虽有而不及他好，这种制造品也会出现于市场之上。商业的刺激，是可以促进产业分化的；如此，各部落中，亦就慢慢的发生所谓工业家了。

工商的缘起及变迁

工业之缘起及变迁，若以大势言之，则古代工业，率由官营，而后世渐变为民业，即其一大进化。盖官营则能者少，民业则能者多；官营则唯守成规，民业则竞矜智巧也。古代部落，率皆共产，力之出不为己，货之藏不于己，取公有之物而用之，以己所有之物资人，皆无所谓交易也。唯共产限于部落之内，与他部落固不然，有求于他，势不能无以为易，而交易之事起矣。往来日数，交易日多，则敦朴日漓，嗜欲日起，而私产之习渐萌。私产行，则人与人之相资亦必以为易，此则商业之所由广也。(《中国社会史》，写于1920年代，上海古籍出版社2007年版，第23、27—28页)

第五章　周之建国及其政教

　　周公平定东方之后，制礼作乐，归政于成王。周朝文明的进步，大约就在这时候。西周是封建制度的全盛时代。古代的部落渐相往来，就有互相攻击的事。战败的国，对于战胜的国，就要表示服从，尽朝贡等礼节。这是封建政体的第一步。再进一步，就要把他的旧君废掉，改封自己的同姓、亲戚、功臣等。封建时代，有贵族、平民的等级。从大夫以上，都是贵族做的；士以下才用选举。教化，则在封建时代，大概是守旧的。一切举动，都要谨守相沿的轨范。礼是生活的轨范。生活变了，轨范就不得不变。然而当时的所谓礼，却未必能如此。人就有貌为敷衍，而心实不然的，这个就是所谓"文胜"。古书上多说"周尚文"，又说"周末文胜"，我们看这两句话，就知道封建时代的风俗要不能保持了。

周朝的建国

　　夏、商以前，史事可考的较少，周朝就不然了。这一则因为年代较近，所传的书籍较多；二则因为周朝的文化，更为进步之故。周朝从后稷、弃受封以来，似乎颇受外族的压迫，但他始终能够保持农业社会的文明。到周太王（古公亶父）以后，就强大起来了。文王时，三分天下有其二，但还"以服事殷"。到武王，才合诸侯于孟津（黄河的渡口，在今河南孟津县），把纣灭掉。这时候，周朝对东方权力，还不甚充足。所以仍把纣的地方，封其子武庚；而武王派三个兄弟去监视他（管叔、蔡叔、霍叔，分处纣的畿内，合称"三监"）。武王死后，子成王年幼，武王兄弟周公旦摄政，武庚和三监都造反。淮夷、徐戎，亦都响应。（淮夷，在淮水流域。徐国，在今安徽泗县）周公东征，把武庚和三监灭掉。又使他的儿子鲁公伯禽（周公封于鲁，没有就国，叫儿子伯禽去的），打破淮夷、徐戎。经营洛邑为东都。周朝的王业，到此就大定了。

"国"之古义

古所谓国，是指诸侯的私产言之。包括（一）其住居之所，（二）及其有收益的土地。大夫之所谓家者亦然。古书上所谓国，多指诸侯的都城言。都城的起源，即为诸侯的住所。诸侯的封域以内，以财产意义言，并非全属诸侯所私有。其一部分，还是要用以分封的。对于此等地方，诸侯仅能收其贡而不能收其税赋。其能直接收其税赋，以为财产上的收入的，亦限于诸侯的采地。《尚书大传》说："古者诸侯始受封，必有采地。其后子孙虽有罪黜，其采地不黜，使子孙贤者守之，世世以祠其始受封之人，此之谓兴灭国，继绝世。"即指此。采地从财产上论，是应该包括于国字之内的。《礼记·礼运》说："天子有田以处其子孙，诸侯有国以处其子孙。"乃所谓互言以相备。说天子有田，即见得诸侯亦有田；说诸侯有国，即见得天子亦有国；在此等用法之下，田字的意义，亦包括国，国字的意义，亦包括田。乃古人语法如此。今之所谓国家，古无此语。必欲求其相近的，则为"社稷"二字或"邦"字。社是土神，稷是谷神，是住居于同一地方的人，所共同崇奉的。故说社稷沦亡，即有整个团体覆灭之意。（《吕著中国通史》上册，第49页）

西周的兴亡

周公平定东方之后，制礼作乐，归政于成王。周朝文明的进步，大约就在这时候。成王和他的儿子康王两代，算是西周的盛世。康王的儿子昭王，南征不返，这一次，似乎是伐楚而败的。（这一次实在伐楚而败，以致淹死在汉水里的；这时候的楚国，在今河南丹、淅二水的会口。可参看拙撰《白话本国史》第一编第四章第五节）王室就开始衰微了。昭王子穆王，喜欢游玩。（现在有一部书，唤做《穆天子传》，是记周穆王西游的事情的。据这一部书，当时穆王的游踪，要到亚洲的中部和西部，这是决不可信的。这部书是南北朝时代出现的，一定是汉朝既通西域以后的伪品。穆王西游的事，见于《史记·秦本纪》《赵世家》，都没有说出所游的地方来，以理度之，一定不能甚远；不过在今陕、甘境上罢了）徐偃王乘机作乱。这一次，却靠楚国帮忙打定。五传至厉王，因暴虐，为国人所驱逐。卿士周公、召公当国行政，谓之共和。（周初，周公旦、召公奭的后人，世为周朝的卿士）厉王死在外边，才立其子宣王。宣王号称中兴。然其子幽王，又因宠爱褒姒之故，把申后和太子都废掉（申国，在今河南南阳县），申侯就和犬戎伐周，把幽王在骊山下杀死（骊山，在今陕西临潼县）。太子宜臼即位，东迁洛邑，是为周平王。从此以后，史家就改称他为东周了。西周共十二主，二百六十多年。

论共和

古代政体之奇异者，莫如共和。《史记·周本纪》云："召公、周公二相行政，号曰'共和'。共和十四年，厉王死于彘。太子静长于召公家，二相乃共立之为王，是为宣王。"是周之无君者，十有四年也。案：国本非君所独治，特后世君权重，人臣之位，皆守之于君，无君，则臣莫能自安其位。

又视君位严，君之职，莫敢轻于摄代，故不可一日无君。若古代，则君臣共治其国之义尚明，臣之位亦多有所受之，非人君所能任意予夺。君权既小，则一国之政，必待人君措置者较少。人臣摄代其君，亦视为当然，而其顾虑，不如后世之甚，则无君自属无妨。《左》襄十四年，卫献公出奔，卫人立公孙剽。孙林父、宁殖相之，以听命于诸侯。此虽立君，实权皆在二相，亦犹周召之共和行政也。然究犹立一公孙剽。若鲁昭公之出奔，则鲁亦并不立君也。然则此等事，古代必尚不乏，特书阙有间，不尽传于后耳。韦昭释共和曰："公卿相与和而修政事。"可见无君而不乱，实由百官之克举其职也。(《中国社会史》，第327—328页)

平王东迁之失策

因不能还都而蒙受极大的损失的，历史上最早可考的，便要推东周。东周平王元年，为西元前七七〇年，下距秦始皇尽灭六国的前二二一年，凡五百四十九年，其时间不可谓不长。西周之世，西畿应为声明文物之地，然直至战国时，论秦者尚称其杂戎狄之俗，在秦孝公变法自强以前，因此为东方诸侯所排摈，不得与于会盟之列，可见西周之亡，西畿之地，遭受破坏的残酷。当西畿未失之时，周朝合东西两畿之地，犹足以当春秋时之齐、晋、秦、楚，此其所以在西周时，大体上，能够维持其为共主的资格。到西畿既失之后，形势就大不相同了。昔人论东周之东迁，恒以为莫大之失策，诚非无所见而云然。(《还都征故》，原刊《启示》1946年第1卷第1期。)

周朝的封建制度

西周是封建制度的全盛时代。古代的部落，彼此的关系，是很少的。后来渐相往来，就有互相攻击的事。战败的国，对于战胜的国，就要表示服从，尽朝贡等礼节。这是封建政体的第一步。再进一步，就要把他的旧君废掉，改封自己的同姓、亲戚、功臣等了。西周时所封的国，这三种人很多。可见当时的王室，权力颇为强大。当时不但国外，就天子、诸侯、国内的卿、大夫，也是各有封地的。国和家，虽有大小尊卑之异，性质并无不同。内诸侯虽说不世袭，事实上也有世袭的。

内外诸侯表

内　诸　侯	外　诸　侯	封　　地
三公	公侯	方百里
卿	伯	方七十里
大夫	子男	方五十里
元士	附庸	不及五十里

先部族，后封建

分立之世，谓之封建，统一之时，号称郡县，为治史者习用之名。然以封建二字，该括郡县以前之世，于义实有未安。何则？封者裂土之谓，建者树立之义，必能替彼旧酋，改树我之同姓、外戚、功臣、故旧，然后封建二字，可谓名称其实，否即难免名实不符之诮矣。故封建以前，实当更立一部族之世之名，然后于义为允也。盖古之民，或氏族而居，或部落而处，彼此之间，皆不能无关系。有关系，则必就其才德者而听命焉。又或一部族人口独多，财力独裕，兵力独强，他部族或当空无之时，资其救恤；或有大役之际，听其指挥；又或为其所慑；于是诸部族相率听命于一部族，而此一部族者，遂得遣其同姓、外戚、功臣、故旧，居于诸部族之上而监督之，亦或替其旧酋而为之代。又或开拓新地，使其同姓、外戚、功臣、故旧分处之。此等新建之部族，与其

所自出之部族，其关系自仍不绝。如此，即自部族之世，渐入于封建之世矣。（《先秦史》，第374、375页）

周朝的官制

周朝的内官，据汉时讲经学的今文家说[今文、古文是汉朝人讲经学的两个大派别。今文家先出，因为他们的经书，都是用当时通行的文字写的，所以称为今文；古文家晚出，他们自己说，曾得到古本的书籍，都是用古字写的，所以谓之古文今文家。对于经的解释，有许多不同的地方。又有种书，是古文家有，而今文家不相信的。（如《周礼》和《左传》便是）有种书，是今文家有，而古文家不相信的。（如《春秋公羊传》便是）其问题很为麻烦，我们现在不讲经学，对于他们两派的说法，无所偏主，只用史学上的眼光，分别去取，或者并存其说罢了。可参看本书第二十章]：有三公、九卿、二十七大夫，八十一元士。三公之职：为司马、司徒、司空。据古文家说：则三公、三孤，都是坐而论道的。政事均六卿所管。前者是汉朝相制所本。后者是隋以后六部之制所本。地方制度，也有两种：一种是今文家说，和井田制度相合；一种则和军制相应。大概古代的人民有两种：一种是要当兵的；一种虽亦会当兵，却不用作正式的军队；所以有这两种区别。（这是源于古代的人民，有征服和被征服两阶级，拙撰《白话本国史》第一编第八章第五节、第九章第一节，可以参看）

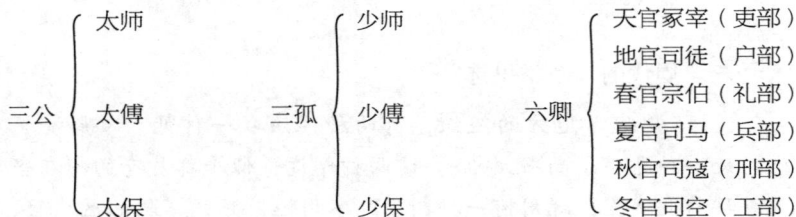

三公		三孤		六卿	
	太师		少师		天官冢宰（吏部）
					地官司徒（户部）
	太傅		少傅		春官宗伯（礼部）
					夏官司马（兵部）
					秋官司寇（刑部）
	太保		少保		冬官司空（工部）

周朝的学校选举制度

封建时代，有贵族、平民的等级。从大夫以上，都是贵族做的；士以下才用选举。（这是清朝时候俞正燮先生的说法，可参看《白话本国史》第一编第八章第四节）选举的法子，据《周礼》说：从卿大夫以下的官，都有考查人民"德""行""艺"的责任。每三年，举行"大比"一次，调查户口和马牛车辇等数目。就在这时候，举出贤者、能者来。这就是所谓"乡举里选"。据《王制》《孟子》说：则古代城乡，都有学校。在城里的，三代都名为学；在乡间的，则或唤做校，或唤做序，或唤做庠。各乡举出好人来，把他升送到司徒，司徒把他送到学里。在学优秀的，管理学校的大乐正，再把他进之于王。归司马量才任用。在学的时候，乡间举上来的人，和王太子、王子、公卿、大夫、士的嫡子，都是同学的，只论年岁长幼，不分身份尊卑。

《尚书大传》

邻	八家
朋	三邻
里	三朋
邑	五里
都	十邑
师	十都
州	十二师

《周礼》

比（邻）	五家	比长（邻长）
闾（里）	五比（五邻）	闾胥（里宰）
族（酂）	四闾（四里）	族师（酂长）
党（鄙）	五族（五酂）	党正（鄙师）
州（县）	五党（五鄙）	州长（县正）
乡（遂）	五州（五县）	乡大夫（遂大夫）

周代的"乡举里选"

（周代）地方的组织，有两种说法：一种见于《周礼》，又一种见于《尚书大传》。这两种制度，似乎都是有的。在当兵的区域里，就用前一种制度。不用他做正式军队的区域里，就用后一种制度。管理公务的人，照《周礼》说：有比长、闾胥、族师、党正、州长、乡大夫。从乡大夫以下，都要考查人民的德行、才能、技艺。每三年，要举行一次"大比"。比就是查轧的意思。是所以清查人口、马牛、车辇等的数目的。贤能的人，也于此时举出，把其名氏送之于王。王就任用他去做比长、闾胥之类。《周礼》说：这叫做"使民兴贤，入使治之；使民兴能，出使长之"。就是所谓"乡举里选"。（《初中标准教本 本国史》第一册，第55—56页）

周朝的赋税

赋税两字，在现代意义相同。在古代，则税是指现在的田赋，赋是出兵车和马牛等军用品，及当兵的人。周朝的税法名为"彻"，就是使八家共耕其中的公田，按其收获量，取其十分之一，就是田赋之征。此外尚有力役之征，如令人民筑城，修道路是。还有布缕之征，即令人民纳绢布若干。据《礼记·王制》说：人民服力役，每年该以三日为限。商业是只收他的地租钱而不收税。关亦只是盘查而不收税。所谓"市廛而不税，关讥而不征"。（这句话见在《礼记·王制》和《孟子·公孙丑上篇》。廛是居住的区域，就是后世所谓宅地）

上古无商税关税

取民之法，最早者有三：一曰税，二曰赋，三曰役。而此三者，实仍是一事。盖邃古职业少，人皆务农，按其田之所获而取之，是为租。马牛车辇等供军用者，自亦为其所出，是为赋。有事则共赴焉，是曰役。至于山林薮泽等，其初本属公有，自无所谓赋税。关之设，所以讥察非常，不为收税。商则行于部族与部族间，不为牟利之举。当部族分立之时，物产既少，制造之技亦尚未精。则或必需之品，偶尔缺乏，不得不求之于外。又或其物为本部族所无，不得不求之于外。此时奢侈之风未开，所求者大抵有用之品，于民生利病，关系甚巨。有能挟之而来者，方且庆幸之不暇，安有征税之理？《金史·世纪》："生女直旧无铁，邻国有以甲胄来易者，景祖倾赀厚贾，以与贸易，亦令昆弟族人皆售之。得铁既多，因之以修弓矢，备器械，兵势稍振。"古厚待商人，多以此等故也。故山、海、池、泽征商之税，无一非后起之法也。（《先秦史》，第422—423页）

周朝的兵制

军队的编制，以五人为单位。今文家说：师就是军；天子六师，方伯二师，诸侯一师（见《公羊传·隐公五年》何休注）。古文家说：五师为军；王六军，大国三军，次国二军，小国一军（见《周礼·夏官》）。大约今文家所说，是较古的制度；古文家所说，是较晚的制度。当时的军队，是用车兵和徒兵组成的，还没有用马

周代兵制表

伍	五人
两	五伍
卒	四两
旅	五卒
师	五旅
军	五师

队。（中国交通和军事上，都是到战国时代，才渐用骑的；以前多是用车，这是因为这时候，汉族专居平地，山地都为夷狄所据，尚未开拓之故，可参看顾炎武《日知录》"骑""驿"两条）

车战、骑战之兴替

车战之废，与骑战之兴，实非一事。盖骑便驰骋，利原野，吾国内地，古多沟洫阻固，骑战固非所利，即戎狄居山林，骑亦无所用之也。《左氏》隐公九年，北戎侵郑，郑伯御之，患戎师，曰：彼徒我车，惧其侵轶我也。昭公元年，中

行穆子败狄于大原，亦不过毁车崇卒而已。僖公二十八年，晋作三行以御敌。《周官》有舆司马、行司马。孙诒让《正义》，谓即《诗·唐风》之公路、公行，行指步卒，其说是也。《大司马职》云："险野人为主，易野车为主。"苏秦、张仪言七国之兵，虽皆有骑，然其数初不多。世皆谓赵武灵王胡服骑射，以取中山，其实乃欲临胡貉。攻中山凡五军，赵希将胡、代之兵为其一（《史记·赵世家》），初不言为骑兵。盖中山亦小国，不利驰骤也。李牧居代、雁门备匈奴，乃有选骑万三千匹（《史记》本传），逾于仪、秦所言秦、楚举国之数矣，以所临者为骑寇也。故车战在春秋时稍替，骑战至战国时始兴。（《先秦史》，第420页）

周朝的刑法

古代的五刑，据说是始于三苗的（三苗国君姜姓，为蚩尤之后）。周穆王时候，还是用这五刑。又制定一种赎罪之法，见于《书经》的《吕刑》篇。但实际出于五刑以外的酷刑，亦在所不免。（《左传》昭公六年，郑国铸刑书，晋国的大夫叔向写信给郑国的宰相子产，反对他。信中说："夏有乱政，而作《禹刑》。商有乱政，而作《汤刑》。周有乱政，而作《九刑》。"可见夏朝时候，就有成文法了。铸刑书，就是公布刑法，叔向还加以反对，可见春秋时代，公布刑法的还不多）成文法大概很早的时代就有了。但在西周以前是不公布的。

五刑 ｛ 墨
劓
腓
宫
大辟

俗、礼、法

邃古之时，人与人之利害，不甚相连，众所共由之事，自能率循而不越。若此者，就众所共由言之，则曰俗。就一人之践履言之，则曰礼。古有礼而已矣，无法也。迨群治演进，人人之利害，稍不相同，始有悍然违众者。自其人言之，则曰违礼。违礼者，众不能不加以裁制，然其裁制也，亦不过诽议指摘而已。利害之相违日甚，悍然犯礼者非复诽议指摘所能止，乃不得不制之以力。于是有所谓法。法强人以必行之力强于礼，然其所强者，不能如礼之广。于其所必不容己者则强之，可出可入者则听之，此法之所以异于礼也。（《先秦史》，第422—423页）

周朝的教化

以上所说，是周朝政治的大略。至于教化，则在封建时代，大概是守旧的。一切举动，都要谨守相沿的轨范。这个就是所谓礼。虽说"礼不下庶人"（见《礼记·曲礼上篇》），不过行起礼来，不能像贵族的完备，如其违反相沿的习惯，还是要受制裁的，所以说"出于礼者入于刑"。礼是生活的轨范。生活变了，轨范就不得不变。然而当时的所谓礼，却未必能如此。人就有貌为敷衍，而心实不然的，这个就是所谓"文胜"。古书上多说"周尚文"，又说"周末文胜"，我们看这两句话，就知道封建时代的风俗要不能保持了。

尚文之弊

昔人谓周末文胜；文胜者，过于形式之美，而情实不足相副之谓也。吾国自周以后，未能改文胜之习。凡事但求表面，而不讲实在；如建筑不曰以资居处，而曰以壮观瞻；练兵不曰以求克敌，而曰以壮军容，皆是此等思想之流露。彼此以浮文相欺，明知其实非如此，而恬不为怪（不但公事如此；即私人交际之间，亦复如此），皆是此弊，崇尚文辞，特其一端耳。（《文史通义评》，写于1920至1930年代，见《史学四种》，上海人民出版社1981年版，第206页）

第六章　春秋与战国

西周以前，小国多，有一个强国出来，列国都会服从他，如此，便是三代以前的"王"。东周以后，大国多了，虽有强国，不容易达到这个地位，就不能想做"王"，而只争做霸主了。战国时代，情形又不同了。前此较小的国，这时候多已灭亡，否亦衰微已甚，不能在大国间做个缓冲，而诸大国则地益广，兵益多，遂成为互相吞并之局。秦因地势险固，易守难攻；且秦国民风，最为朴实勇敢；秦孝公又用商鞅，定变法之令，强迫全国的人民都尽力于农，遂成为最富的国家。

春秋时列国的争霸

东周以后，王室衰微，不能号令天下，而诸侯争霸之局起。霸主是源于古代的"方伯"。（伯字是长的意思，霸字是同音假借字）在古代，天子本可命令一个诸侯，做某一方面的若干诸侯之长（如周文王在纣时做西伯，就是西方诸侯之长；齐太公在周朝初年，管理东方的五侯九伯），这个就是所谓"方伯"，春秋时代，则纯用兵力争夺。强的国，诸侯都服从他，天子亦就命令他做霸主。大抵西周以前，小国多，有一个强国出来，列国都会服从他，如此，便是三代以前的"王"。东周以后，大国多了，虽有强国，不容易达到这个地位，就不能想做"王"，而只争做霸主了。春秋时代，晋、楚、齐、秦号称四大国。吴、越是到末期才强盛的。四大国中，晋、楚两国，争霸的时期最久。

春秋大事表

公元纪年	事　　实
前六七九	齐桓公创霸
前六四三	齐桓公死，国乱，宋襄公继起图霸
前六三八	宋襄公为楚所败
前六三二	晋文公败楚，称霸
前六二四	秦穆公霸西戎
前五九七	楚庄王败晋称霸
前五六二	晋悼公与楚争郑，得胜，复称霸
前五四六	宋向戎为弭兵之盟，晋、楚的兵争遂息
前五○六	吴伐楚，破其都城，楚以秦援得复国
前四七三	越灭吴

中国历史的有确实纪年，是起于共和元年的，就是公元前八四一年。至前七七一年而西周亡，从前七七○年起为东周，至前二二一年而秦并天下。又历五百四十九年，其中从前七二二年起，至前四八一年止，共二百四十二年，称为春秋时代。自此以后，为战国时代。表中的前四七三年，实在已是战国的初期了。因其距春秋还不甚远，而吴、越相争，大部分系春秋时代的事，所以破例列入表内。春秋之义，因孔子采鲁国史作《春秋》一书，每年系时以记事，故以为名。战国乃因其时七国战争不止而为名。

东周列国形势

《管子·霸言》曰："强国众，合强攻弱以图霸；强国少，合小攻大以图王。"此言实能道出东周以后，与西周以前形势之异。盖强国少，则服一强，即可号令当时之所谓天下，此为古人之所谓王。强国多，则地丑德齐，莫能相尚，即称雄一时者，亦仅能使彼不与我争，而不能使之臣服于我，此为古人之所谓霸。春秋之世，所谓五霸迭兴者，只是就中原之局言之。至于各霸一方，如秦长西垂，楚雄南服，则虽当他国称霸之时，情势亦迄未尝变，即由是也。观此，知王降为

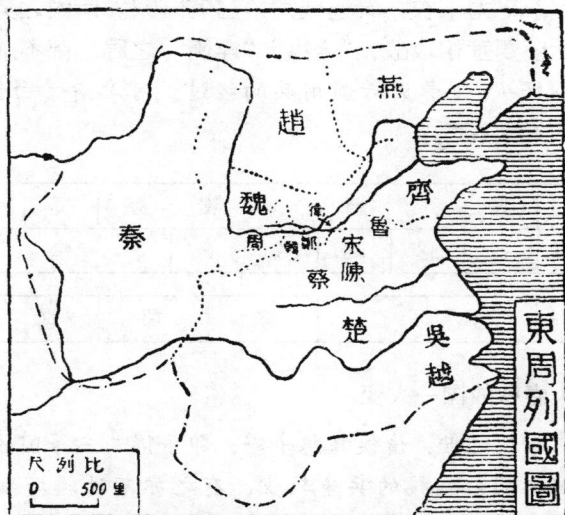

霸，实乃事势使然，初非由于德力之优劣。而事势之转变，则社会之演进实为之。盖文化之发舒，恒自小而渐扩于大。其初只中心之地，有一强国者，其后则各区域中，各自有其强国，遂成此地丑德齐之局也。西周以前，史事几唯所谓天子之国为可知，东周以后，则诸大国所传皆详，天子之国，或反不逮，即由于此。(《先秦史》，第150页)

战国的互相吞并

战国时代，情形又不同了。前此较小的国，这时候多已灭亡，否亦衰微已甚，不能在大国间做个缓冲，而诸大国则地益广，兵益多，遂成为互相吞并之局。这时候，晋分赵、韩、魏，而河北的燕渐强，合齐、秦、楚为七大国。七国之中，又以秦为最强。因为：（一）由地势险固，易守难攻。（二）且秦国民风，最为朴实勇敢。（三）而秦孝公又用商鞅，定变法之令，强迫全国的人民都尽力于农，秦遂成为最富的国家。诸侯之势，本已不能敌秦，还要互相攻战，"合纵""连衡"之局，都不能持久，遂次第为秦所灭。（秦灭六国用兵的经过，可参看《白话本国史》第一编第五章第二节）

春秋大国	齐	晋		秦	楚	吴	越	
战国七雄	齐	赵	韩	魏	秦	楚		燕

春秋次国	鲁	卫	宋	郑	陈	蔡

春秋战国一大变

春秋之世，诸侯只想争霸，即争得二三等国的服从，一等国之间，直接的兵争较少，有之亦不过疆场细故，不甚剧烈。至战国时，则（一）北方诸侯，亦不复将周天子放在眼里，而先后称王。（二）二三等国，已全然无足重轻，日益削弱，而终至于夷灭，诸一等国间，遂无复缓冲之国。（三）而其土地又日广，人民又日多，兵甲亦益盛，战争遂更烈。始而要凌驾于诸王之上而称帝，再进一步，就要径图并吞，实现统一的欲望了。春秋时的一等国，有发展过速，而其内部的组织，还不甚完密的，至战国时，则臣强于君的，如齐国的田氏，竟废其君而代之，势成分裂的，如晋之赵、韩、魏三家，则索性分晋而独立。看似力分而弱，实则其力量反更充实了。边方诸国，发展的趋势，依旧进行不已，其成功较晚的为北燕。天下遂分为燕、齐、赵、韩、魏、秦、楚七国。六国都为秦所并，读史的人，往往以为一入战国，而秦即最强，这是错误了的。秦国之强，起于献公而成于孝公，献公之立，在公元前三八五年，是入战国后的九十六年，孝公之立，在公元前三六一年，是入战国后的一百二十年了。（《吕著中国通史》下册，第374—375页）

异民族的同化

　　东周时代，大国都在沿边，这是什么道理呢？原来当时的二等国，如鲁、卫、宋、郑、陈、蔡等，所居的都是古代中原之地，习于苟安，所以其民渐流于弱；晋、楚、齐、秦、吴、越等国，都居于边地，却以竞争磨砺而强。而且边陲之地，都是旷废的，易于开拓，所以幅员也广大了。然则当时的异族，又是怎样呢？古代和汉族杂居在黄河流域的是猃狁，春秋时，分为赤狄、白狄。赤狄在河南、河北、山西，都灭于晋；白狄在河北的灭于晋，陕西的灭于秦。羌人在陕、甘境上的灭于秦。嘉陵江流域的巴，岷江流域的蜀，战国时亦为秦所灭。长江中流的民族，古称九黎，属于三苗之国。周以后，其他为楚国所开拓淮水流域的淮夷、徐戎，亦服楚。山东半岛的莱夷，则灭于齐。闽粤断发文身的民族，古称为越、吴，越先世，都是和此族人杂居的，越灭后，其王族还散布沿海一带，做他们的君长。而楚王族庄𫏋，又溯牂牁江而上，直打到现在的云南省城，就是当时所谓滇国。赵武灵王胡服骑射，开辟了现在的大同，燕国则排斥东胡，开辟了现在的辽热。总而言之：到秦灭六国时，黄河、长江两流域和辽、热两省，都已入中国的版图了。

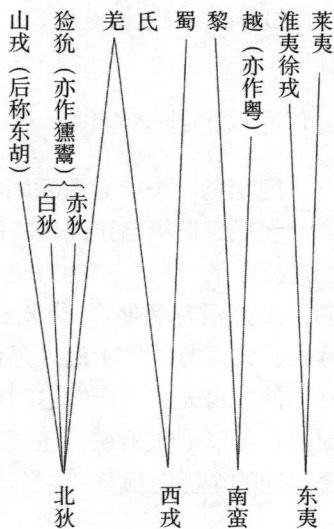

异族同化示意图

第七章 周代之社会概况

　　封建的全盛时代，无甚贫富之差。只有有土的封君，可以征收租税，还可以使人民服劳役，是比较富裕的。到商业兴起后，社会的组织，就要逐渐变迁了。工业也变做私人营利的事业了。人民的贫富，就渐渐不均。富者的势力，逐渐增大，虽封君也无如之何了。何况这时候的贵族，还在互相兼并。这是商业资本抬头，封建势力逐渐没落的时代。商业资本既兴，此种等级，就不能维持了。封建制度，既然日渐破坏，宗法也就逐渐没落，都变做五口、八口的小家庭了。

封建时代的社会组织

　　周朝是一个社会组织剧烈变迁的时候。为什么呢？古代的社会，大抵是自给自足的。其时经济的基础是农业，农人所种的田都是公家的，用公平的方法分配工人所做的器具，是供给众人用的，由公众养活他。（古代公产社会里，本有这一种人，到封建时代，就成为工官）商人是代表本部落，到别部落去交换的，盈亏和他本身无关。所以这时候的人，无甚贫富之差。只有有土的封君，可以征收租税，还可以使人民服劳役，是比较富裕的。这是封建的全盛时代。

商业资本的兴起

　　到商业兴起后，社会的组织，就要逐渐变迁了。此时各部落的生活，实已互相倚赖，从前要多造的东西，这时候可以不造，而向人家换得，该少造的东西，却可以多造，去和人家交换。从前职业的分配，就不再合理，就要逐渐破坏了。向来平均分配的田，因人口增加，感觉不足，于是用为经界的阡陌、沟洫，逐渐被人开垦。（田间的陆地，总称为阡陌，亦就是往来的道路。水路总称为沟洫。把这些地方，开垦做田，总称为"开阡陌"。世人误以为开阡陌是商鞅所做的事，这是错的。开阡陌是人口增多，土地不足时自然的趋势，商鞅不过承认他罢了。可参看《白话本国史》第一编第九章第三节）田的分配，就不能公平，没田种的，愿意出报酬，借人家的田种；只有坏田的人，也愿意出报酬，种人家的好田，就发生所谓田租。（国家对于农田所征收的，古代谓之"税"，汉时谓之"田租"，宋以后谓之"赋"。有领土权的私人，征收佃农的，历代亦称为田租，又称地租。土地不曾私有时，只有国家所收的为田税，所以税额减轻，农民就受实惠；私家所收的地租发生后就不然了）田以外的土地总称为山泽。从前本来公有，遵守一定的规则，大家可以使用。（如《孟子·梁惠王上篇》所说的"数罟不入污池，斧斤以时入山林"）至此，亦落入私人手中。（如《史记·货殖列传》所载，因种树畜牧、开矿、煮盐致富的人，就是占据山泽之地的）工业也变做私人营利的事业了。商人则买贱卖贵，更可以得大利。人民的贫富，就渐渐不均。富者的势力，逐渐增大，虽封君也无如之何了。何况这时候的贵族，还在互相兼并，"破国亡家者相随属"呢？这是商业资本抬头，封建势力逐渐没落的时代。东周之世，这种趋势，正在加速度的演变中。

社会进化之畸形

社会的进化是畸形的，有许多事情固然今胜于古；有许多事情却是古胜于今。大抵在物质方面，今胜于古的多；至于社会组织，则确有古胜于今之处。这并非我们的聪明才力或道德，不及古人，实因古代的社会小，容易受理性支配，后世的社会却不然，如庞然大物，莫之能举，所以只得听其自然。(《来皖后两点感想》，原刊《安大周刊》1932年第87期)社会的组织而要求其合理，是必须随时改变的。但这是件极难的事。往往其组织已和其所处的地位，利害冲突，不能相容了，而人还没有觉得。即使觉得，亦或因种种方面的障碍，惮于改革；或虽欲改革而不能；又或勉强为之而致败。于是因事实的迁流，旧制度逐渐破坏，新制度逐渐发生；而此所谓新制度，全是一任事势迁流之所至，无复加以人为修整的余地，各方面自不免互相冲突。乃亦听其迁流之所至，互相争斗，互相调和。所求者，不过含有矛盾性的苟安，和前此无一物不得其所的大顺世界，全然背道而驰了。(《中国社会变迁史》，见《吕思勉遗文集》下册，第200页)

等级的破坏

封建时代，人是要讲究身份的。饮食、衣服、宫室、车马，各有等级，丝毫不能僭越。商业资本既兴，此种等级，就不能维持了。前此贵族对于平民，是有很大的势力的；至此亦逐渐丧失，而代之以富人对于穷人的权力。甚至贵族的本身，也不能不俯首乞怜于他们。总而言之：从前的富和贵，贫和贱，是合一的；这时候，富的人，实际上就受社会尊贵，穷的人就被贱视。虽然在法律上的地位，富与贵，贫与贱，都得一样受法律的制裁，确只是具文而已。

贵贱等级平，贫富阶级起

东周以后，为封建制度破坏，商业资本兴起之时，故贵贱之等级渐平，而贫富之阶级随起。其现象之重要者为：(一)诸侯大夫，互相兼并，亡国破家者，皆降为平民；（二）而平民社会中人，亦多渐跻高位，如游士是也；
（三）井田制度破坏；（四）山泽之地，亦为私人所占；
（五）工业亦入私人之手；（六）商业日益兴盛。于是贫富不
均，而社会之风气，亦大变矣。（《高中复习丛书　本国史》，
第28页）

宗法的破坏

　　古代平民的家庭，本止五口、八口，贵族则多系聚族而居。
在父权伸张的情势下，就发达而成宗法。宗法是崇奉一个男子做
始祖，他的继承条件，第一个是嫡，第二个是长，嫡长子代表始
祖，是为大宗宗子。以后代代如此继承。嫡长子之外，其余的儿
子，都别为小宗。小宗宗子，可以管辖五世以内的亲族，就是从
自己高祖分支下来的人。大宗宗子，则凡同出于始祖的人，都
要受他管辖。所以古代的贵族，团结的力量极厚，然而此等制
度，做宗子的，必须为有土之君才行。因为如此，才能养活其族
人；否则各自谋生，就要散而之四方了。所以宗法是要和封建并
行的。封建制度，既然日渐破坏，宗法也就逐渐没落，都变做五
口、八口的小家庭了。（五口、八口之家，是"一夫上父母，下
妻子"。这是财产私有之世，相生相养，天然的一个团结。至于
合数百口而成一大家族，则是交易未盛，每一个大家族，即为自
给自足的生产团体，有以致之。交易盛行之后，此等家庭团体，
自然不能存在了。普通的议论，都说中国人是大家族，这是错
的。中国此等大家族，除非内地经济极落后的地方，还有存在；
以中国之大论起来，实在不算得什么，较之欧洲人，只多上父母
一代。宗法制度，可参看《白话本国史》第一编第八章第一节）

第八章　春秋战国之学术思想

　　春秋战国时代，社会组织，虽然日益变坏，学术思想则确是大有进步。在官之学，变为私家自由研究的学问。其时世变日亟，想借学术以救世的人甚多。合这几种原因，学术思想，就大为兴盛了。孔子学术的特色，在能就人伦日用之间，示人以不可须臾离的道理。老子以为后世的社会太坏了，想返到古代的淳朴。墨翟是主张节俭的，又反对当时用兵的人攻击人家。主张用整齐严肃的法律，去训练人民的是法家。先秦诸子之学，是各守专门，各有特色的。后世著书自成一家言，被收入子部的也不少，纵有独见，仍不如先秦诸子。

学术思想发达的原因

　　春秋战国时代，社会组织，虽然日益变坏，学术思想则确是大有进步。第一，在封建时代，学术为贵族所专有。到社会组织变迁，人民有余力能够研究学术的人就多了。第二，贵族既多失其地位，一变而为平民，于是在官之学，变为私家自由研究的学问。私人的教育，大为兴盛。第三，其时世变日亟，想借学术以救世的人甚多。而贵族腐败，贤君往往要登庸有才能的人，士人就有以立谈而致卿相的，因此想借学术以弋取富贵的人，亦就不少。合这几种原因，学术思想，就大为兴盛了。

评春秋战国的学术思想

　　近来的人，都说春秋战国，是我国学术思想，最为发达的时代，后世都比不上他，这话也未必然。春秋战国时代的学术，固然有各专一门，各极高深的长处；也有偏执己见，不了解他人的立场的毛病。譬如墨子的主张节俭，自因为当时贵族奢侈，人民穷困之故。社会穷困之时，应得节俭，是从古以来如此的，看下文便可知道。庄子却说他的道理太苦了，人不能堪，然则坐视着冻饿的人冻饿，你还是奢侈你的，抚心自问，能堪不能堪呢？荀子又说有好政治，穷是不足为患的。墨子何尝说穷是最后的忧患？天然的忧患？不过在当时困穷的情形之下，节俭就是最好的政治罢了。这不过举其一端，其余这一类的地方还很多。总而言之：当时学术的能够分争角立，互相辩论，固然有其好处；然亦因其在初兴之时，彼此的立场，未能互相了解之故。到后世，没有这种激烈的辩争了；固然由于思想的停滞；然亦因其在社会上通行得久了，各种学问的所长所短，大家都已了然，所以用不着甚么激烈的辩论。我们试看：《史记》的末一篇《自序》载他父亲司马谈论阴阳、名、法、儒、墨、道六家的话，以及《汉书·艺文志》论各家的话，大都有褒有贬。其所褒贬，大致可说是得当的，就可以明白这个道理。所以，我只说春秋战国是中国学术发达，有光采的时代，不说他是最好的时代。（《初中标准教本 本国史》第一册，第68—69页）

孔子

春秋、战国的学术派别是很复杂的。我们现在拣几家最重要的来讲讲。在当时的人物中，最受后世崇拜的是孔子。孔子的学术，就是所谓儒家之学。他的特色，在能就人伦日用之间，示人以不可须臾离的道理。他的哲学思想，最高的是"易"和"中庸"。易是发明宇宙万有，无时不在变动之中；所以我们做事该时时观察环境，定一个最适当的应付方法，那就是所谓"中庸"了。他对于政治和社会的理想，也是很高远的。他所想望的境界是"大同"，而其终极的目的，在于治国平天下。至于修身齐家，是达这目的的基本工夫。

儒家的理想与价值

儒家的理想，颇为高远。《春秋》三世之义，据乱而作，进于升平，更进于太平，明是要将乱世逆挽到小康，再逆挽到大同。儒家所传的，多是小康之义。大同世之规模，从升平世进至太平世的方法，其详已不可得闻。几千年来，崇信儒家之学的，只认封建完整时代，即小康之世的治法，为最高之境，实堪惋惜。但儒家学术的规模，是大体尚可考见的。他有一种最高的理想，企图见之于人事。这种理想，是有其哲学上的立足点的。如何次第实行，亦定有一大体的方案。儒家之道，具于六经。六经之中……此等高义，既已隐晦。其盛行于世，而大有裨益于中国社会的，乃在个人修养部分。（一）在理智方面，其说最高的是中庸。其要，在审察环境的情形，随时随地，定一至当不易的办法。此项至当不易的办法，是随时随地，必有其一，而亦只能有一的，所以贵择之精而守之坚。（二）人之感情，与理智不能无冲突。放纵感情，固然要撞出大祸，抑压感情，也终于要溃决的，所以又有礼乐，以陶冶其感情。（三）无可如何之事，则劝人以安命。在这一点，儒家亦颇有宗教家的精神。（四）其待人之道，则为絜矩（二字见《大学》）。消极的"己所不欲，勿施于人"。积极的则"所求乎子以事父，所求乎臣以事君，所求乎弟以事兄，所求乎朋友先施之"。我们该怎样待人，只要想一想，我们想他怎样待我即得，这是何等简而该。怎样糊涂的人，对这话也可以懂得，而圣人行之，亦终身有所不能尽，这真是一个妙谛。至于（五）性善之说，（六）义利

之辨，（七）知言养气之功，则孟子发挥，最为透彻，亦于修养之功，有极大关系。(《吕著中国通史》上册，第303—304页)

先秦诸子

孔子被后世的人尊为圣人，他所做的书，和后人记他的言行，或记录阐发他的道理的书，亦被尊为经。[《诗》、《书》、《礼》(《仪礼》)、《乐》、《易》、《春秋》，据儒家说：都是孔子所删定的，谓之六经，其中《乐》是没有书本的，所以又称五经。解释经的书，汉人谓之"传"，记载故事的，汉人谓之"记"；如《礼记》《春秋公羊传》《左氏传》《穀梁传》就是。《孝经》《论语》汉人亦称为传。《孟子》本是儒家的子书。《尔雅》是儒家的辞典。《周礼》，汉朝的今文家是不信他的，但是这许多，后世也总称为经。《大学》《中庸》，本是《礼记》里的两篇。宋朝的朱子，把他摘出来，合《论语》《孟子》，称为四书] 其余诸家则都称为子。诸子中重要的有老子。他的见解，是以为后世的社会太坏了，想返到古代的淳朴。他又主张天道是循环的；刚强的人，终必摧折；所以主张守柔。又有庄子，鉴于宇宙的广大和变化无穷，主张齐万物、一生死。老子和庄子的学术，都称为道家。墨家之学，是墨翟所创。他是主张节俭的，又反对当时用兵的人攻击人家，他却极善于守御。主张用整齐严肃的法律，去训练人民的是法家，最著名的人物是商鞅和韩非。当时列国，用这一派人物的，多能收富国强兵之效。(还有申不害，做过韩国的宰相；李克，亦作李悝，做过魏国的宰相；吴起虽然是兵家，他的治国，也很近于法家的，曾做过楚国的宰相；一时都收富强之效) 此外，讲用兵的法子的有兵家。讲外交的法子的有纵横家。讲农学的有农家。讲医学的有医经、经方两家。(见《汉书·艺文志》)。前者是针灸一派，后者是方剂一派）以古代宗教上的迷信做根据，而研求哲理的，则有阴阳家等。先秦诸子之学，是各守专门，各有特色的。后世著书自成一家言，被收入子部的也不少，纵有独见，仍不如先秦诸子了。

先秦诸子各有所本

先秦诸子，关于政治社会方面的意见，是各有所本的，而其所本亦分新旧。依我看来：（一）农家之所本最旧，这是隆古时代农业部族的思想。（二）道家次之，是游牧好侵略的社会的反动。（三）墨家次之，所取法的是夏朝。（四）儒家及阴阳家又次之，这是综合自上古至西周的政治经验所发生的思想。（五）法家最新，是按切东周时的政治形势所发生的思想。以上五家，代表整个的时代变化，其关系最大。其余如名家，专讲高深玄远的理论，纵横家、兵家等，只效一节之用，其关系较轻。（《吕著中国通史》上册，第310页）

先秦诸子可分家不可分人

先秦诸子，大抵不自著书。今其书之存者，大抵治其学者所为，而其纂辑，则更出于后之人。亡佚既多，辑其书者，又未必通其学。不过见讲此类学术之书，共有若干，即合而编之，而取此种学派中最有名之人，题之曰某子云耳。然则某子之标题，本不过表明学派之词，不谓书即其人所著。与集部书之标题为某某集者，大不相同。

治先秦之学者，可分家而不可分人。何则？先秦诸子，大抵不自著书；凡所纂辑，率皆出于后之人（张孟劬尝以佛家之结集譬之）。欲从其书中，搜寻某一人所独有之说，几于无从措手；而一家之学，则其言大抵从同。故欲分别其说属于某人甚难，而欲分别其说属于某家则甚易。此在汉世，经师之谨守家法者尚然。清代诸儒，搜辑已佚之经说，大抵恃此也。故治先秦之学者，无从分人，而亦不必分人。(《先秦学术概论》，世界书局1933年版，第17、20页)

第九章　本期结论

　　从上古到战国，是我国从部落进于封建，从封建进于统一的时代。上古期中，最当注意的，是异民族的同化，和疆域的开拓。民族是以文化为特征的。住居中国的民族，大的也有许多，然都先后同化于我。社会的组织，也是随时代而有变迁的。大抵人当生活艰难的时候，总是合力去对付自然的。到生活略为宽裕些，就不免有人要剥削他人了。这都是人类在进化的途中，发生出来的病态。中国古代的哲人，对于社会的病态，都是很注意，想要设法纠正他的。这一点，也是我国文化的光辉。

上古史的性质

　　从上古到战国，是我国从部落进于封建，从封建进于统一的时代。自此以前，我国还分立为许多国；自此以后，就合为一大国了。这是讲中国史的人天然的一个段落。

中国历史演进三阶段

　　中国历史可划分三大时期。羲、农、巢、燧利物前民，文化由来，邈哉尚矣，虽书阙有间，传说要非尽虚诬，此为自草昧入文明之世，一也。孔子删《书》，断自唐虞，史公作《记》，始于黄帝，惇史留诒，盖自兹始。斯时部落林立，异族错居，以累代之尽力经营，而林立者始渐合并，错居者始渐同化，至于嬴秦，遂胥宇内而为郡县，此自分裂入统一之世，二也。自秦迄今二千余年，就大体言之，疆域实无甚变更，政治亦无甚根本变动，四方异族程度皆较我为低，虽亦有时凭恃武力，荐居上国，至于声明文物，终不得不舍其故有者而从我。一再传后，其族且与我同化，泯然无迹焉。文化足以禆益者，唯一印度，亦仅及神教哲学而止耳，此为闭关独立之世，三也。自欧人东来，而局面乃一变，其文化既与我大异，政治兵力亦迥非前此异族之比，我国受其影响，遂至凡事皆起变化，此为现在所处之时期，就此时期之事而讲述之，此则所谓近世史者也。其中又可分为二期：一自欧人东来，至清末各国竞划势力范围止，此为中国受外力压迫之时代；一自戊戌变政起，讫于现在，此则中国受外力压迫而起反应之时代也。（《中国近代史讲义》，写于1930年代，见《中国近代史八种》，上海古籍出版社2008年版，第3—4页）

上古史的年代

上古史年代，虽然大部分都不确实。然依普通记算：夏朝大约四百年，商朝六百年，周朝八百年，已经有二千年了。（此项计算之法，见于《汉书·律历志》，系根据古书中所载的干支及日食等天象，用历法推算的，虽不能密合，却不致如传说等的年代，相差很远）再上推至黄帝元年甲子，则在民国纪元前四千六百零八年[1]了。（如依齐召南《历代帝王年表》黄帝元年甲寅，则当在民国纪元前四千六百十八年）秦朝统一天下，在民国纪元前二千一百三十二年[2]，那么，我国开化的时代，就该在民国纪元前五千年左右，在公元前三千年左右了。

---

[1] 即公元前2697年。
[2] 即公元前221年。

民族的同化和疆域的开拓

上古期中，最当注意的，是异民族的同化，和疆域的开拓。中国现在，所以能做世界上有数的大国；而人口的众多，且为世界各国之冠；实在是这个时代，建立下来的根基。而这两者，实在还是一件事。

周秦之间的文化扩张

文化是从一个中心点，逐渐向各方面发展的。西周以前所传的，只有后世认为共主之国一个国家的历史，其余各方面的情形，都很茫昧。固然，书阙有间，不能因我们之无所见而断言其无有，然果有文化十分发达的地方，其事实也决不会全然失传的，于此，就可见得当时的文明，还是限于一个小区域之内了。东周以后则不然，斯时所传者，以各强国和文化较发达的地方的事迹为多，所谓天子之国，转若在无足重轻之列。原来古代所谓中原之地，不过自泰岱以西，华岳以东，太行以南，淮、汉以北，为今河南、山东的大部分，河北、山西的小部分。渭水流域的开发，怕还是西周兴起以来数百年间之事。到春秋时代，情形就大不然了。当时号称大国的，有晋、楚、齐、秦，其兴起较晚的，则有吴、越，乃在今山西的西南境，山东的东北境，陕西的中部，甘肃的东部，及江苏、浙江、安徽之境。在向来所称为中原之地的鲁、卫、宋、郑、陈、蔡、曹、许等，反夷为二三等国了。这实在是一个惊人的文化扩张。其原因何在呢？居于边地之国，因为和异族接近，以竞争磨砺而强，而其疆域亦易于拓展，该是其中最主要的。(《吕著中国通史》下册，第372页)

文化的进步

民族是以文化为特征的。住居中国的民族，照第六章所述，大的也有许多，然都先后同化于我，就可见得我族文化的独优了。什么叫文化呢？依广义的解释，除天然现象之外，一切都该包括于文化之中。合以前各章所述的社会组织，政治制度，学术思想，以及衣、食、住、行等的进化而观之，就可见得我族文化的大略了。

社会组织的变迁

社会的组织，也是随时代而有变迁的。大抵人当生活艰难的时候，总是合力去对付自然的。到生活略为宽裕些，就不免有人要剥削他人了。人的剥削人，有两种法子：一种是靠武力，一种是靠财力。靠武力，就酿成各民族各部落间的斗争，战胜的役使战败的人，而成立封建制度。靠财力，则人和人，当交易之时，总想损人利己，本是大家互相剥削的行为了。这都是人类在进化的途中，发生出来的病态。中国古代的哲人，对于社会的病态，都是很注意，想要设法纠正他的。只这一点，也是我国文化的光辉。

治天下与安天下

先秦诸子之思想，有与后世异者。后世政治问题与社会问题分，先秦之世，则政治问题与社会问题合。盖在后世，疆域广大，人民众多，一切问题，皆极复杂。国家设治之机关，既已疏阔；人民愚智之程度，又甚不齐。所谓治天下者，则与天下安而已。欲悬一至善之鹄，而悉力以赴之，必求造乎其极，而后可为无憾，虽极宏毅之政治家，不敢作是想也。先秦诸子则不然。去小国寡民之世未远，即大国地兼数圻，亦不过今一两省，而其菁华之地，犹不及此。夫国小民寡，则情形易于周知，而定改革之方较易。风气淳朴，则民皆听从其上，国是既定，举而措之不难。但患无临朝愿治之主，相助为理之臣。苟其有之，而目的终不得达，且因此转滋他弊，如后世王安石之所遭者，古人不患此也。职是故，先秦诸子之言治，大抵欲举社会而彻底改造之，使如吾意之所期。"治天下不如安天下，安天下不如与天下安"等思想，乃古人所无有也。(《先秦学术概论》，第9—10页)

第二编　中　古　史

第十章　秦代之统一与疆土之拓展

秦始皇的治国内，规模是颇为阔大的。可惜他严刑峻法，又极其奢侈。他的政治实在是抱有一种伟大的理想的。这亦非他一人所能为，大约是法家所定的政策，而他据以实行的。政策虽好，行之却似过于急进。法家之学，不知道国家和社会的区别。国家和社会不是一物，所以国家的权力，只该扩张到一定的程度，过此以往，便无功而有罪。法家不知此义，误以为国家的利益，始终和社会是一致的，就有将国权扩张得过大之弊。秦始皇既并天下之后，还不改变政策，这是秦朝所以灭亡的大原因。这种错误，不是秦始皇个人的过失，也不是偶然的事实；而是法家之学必至的结果。

秦始皇的政策

公元前二二一年，秦王政尽灭六国，统一全国。他自称为始皇帝。有人劝他封建子弟，他不听。而把全国分做三十六郡（秦王政二十六年，自称始皇帝，后世则称二世、三世。是年，分全国为三十六郡，郡名详见《史记·秦始皇本纪》裴骃《集解》。但近人王国维曾加以考订，纠正错误。始皇后因增置燕齐地六郡为四十二郡，后又取百越增置六郡为四十八郡，盖皆用六为数。并见王著《观堂集林·三十六郡考》[1]），每郡各置"守""尉""监"三个官。（守，汉时称为太守；尉，称为都尉；

---

[1] 即《秦郡考》。

监，在秦朝是派御史去做的，谓之监御史，汉朝则由丞相派史去做。分全国为十二州，谓之州刺史）又把全国的兵器，都聚到他的都城咸阳（今陕西咸阳县），铸了十二个铜人和别种器具。又要统一全国的思想，除医药、卜筮、种树的书外，只许博士官有书（博士是太常属官。太常是管礼仪的，博士在秦汉时，都是用学者做的，当时说"官"，譬如现在说"公署"）。民间的书籍，一概烧掉。史官也只许存留秦国的历史。

秦统一的原因

秦朝的统一，决不全是兵力的关系。我们须注意：此时交通的便利，列国内部的发达，小国的被夷灭，郡县的渐次设立，在政治上、经济上、文化上，本有趋于统一之势，而秦人特收其成功。秦人所以能收成功之利：则（一）他地处西垂，开化较晚，风气较为诚朴。（二）三晋地狭人稠，秦地广人稀，秦人因招致三晋之民，使之任耕，而使自己之民任战。（三）又能奉行法家的政策，裁抑贵族的势力，使能尽力于农战的人民，有一个邀赏的机会。该是其最重要的原因。（《吕著中国通史》下册，第376—377页）

郡县的由来

县之起源有三：（一）灭国而为之。古书多记灭国为县者；其不记其兴灭建置者，县名亦率多旧国名，可推想其灭国而为县也。（二）卿大夫之采邑，发达而成为县。《左氏》昭公二年，晋分祁氏之田以为七县，羊舌氏之田为三县。五年，薳启强言："韩赋七邑皆成县。"此卿大夫采地，浸盛而成县者也。（三）并小乡聚为之。《史记·商君列传》，言商君治秦，集小都乡邑聚为县，此则国家新设之县，君之者不复世袭者也。凡一县，大抵自成一行政区域。大国之吞灭小国，非改若干小行政区为一大行政区，乃以一国而包若干个行政区域也。故被灭之国，仍为政治上之一单位，不过改世袭之君为任命之官吏而已。边荒之地，则称为郡，本与县不相统属。但（一）郡之地必广大，至其渐次发达，民政加详，则可分设为县。（二）又郡率有兵力，以之保护县；而以县之物力支持郡，亦相甚宜。如此者，县皆易受郡之统属。战国以前，郡皆设于边地；至秦始皇灭六国，觉到处有用兵力控制之必要，乃举天下而分为三十六郡矣。然秦之旧地，固仍属内史也。（《中国文化史》，原为1942年在常州青云中学教授高二中国文化史的讲义，见《吕思勉文史四讲》，第125页）

秦时疆土的拓展

他又发兵，把今两广、安南、福建地方打平，置为南海、桂林、象郡、闽中四郡。派赵佗率兵五十万戍守五岭（大庾、骑田、都庞、萌渚、越城，皆在两广，与江西、湖南交界之地），这时候，北方的游牧民族，以匈奴为最强，据着现在的河套（河套在秦汉时称河南，唐以后谓之河曲，明以来才称河套）。秦始皇派蒙恬去把他赶掉，将战国时秦、赵、燕三国的长城联接起来，以为北边的防线。（秦朝的长城，大略沿阴山东行，经过热、辽两省的北部，东端要到现在的朝鲜境内；和现在的长城，路线几全然不同。现在的长城，大概是明朝所造，关于长城的始末，可参看王国良《中国长城沿革考》，商务印书馆本）

秦始皇筑长城

秦始皇帝筑长城，誉之者以为立万古夷夏之防，毁之者以为不足御侵略，皆不察情实之谈也。头曼以前之匈奴，此等小部落，大兴师征之，则遁逃伏匿，不可得而诛也；师还则寇钞又起；留卒戍守，则劳费不资；故唯有筑长城以防之。长城非起始皇，战国时，秦、赵、燕三国，即皆有之。皆所以防此等小部落之寇钞者也。若所邻者为习于战陈之国，则有云梯隧道之攻，虽小而坚如偪阳，犹惧不守，况延袤至千百里乎？然则长城之筑，所以省戍役，防寇钞，休兵而息民也。本不以御大敌。若战国秦时之匈奴，亦如冒顿，控弦数十万，入塞者辄千万骑，所以御之者，自别有策矣。谓足立万古夷夏之防，几全不察汉后匈奴、鲜卑、突厥之事，替孰甚焉。责其劳民而不足立夷夏之防，其论异，其不察史事同也。（《秦始皇筑长城》，见《吕思勉读史札记》中册，第675—676页）

秦朝的灭亡

秦始皇的治国内，规模是颇为阔大的。可惜他严刑峻法，又极其奢侈。打破六国之后，都把他们的宫室，在关中仿造一所，后来又自造一所阿房宫，又在骊山（见第五章）自营葬地，都穷极壮丽。还要相信方士的话，派他们到蓬莱去求神仙。他自己又要到处游行，借此镇压全国。前二一〇年，秦始皇出游，死在现在的河北省里。他的长子扶苏，因谏止他坑儒，被他谪罚出去，到蒙恬处做监军。（古代的太子，照习惯是不带兵的。派他去监军，就是表示不立他做太子的意思）小儿子胡亥，这时候跟随着他。宦者赵高，替胡亥游说丞相李斯，假造始皇的诏书，把扶苏、蒙恬都杀掉。胡亥即位，是为二世皇帝。信赵高的话，把李斯杀掉，政治更乱。

秦政与法家的短处

秦始皇，向来都说他是暴君，把他的好处一笔抹杀了。他的政治实在是抱有一种伟大的理想的。这亦非他一人所能为，大约是法家所定的政策，而他据以实行的。政治是不能专凭理想，而要顾及实际的情形的，即不论实际的情形能行

与否，亦还要顾到行之之手腕。秦始皇的政策虽好，行之却似过于急进。(《吕著中国通史》下册，第391页)

法家之学，不知道国家和社会的区别。国家和社会，不是一物，国家和社会的利益，只是在一定的限度内是一致的，过此以往，便相冲突。国家是手段，不是目的。所以国家的权力，只该扩张到一定的程度，过此以往，便无功而有罪。法家不知此义，误以为国家的利益，始终和社会是一致的。社会的利益，彻头彻尾，都可用国家做工具去达到，就有将国权扩张得过大之弊。秦始皇既并天下之后，还不改变政策，这是秦朝所以灭亡的大原因。这种错误，不是秦始皇个人的过失，也不是偶然的事实；而是法家之学必至的结果。(《中国政治思想史十讲（二续）》，原刊《光华大学半月刊》1936年第4卷第7期)

二世篡位必非史实

古太子皆不将兵。使将兵，即为有意废立，晋献公之于申生是也。扶苏之不立，盖决于监军上郡之时。二十余子，而胡亥独幸从，则蒙毅谓先王之举用太子，乃数年之积，其说不诬。始皇在位，不为不久，而迄未建储，盖正因欲立少子之故。扶苏与蒙氏，非有深交，而李斯为秦相，积功劳日久，安知扶苏立必废斯而任蒙恬？斯能豫烛蒙恬用，己必不怀通侯印归乡里，岂不能逆料赵高用而己将被祸乎？故知史所传李斯、赵高废立之事，必非其实也。(《秦汉史》上册，第22页)①

---

① 2009年，北京大学获赠入藏一批海外回归的珍贵竹简。其中，西汉竹书《赵正书》所记的部分内容与《史记》差异很大。如《史记》记载秦始皇死后赵高、李斯等秘不发丧，篡改诏书立胡亥为二世皇帝；《赵正书》则言二世胡亥继位是秦始皇听从李斯等的建言后明确认可的。见赵化成：《北大藏西汉竹书〈赵正书〉简说》，《文物》2011年第6期。

秦始皇死的明年，戍卒陈胜，在今安徽地方起兵。于是反者纷纷而起。六国后人，一时俱立。秦朝派兵出去征讨，初时颇获胜利，后来楚怀王（战国时，楚国有个怀王，和齐国联盟。上了秦国人的当，和齐国绝交。秦人趁势把他打败，后来秦国人又诱他去会盟，要求他割地，怀王不听，秦国人就把他扣留起来，死在秦国，楚国人很哀怜他。此时楚国世家项氏，在吴国的旧地起兵，有人劝他立楚怀王的后人，以收拾楚国的民心。项氏听了他，即以怀王的谥法，为其生时的称号）派项籍北救赵（新兴的赵国被围在巨鹿，现在河北的平乡县），刘邦西入关。项籍大破秦兵于巨鹿。刘邦也乘秦朝内乱，二世为赵高所弑，赵高又被新立的子婴所杀，从武关入秦（在今陕西商县之东。这是从河南南阳进陕西的路），子婴只得投降。秦朝就此灭亡，时在前二〇七年。

楚汉的分争

秦朝的灭亡，也可以说是封建政体的一个反动。于是六国之后，和亡秦有功的人，都自立为王。当时兵力最强的是项籍，所以封地的支配，实际是由他决定。他自立为西楚霸王（铜山一带，战国时也是楚国的地方，当时称为西楚。霸王的霸，就是霸诸侯的霸。当时所封的人都称王，项籍是诸王之长，所以称为霸王），建都在现在的铜山县。刘邦则封于汉中，称为汉王。分封才定，山东、河北方面，已有不满现状起来反抗的人，项籍出兵征讨。汉王乘机，打定关中。合好几国的兵，直打进楚国的都城。被项籍还兵打破。汉王乃坚守荥阳、成皋一带（荥阳，今河南荥泽县，这是黄河的一个渡口，守此，楚兵就不能渡河而北。成皋，今河南汜水县，其西境就是虎牢关，守此，楚兵就不能向西）。有萧何留守关中，替他补充军队和粮饷。而派韩信打定山西、河北，绕出山东，彭越又在楚国后方捣乱。于是楚国兵少食尽，乃和汉约以鸿沟中分全国（当时的一条运河，从今河南省城附近东南流，和淮、泗两水通连）。约定，项籍东归，汉王背约追击他。项籍走到乌江（大江的渡口，在今安徽和县南），自刎而死。汉王遂即皇帝位，是为汉高祖。时在前二〇二年。秦亡后，全国纷争了五年，又统一了。

汉初史事多传说

（汉初史事多）此等性质的传说，至汉初实尚不乏，断不容轻信为事实。试举俗所谓鸿门宴之事为例。范增说：与项王争天下者必沛公，岂是事实？且军门警卫，何等森严，安有樊哙能撞倒卫士，直达筵前，指责项王之理？古人筵宴，中间诚有离席休息之时，且或历时颇久，然亦必有一个限度；乃汉高祖可召张良、樊哙等同出，与哙等脱身回向本军，张良度其已至，然后入谢。筵宴间的特客，离席至于如此之久而无人查问；带有敌意的宾客，与数人间行出军，亦无人盘诘，项羽的军纪，有如此之废弛者乎？张良献玉斗于范增，范增受而碎之，骂项王"竖子不足与谋"，且当场言"夺项王天下者，必沛公也，吾属今为之虏矣"。增年已七十，素好奇计，有如此之鲁莽者乎？种种事迹，无一在情理之中。然则汉高祖与项羽此一会见，真相殆全然不传；今所传者，亦一则想象编造的故事也。此等传说，在秦汉间实未易枚举。且如指鹿为马之说，又岂可以欺孩稚邪？（《中国史籍读法》，见《史学四种》，第206页）

第十一章　两汉之政治概况

汉初，承全国大乱之后，专务休养生息。到开国后约
七十年的时候，国内颇为富庶。汉武帝是个雄材大略的人，
他对外国用兵，替中国开拓了不少疆土。可惜他性好奢侈，
既要开疆拓土，又要营宫室，求神仙，还要出去巡游。财政
不足，就用了许多言利之臣，以致民愁盗起，国内几致大乱。
汉去封建之世近，士大夫皆慷慨喜功名。以当时中国之国力，
如得严明任法之主而用之，所立之功，虽十倍于汉武可也。
（汉武）虽能摧匈奴，通西域，县朝鲜，平两越，开西南夷，
实当时中国国力与四夷相去悬绝，有以致之。

汉初的政治

汉高祖即帝位后，把功臣中功劳大的，都封做王，小的封
做侯，然异姓封王的，不久都灭亡，都大封子弟和同姓为王。
高祖死后，儿子惠帝懦弱，高祖的皇后吕氏专权。惠帝死后，
吕后就临朝称制，又封诸吕为王。吕后死后，大臣共讨诸吕，
迎立高祖的庶子文帝。汉初，承全国大乱之后，专务休养生息。
文帝在位，尤其恭敬节俭。他的儿子景帝，也能谨守他的政策。
所以当武帝初年，就是汉朝开国后约七十年的时候，国内颇为
富庶。

汉时民生仍窘迫

《史记·平准书》说武帝初年的情形道："非遇水旱之灾，

民则人给家足。都鄙廪庾皆满，而府库余货财。京师之钱，累巨万，贯朽而不可校。大仓之粟，陈陈相因，充溢露积于外，至腐败不可食。众庶街巷有马，阡陌之间成群；而乘字牝者，摈而不得聚会。守闾阎者食粱肉，为吏者长子孙；居官者以为姓号。故人人自爱而重犯法，先行义而后绌耻辱焉。"这真可谓国富民安了。然而又说："当是之时，网疏而民富，役财骄溢，或至兼并。豪党之徒，以武断于乡曲。"兼并是该行之于穷困之时的。富庶之日，如何反行起兼并来呢？可见其所谓富者，不过总计全国的富量，有所增加，而并不是均摊在众人头上。所以这时候的富人，固然远较天下初平时为富，穷人则还是一样；而贫富相形之间，其悬殊或者反较大乱初平时为甚。（《中国社会变迁史》，见《吕思勉遗文集》下册，第244—245页）财富总量有所增加，而其分配的不平均如故。所以汉代的人，提起当时的民生来，都是疾首蹙额。（《复兴高级中学教科书 本国史》上册，第127页）

汉初的大封同姓，原是为防制异姓的，但是到后来，同姓诸王，倒成为政治上的一个问题了。景帝时，吴楚七国，到底起兵造反，给汉朝打平，于是把诸侯治理百姓和补用官吏的权柄一齐剥夺。这时，列国规模，与他郡县相差不远。武帝时从主父偃的弱藩之策，又命诸侯将自己的地方，分封子弟，于是诸侯都变做小国。诸侯只得衣食租税，不许就国。汉初的封建，就名存实亡，而郡县制度就逐渐推到全国了。

秦汉时之新局势

秦汉时之新局势：一、内战乍息，民生获苏。尤其交通上之限制废除，得以完成广大之分工，国富总量之增加，殆非前此所能想象。二、统一则国力强盛，便于对外；然中国在此时，开始与骑寇相遇。三、封建制度告终。秦尽废封建，

经楚汉之争、汉初之翦灭异姓、吴楚七国之乱，而封建之
实，遂荡然无存焉。此时之政情：一、民主政治之废坠。此由
（一）民意无表现之方法，如古之大询于众庶等。（二）民意之
表现为习惯，习惯愈不适于时势，则拘束之力愈弱。故君主
之地位，日益神圣。最后，遂谓其权系受之于神，而非受之
于民，两汉、新莽之言符瑞是也。（此节与西方颇相似）二、
地方自治之废坠。古之国，等于后世之县。国君等于县令，
县令实不能躬亲办事，而地方公务悉废矣。三、放任政治之
形成。贵族既倒，处于治者之地位者，为官僚阶级，同时亦
即成为榨取阶级。而此时于官僚阶级，非铲除之时也，于是
取监督之方式矣。政治上之首领，理宜加以监督。但监督者
少，被监督者太多，势不能给，则唯有将所办之事，减至最
小限度，使其无所藉以虐民。中国之良吏，每劝人民早完国
课，少打官司，免得与吏役接触，此正与政府之取放任主义
同。顾亭林讥后世大官多，小官少。而不知其在昔时之政治
上，只重监督官僚阶级，不使虐民，兴利治国，固在其次也。

自汉以来，中国之政治向如此。(《中国文化史》，见《吕思勉文史四讲》，第137、138、139页)

武帝的文治武功

汉武帝是个雄材大略的人，他对外国用兵，替中国开拓了不少疆土，其事都见下章。他在内治上，也有几件著名的事情。第一，他置五经博士，是国家设立太学之始。(当时仅就固有的官吏中，拣其有学问的，替他招致弟子；既未营建校舍，亦未设立教官。博士本非学校教师，但后来设立太学后，教师未曾别立名目，即以博士为名)第二，他命郡国选举孝廉，是科举制度的先声。(此时未有考试之法，但唐以后的科举制度，是从此制变化而成的，参看本书第十八章)第三，他又听董仲舒的话，重用治儒家之学的人。于是春秋、战国时各学派之中，儒家之学，就归于一尊了。可惜他性好奢侈，既要开疆拓土，又要营宫室，求神仙，还要出去巡游。财政不足，就用了许多言利之臣，以致民愁盗起，国内几致大乱。幸而晚年悔过，能够与民休息。昭宣两代，政治也都算清明，才算危而复安。

评汉武帝

汉去封建之世近，士大夫皆慷慨喜功名。以当时中国之国力，如得严明任法之主而用之，所立之功，虽十倍于汉武可也。汉武严而不明，任喜怒而不任法。置宿将而任椒房之亲；又任严酷之吏，以深文随其后；虽能摧匈奴，通西域，县朝鲜，平两越，开西南夷，实当时中国国力，与四夷相去悬绝，有以致之。计其所失亡，中国转远过于夷狄，盖国力之浪费者多矣。(《古史家传记文选》中册，商务印书馆1938年版，第119页)

前汉的灭亡

汉朝离宗法社会近，很看重宗室和外戚。元帝以后，政权入于外戚王氏之手，王氏中又出了一个大人物，汉遂为其所篡。这个人就是王莽。王莽以公元九年篡汉，改国号为新，他是鉴于汉时社会贫富的不均，要想实行社会政策的，他的魄力，可以算是很伟大。惜乎行之不得其法，弄得举国骚然，新莽亦终至灭亡。

> **两汉间社会文化一大变**
>
> 中国之文化，有一大转变，在乎两汉之间。自西汉以前，言治者多对社会政治，竭力攻击。东汉以后，此等议论，渐不复闻。汉、魏之间，玄学起，继以佛学，乃专求所以适合社会者，而不复思改革社会矣。东汉以后，志士仁人，欲辅翼其世，跻世运于隆平，昇斯民以乐利者甚多，其用思不可谓不深，策划不可谓不密，终于不能行，行之亦无其效者，实由于此。故以社会演进之道言之，自东汉至今二千年，可谓误入歧途，亦可谓停滞不进也。（《秦汉史》上册，第197页）

后汉的兴起

后汉光武皇帝，是前汉的宗室，他以新莽之末起兵，和湖北地方的群盗连合，当时军中先有汉朝的宗室刘玄，号为更始将军，大家立他做皇帝。大破莽兵于昆阳（今河南叶县），汉兵分路入关，关中群盗亦起，王莽为乱兵所杀。更始移都长安，为群盗所制，政治紊乱。关东流寇赤眉入关，更始遂败亡。光武先别为一军，出定河北。后来把赤眉打破；割据或扰乱一方的人，亦都打平。建都在洛阳，所以史家亦称为东汉。

后汉国力远不如前汉

后汉自公元二十五年光武帝即位起，至公元二二〇年为魏所篡止，共计一百九十二年；若算到公元一八九年董卓行废立，东方起兵讨卓，实际分裂之时为止，则共得一百七十五年；其运祚略与前汉相等，然其国力的充实，则远不如前汉了。这是因为后汉移都洛阳，对于西、北两面的控制，不如前汉之便；又承大乱之后，海内凋敝已极，休养未几，而羌乱即起，其富力亦不如前汉之盛之故。两汉四百年，同称中国的盛世，实际上，后汉已渐露中衰之机了。（《吕著中国通史》下册，第415页）

后汉的乱亡

光武、明、章三帝算是后汉的治世。和帝以后君主每多幼稚，母后临朝，外戚专权。皇帝长大了，因满朝都是他的党羽，只得和宦官谋诛灭他，结果宦官又因之专权。在这两种恶势力互相消长之下，国政日趋不振。到桓、灵二帝的时代而达于极点。灵帝死后，子少帝年幼，太后的哥哥何进当国，要想诛灭宦官，而太后不肯。何进乃召外兵进京，以胁迫太后，宦官大惧，把何进杀掉。何进的官属，遂举兵大杀宦官。正在纷乱之际，凉州将董卓带兵入京，政权遂尽入其手。董卓把少帝废掉，立其弟献帝。行为又极暴虐。东方州郡，起兵攻击他。董卓乃胁迫献帝，迁都长安。东方的兵，都纷纷自占地盘，不能追击。旋汉朝的宰相王允，和董卓的部将吕布合谋，把董卓杀掉。而卓将李傕、郭汜，又起兵为卓报仇，攻陷长安。献帝为其所制，久之，乃得逃到洛阳。因地方残破已甚，召曹操的兵入卫。从此大权归于曹操，汉帝只剩得一个空名了。

汉朝政治制度的劣点

汉朝的政治制度，有两个劣点，是引起三国以后的分裂和战乱的：

（一）秦汉时代，外官本分郡县两级，郡就直接隶辖中央。一郡的地方只有后世一府这么大（边郡也有很大的，然地广人稀，文化经济都落后，依旧没有实力），其势不足以反抗中央，所以柳宗元说："汉朝有叛国而无叛郡。"（见其所著《封建论》）后汉灵帝时，黄巾贼张角造反，虽然旋即打定，然而余党扰乱的很多，乃将向来专司监察的州刺史，改为州牧，变成了地方行政官吏，一州地方，有现在一两省大；又值纪纲废弛之际，州牧遂多据地自专；郡太守和有兵权的人，亦都纷纷割据，遂成为分裂之局。（汉武帝置十三州部，每州置一刺史以督察郡国，司隶校尉为中央官吏，督察京畿，不在十三州部之列。后汉并朔方于并州，改交趾为交州，合司隶校尉部仍为十三州，汉末又改刺史为州牧，威权愈重）

秦汉官制特色

秦汉官制的特色：（一）这时候的中央政府，宰相是个副贰天子，治理天下的；九卿等官，也各有独立的职权，都是分治天下众务的；不是天子的私人。到后来，纷纷任用什么尚书、中书、侍中做宰相；把九卿的职权，也夺归六部；于是所任用的，全是天子玩弄之人，君权愈张无限。（二）是外官阶级少而威权重，和后世大不相同。这个有好处，亦有坏处。（三）则这时候去古还近，地方自治的意思，还有存留。《汉书·高帝纪》："二年二月癸未令，举民年五十以上，有修行，能帅众为善，置以为三老，乡一人。择乡三老一人为县三老，与县令、丞、尉，以事相教。"可见得这时候，对于三老等官视之甚重，和后世名存实亡的，大不相同。（《白话本国史》第二册，商务印书馆1923年版，第71页）

（二）秦汉承战国之后，其兵制尚有征兵制度的意味。百姓到二十三岁，都隶名兵籍，归各郡的都尉。讲肄课试，到五十六岁，才得免除，汉初用兵，还都由郡国调发的。武帝以后，因用兵多了，免得骚扰平民，乃多派"罪人"（亦有并不是罪人的，如贾人、赘婿都是，不过取其不是普通农民而已。赘婿大抵是没有田产的人。本章末节所论，可参看拙撰《白话本国史》第二编第八章第一、第四两节）出兵打仗谓之"谪发"。虽然于人民有益，却是人民因此和当兵渐渐的生疏了。后汉光武因图减省起见，把都尉裁掉，民兵亦因之而废，此时被中国征服的异族多入居塞内，渐渐用他当兵（如当武帝时，外族内附而用以为骑者，就置有越骑校尉等。宣帝时调羌骑卫金城。这都是借外族内附而用以当兵的例子），遂至异族强而本族弱，造成五胡乱华之祸。

秦汉间兵制一大变

秦汉之世，为中国兵制之一大变。古代兵农合一之说虽诬，然至战国，业已成为举国皆兵之局。一统之后，疆理既恢，征戍之途弥远。夫地大人众，则不必举国皆兵，而后足以御侮；征戍远则民劳，不得不加以体恤；于是罪人、奴隶与异族之降者杂用。盖自秦已启其端，至汉武之世而大盛。更经新室之乱，光武崛起，急欲与民休息，而民兵之制遂废。国之强弱，诚不尽系乎兵；兵之强弱，亦不尽系乎制度；然使民兵之制犹存，终必略加以训练，不致盗贼攻之而不能御，戎狄略之而不能抗矣。然则典午以降，异族之凭陵，武夫之跋扈，其原虽不一端，要不得谓与民兵之废无关系也。（《秦汉史》下册，第675页）

第十二章 两汉疆域之开拓与对外交通

秦汉是我国疆域开拓的时代。秦始皇开其端，而汉武帝成其功。当张骞使月氏时，今甘肃西北境，尚属匈奴。却好匈奴的王，守今甘肃西北境的来降，汉朝以其地为郡县。西域的路，自此开通。汉朝曾出兵远征大宛。又把公主嫁给乌孙，和他共攻匈奴。宣帝时，在今新疆省的中部，设立西域都护，保护天山南北两条通路。西域都是些小国，汉攻匈奴，并不能得它的助力，而因此劳费殊甚，所以当时人的议论，大都是反对的。但是史事复杂，利害很难就一时一地之事论断。西域是西洋文明传布之地，与中国陆地相接，自近代西力东渐以前，中西的文明，实在是恃此而交流的。且西域之地，设或为游牧民族所据，亦将成为中国之患。汉通西域之后，对于天山南北路，就有相当的防备，后来匈奴败亡后，未能侵入，这也未始非中国之福。

汉初域外的形势

秦汉是我国疆域开拓的时代。秦始皇开其端，而汉武帝成其功。汉初，匈奴以阴山为根据地，东击破东胡，西击破月氏，后又征服漠北诸小民族，和西域三十六国（历史上所谓西域，有广狭两义，此处是初时狭义的西域，专指天山南路，后来自此以西的地方，亦都称为西域）。月氏先逃到伊犁河流域，又为乌孙所攻。逃到阿姆河流域，征服大夏，就是西史的巴克特利亚（Bactria，即今之阿富汗国境）。其西安息，则是西史的帕提亚

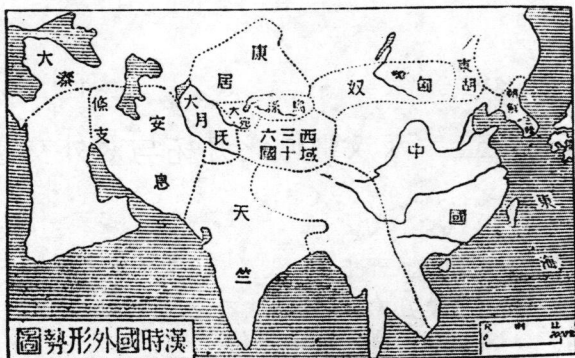

汉时国外形势图

（Parthia，即今之伊朗国境）。更西条支，乃叙里亚之地。［当公元前四世纪之末，中国战国时候，马其顿亚历山大王，征服亚洲西部，死后其部将据叙利亚（Syria）自立，是为条支，后其东方，又分裂为帕提亚、巴克特利亚（Bactlia）两国，即中国所谓安息及大夏］再向西，就是罗马帝国，当时所谓大秦了。（大秦一名犛轩，见《后汉书·西域传》。当时或系专指叙利亚。近人张星烺谓系指罗马帝国在东方的领土为大秦。参看《东西交通史料汇篇》卷一页八《古代中国与欧洲之交通》一文①）从安息向东南则到印度，从前谓之天竺，亦谓之身毒。从辽东向东，半岛的北部为朝鲜，南部为三韩（马韩、弁韩、辰韩）。再渡海而东，就是现在的日本，当时称为倭人。

　　以上是域外的形势。而秦时已隶版图的闽、广、安南，此时亦自立为南越、闽越两国（南越是秦朝的尉，据两广安南之地自立的。闽越是春秋时越国的子孙，灭秦有功的。汉朝封为闽越王，在今福建闽侯县，还有一个，封于浙江的永嘉县的，为东瓯王，因为闽越所攻击，自请举国内徙江、淮间）。云贵两省秦时

---

① 即《中西交通史料汇编》第一编《古代中国与欧洲之交通》第一章《两汉时期中国与欧洲之交通》。

略有交通，汉时复绝。自此往西北，在四川和陕甘两境上的异族，当时总称为西南夷。再向西，便是青海境内的羌人了（在大通河流域，当时谓之湟水）。

汉平匈奴

秦末，中国大乱，匈奴又入据河套。汉高祖自将去打他，被围于平城（今山西大同县）。后来用刘敬的计策，把宗室女嫁给他的单于，和他讲和。是为中国以公主下嫁，与外国结和亲之始。武帝初想约月氏共攻匈奴，派张骞往使，因月氏无意报仇，不得要领；后来才决意自行出兵攻击。先把他逐出漠南，又屡次派兵到漠北去打他，匈奴自此衰弱，到宣帝时又有内乱，其呼韩邪单于，遂入朝于汉。郅支单于逃到西域，为汉人发西域兵攻杀。

论武帝征匈奴

汉武帝东征西讨，所开拓者颇广，后世盛时之疆域，于此时已略具规模，读史者或称道之。然汉人之议论，则于武帝多致讥评。（宣帝初即位，欲褒先帝，令列侯、二千石、博士议，夏侯胜即言武帝无功德于民，不宜为立庙乐，见《汉书》本传。《史记·大宛列传》之叙事，《汉书·西域传赞》之议论，于武帝皆深致讥焉。而《汉书·武五子传赞》，言之尤痛。）何哉？予谓是时之开拓，乃中国之国力为之，即微武帝，亦必有起而收其功者，而武帝轻举寡虑，喜怒任情，用人以私，使中国之国力，为之大耗，实功不掩其罪也。汉世大敌，莫如匈奴。匈奴之众，不过汉一大县。又是时匈奴，殊无民族意识。试观军臣单于以嗜汉物，几堕马邑之权，然仍乐关市可知。贾生五饵之策，欲以车服坏其目，饮食坏其口，音声坏其耳，宫室坏其腹，荣宠坏其心（见《新书》），非处士之大言，其效诚有可期者也。使武帝而有深谋远虑，当时之匈奴，实可不大烦兵力而服。即谓不然，而征伐之际，能多用信臣宿将，其所耗费，必可大减，而所成就，反将远胜，此无可疑者也。《史记》言卫青仅以和柔自媚于上。霍去病则少而侍中，贵不省士，其从军，天子为遣大官赍数十乘，既还，重车余弃粱肉，而士有饥者；其在塞外，卒乏粮，或不能自振，而去病尚穿域蹋鞠，事多类此。此等人可以为将乎？较之李广将兵，乏绝之处，见水，士卒不尽饮，广不近水，士卒不尽食，广不尝食者何如？李广利之再征大宛也，出敦煌六万人，负私从者不与，马三万匹，军还，入玉门万余人，马千余匹而已。史言后行非乏食，战死不甚多，而将吏贪，不爱卒，侵牟之，以此物故者众，其不恤士卒，亦去病之类也。天子尝欲教去病孙吴兵法，对曰："顾方略何如耳，不至学古兵法。"此去病不学无术之明征，亦汉武以三军之众，轻授诸不知兵法之将之铁证。世顾或以是为美谈，此真势利小人之见。世多以成败论人，其弊遂中于读史，皆由势利之见，先有以累其心也。汉去封建之世近，士好冒险以立功名；不知义理，徒为愚忠；皆与后世绝异。即以李广之事论之。广与程不识，俱为边郡名将，匈奴畏之久矣。又尝俱为卫尉，天子知其能亦久矣。征胡而择大将，非广、不识辈而谁？乃汉武之所任者，始则卫、霍，后则李广利也。以椒房之亲，加诸功臣宿将之上，不亦令战士短气矣乎？（《秦汉史》上册，第129—131页）

汉通西域

当张骞使月氏时，今甘肃西北境，尚属匈奴。张骞在大夏，见今四川临邛县的竹枝，问他们："从哪里来的？"他们说："从身毒买来。"张骞因此想到从四川西南出，一定可通西域。汉朝就因此通西南夷。然通西域的路，依旧没有走通。却好匈奴的王，守今甘肃西北境的来降，汉朝以其地为郡县。西域的路，自此开通。汉朝曾出兵远征大宛。又把公主嫁给乌孙，和他共攻匈奴。宣帝时，在今新疆省的中部，设立西域都护，保护天山南北两条通路。西域三十六国都属都护管理。

> ### 史事"祸福"难豫烛
>
> 西域都是些小国，汉攻匈奴，并不能得他的助力，而因此劳费殊甚，所以当时人的议论，大都是反对的。但是史事复杂，利害很难就一时一地之事论断。（一）西域是西洋文明传布之地。西洋文明的中心希腊、罗马等，距离中国很远，在古代只有海道的交通，交流不甚密切，西域则与中国陆地相接，自近代西力东渐以前，中西的文明，实在是恃此而交流的。（二）而且西域之地，设或为游牧民族所据，亦将成为中国之患，汉通西域之后，对于天山南北路，就有相当的防备，后来匈奴败亡后，未能侵入，这也未始非中国之福。所以汉通西域，不是没有益处的。但这只是史事自然的推迁，并非当时所能豫烛。（《吕著中国通史》下册，第404页）

汉平朝鲜

朝鲜在战国时，属于燕国。秦末，燕人卫满率众避难，逃到朝鲜，自立为王。汉朝兴起，约为外臣，传子及孙，引诱汉朝逃人，南方辰国（即三韩之辰韩）要入朝，又被阻住。武帝因命将征讨，平定朝鲜，置为郡县。

汉平两越及西南夷

秦立闽中郡，不久便废。汉兴，封越君（百越酋长）为闽越王。到武帝时，闽越和东瓯（今浙江永嘉）常相攻，东瓯自请迁居内地，武帝依从。并派兵灭闽越，也迁其民于内地。南越是赵佗所立的国，汉封为王，传子及孙，其相吕嘉杀王，发兵造反，武帝遣将平定，尽有今两广、安南之地，置为郡县。武帝又平定滇国（今云南昆明）、夜郎（今贵州遵义）、邛、筰、冉、駹（今四川西境）诸西南夷，也置为郡县。

后汉的武功

王莽时，中国大乱，匈奴和西域都背叛。后汉光武时，匈奴又因内乱，分为南北。南单于降汉，入居中国塞内。公元八九、九一两年，和帝命窦宪大出兵以攻北匈奴，北匈奴逃到西域，后来转辗入于欧洲。当东胡为匈奴所破时，其余众分为乌桓、鲜卑两族。汉武帝时，招致乌桓，居今辽、热境上，助中国捍御匈奴；鲜卑在其北方，北匈奴亡后，其地遂为鲜卑所据。明帝末年，班超带着三十六个人，出使西域，攻杀匈奴的使者，说降诸国。明帝死后，汉朝无意经营西域，召他回来。而西域诸国，多

两汉疆域极盛图

有留着他不肯放的。班超亦愿意立功，遂留居西域。即发服从诸国的兵，把不服诸国攻下。这真是古今罕有的奇功了。

历代的治边方略

中国历代，对于属地，系取羁縻政策的。政府或设官以管理其通路，如汉朝的西域都护是；又或驻扎于几个要点，如唐朝的都督府是。此等官吏对于服属的部族，加以管理，有违命或互相攻击或内乱之事，则加以制止。防患于未然，使其事不至扩大而成为边陲之患，此即所谓守在四夷。但中国的政情，是以安静为主的。不但向外开拓，即对于边疆的维持，亦不能费多大的国力。所以到服属的部族真个强盛时，中国所设的管理机关，就只得撤退。再进一步，就患仍中于边陲了。历代的武功，除西汉一朝，去封建时代近，其君主及人民，都略有侵略的性质外，其余如唐朝及清朝，实都不过如此。看似武功煊赫，拓土万里，实则都是被征服者的衰乱，并不是中国的兵怎样的强。总而言之，开疆拓土，甚至于防守边陲，在中国政治上，实向不视为要务。(《中国近世史前编》，见《中国近代史八种》，第188—189页)

汉时的海上交通

汉时，海路交通，亦已极发达，从广东的合浦入海，能通行到印度洋沿岸[《汉书·地理志》说：中国当时的航路，到黄支为止。黄支，据近来人考据，说是印度的建志补罗(Kancipura)]。西域商船，也有聚集于安南的东京湾的。中国的丝，在欧洲最为著名，与黄金同重同价。罗马人久想和中国人通商，但终为条支人所隔。班超平定西域后，派部将甘英到罗马去，亦为条支人所阻。直到一六六年，大秦王安敦（以年代考之，该是Marcus Aurelius Antoninus，生于一二一，没于一八〇年），才遣使从日南徼外（**汉郡名，在今安南之境**），献象牙、犀角、玳瑁，这是历史上记载中欧有国交之始。至于民间的交往，那自然久在其前了。倭人在前汉时，有百余国到乐浪郡来献见。公元五七年，乃有直达中央的。光武帝赐以"汉委奴国王"之印。这颗印，现在已在日本的筑前发现了。

第十三章　两汉之学术与宗教

　　春秋战国之世，诸子百家之学，本是立于平等地位的，汉初还是如此。从武帝以后，儒家在学校、选举两方面，都占了优势，别一家就不能和他竞争了。汉时儒家之学，就是所谓经学。经学有今古文之分。从大体上说，则汉人去古近，对于古代的事情，知道得总要多些；所以汉人的经说，无论今古文，都为后人所宝贵。史学在汉朝，亦颇发达。司马迁之《史记》，班固之《汉书》，所谓正史，都是沿用这一种体例的。文学的发达，韵文较散文为早。散文至西汉而达于极点。东汉以后，渐渐的开出骈文的风气了。秦汉之世，懂得"祠灶"，讲究神仙的，都称为方士。当时的社会，迷信的空气很浓厚，遂成为后来道教的根源。后汉时，佛教在社会上，渐渐的流行了。但只是宗教上的迷信，还不大讲到他的哲理。

汉代的崇儒

　　春秋战国之世，诸子百家之学，本是立于平等地位的，汉初还是如此。从武帝以后，儒家在学校、选举两方面，都占了优势（见本书第十一章），别一家就不能和他竞争了。这也有个原由：学术的趋向，是要适应环境的。战国时，列国竞争剧烈，整饬政治，训练人民，最为紧要，所以法家之学见用。汉初需要休养生息，所以从高、惠时萧何、曹参做宰相，以至文、景时代，都谨守着道家清静无为的政策。到武帝时，海内业已富庶了；武帝又是好大喜功的人；要讲改正制度，兴起教化，那自然儒家之学，就会应运抬头了。

中国学术之分期

吾国学术，大略可分七期：先秦之世，诸子百家之学，一也。两汉之儒学，二也。魏晋以后之玄学，三也。南北朝、隋唐之佛学，四也。宋明之理学，五也。清代之汉学，六也。现今所谓新学，七也。七者之中，两汉、魏晋，不过承袭古人；佛学受诸印度；理学家虽辟佛，实于佛学入之甚深；清代汉学，考证之法甚精，而于主义无所创辟；最近新说，则又受诸欧美者也。历代学术，纯为我所自创者，实止先秦之学耳。（《先秦学术概论》，第1页）

文字的变迁

汉时儒家之学，就是所谓经学。经学有今古文之分。讲到这个问题，又要先晓得文字的变迁。中国的文字，从发明以后，一直到春秋战国时代，递有演变，今已不尽可考，但所用的总是圆笔，这种字，后世称为篆书（篆者传也，传其物理，施之无穷。见《法书考》）。秦时，行政上使用文字较多，向来的写手不够用，乃叫徒隶帮着写，徒隶是不会写字的，画在上面就算，于是圆笔变为方笔，这种字人家称为隶书，虽然写得不好，因其简便，反而通行了。以上所说是笔画形状的改变，字体的构造，随时代而不同，自然也是有的。一时不觉得，积久之后，就大相悬殊了。

秦汉时文字变迁最烈

秦汉之世，为我国文字变迁最烈之时。综其事：则字形变迁之多，一也。字数一面增加，一面淘汰，二也。文字之学，成于是时，三也。行文渐以古为准，浸成文言分离之局，四也。书法渐成艺事，五也。盖文字之用，远较先秦时为宏，故其变迁之烈如此。自经此大变后，其势遂渐趋于安定矣。（《秦汉史》下册，第734页）

汉代的经学

古人的读书，多数是用口辗转传授的，不必都有本子，但是传之久了，总有人把他写出来，所用的，自然是当时通行的文字。汉初讲经的人，虽然亦有派别，大体无甚出入。到前汉末年，刘歆（刘歆，字子骏，前二三年被王莽所杀）等人，才说鲁共王曾破坏孔子的旧宅，得到许多古书。此外，自然还有从别一方面来的，都藏在汉朝的秘府里。他们以此为据，说前此传经的人，经文有缺误之处，久而久之，相信这一派说法的人，对于经文的解释，也就和前此的人，有不同的地方了。人家因称这一派为"古文"而称前一派为"今文"。汉时，国家所立的五经博士，都是今文之学。（前汉末年，曾立过几家古文，后汉时复废）但在后汉时代，私家教授，古文之学，颇为盛行。古文家虽说比今文家多得了些古书，然都无传于后。文字异同之处，只多无关紧要。重要的，倒是经说的异同，今古文的短长，我们不讲经学，无须去评论他。从大体上说，则汉人去古近，对于古代的事情，知道得总要多些；所以汉人的经说，无论今古文，都为后人所宝贵。

汉代的史学

史学在汉朝，亦颇发达。前代的历史材料，都是零零碎碎的。汉武帝时，司马迁才把他采集起来，做成功一部《史记》。后汉时班固又用其体例，专述前汉一朝的事情，谓之《汉书》，后世所谓正史，都是沿用这一种体例的。

《史记》体例多沿袭而非新创

《史记》为正史中第一部，后来的史书，都系沿袭他的体例。盖当太史公时，前代所留诒的史材，除述制度的典礼以外，其述人事的，可分为（一）《春秋》，（二）《系世》，（三）《语》，三者。《史记》的年表、世表，系据《春秋》《系世》制成；本纪、世家，有兼据《春秋》及《系世》的，亦有更益之以《语》的；而列传则大致系根据于《语》。知此，则知后世之正史，以人为纲，以致将事实寸寸割裂，要看一件大事，必须兼阅本纪及许多篇传，殊觉不便，其咎实不在于史公。因为史公所据的材料，是各有来源，本不相干的。照古人"信以传信，疑以传疑"的例子，异来源的材料，本不以之互相订补，并不使之错居一简。譬如《齐世家》和《管晏列传》，《鲁世家》和《孔子世家》，便是各有来源，不能搀杂的。《史记》的多复重、矛盾，即由于此。而《史记》的列传，所以忽详忽略，或分或合，莫名其妙的，亦由于此。譬如管仲、乐毅，是何等大人物？然而《管晏列传》中，所详叙的，只有管仲和鲍叔的关系，述其相桓公霸诸侯的事反甚略。乐毅亦然，于其外交及军事，并没有详叙，而只备载其和燕惠王往返的书函。老子为什么要和韩非同传？《孟子荀卿列传》中，为什么要兼载这许多人？而又语焉不详？后世史学家、文学家想出许多说法来，总不能使人满意。如其不用私知穿凿，而但就古书义例求之，则可以一语斩尽葛藤，曰：其所据的材料，本来如是而已。普通列传，传者以人为主，则史公亦以人为主而传之。类传的传者，以事为主，则史公亦以事为主而传之。这种体例，如其说是好的，史公不应尽冒其功；如其说是坏的，史公不能尽尸其咎，正和后来的史家，袭用《史记》的体例，只负模仿的责任，不负创作的责任一样。（《古史家传记文选》上册，导言第11—12页）

汉代的文学

文学的发达，韵文较散文为早，春秋战国是散文发达的时代，至西汉而达于极点。东汉以后，句调求其整齐，字面求其美丽，渐渐的开出骈文的风气了。诗在古代，都是可以合乐的，五经中的《诗经》，就是如此。《诗经》大体是四言，汉时变为五言，渐渐的不能合乐。汉武帝曾采集各地方的民歌，立了一个机关，谓之"乐府"，叫精于音律的人，替他定了谱，会做文章的人，按谱填词，诗中就又开出乐府一体。

韵文、散文与骈文

文学的发达，韵文是先于散文的。韵文之先于散文，乃因其时文字寡少，亦且文具缺乏，书写艰难，所以把要记的话，作成简短的句子，更加之以协韵，以便讽诵而广流传。然虽如此，这种精简的句子，到底不与口语相合，不与口语相合，即不能达意而无遗憾，所以到文字增多，足以代表口中的每一个音，因而能代表口中的每一句话，而文具亦较完备，书写觉得便利时，我们便照着口中的言语写下来了。这便是散文时代。到西汉末年，所谓骈文者，渐渐兴起。骈文的特征，是语句的整齐。（一）无甚长甚短之句；（二）句多对偶，相对偶之句，长短相等。此其出之于口，即为音调的啴缓。啴缓的音调，和散文变化繁多、忽缓忽急的音调，究竟哪一种美呢？这是随着各人的好尚，和时代的风气而有不同的。在西汉末年，则群以啴缓为美，此为骈文兴起的主要原因。同时，骈文还有两个较次要的条件：即对于词汇加以选择，务求其可以引起美感；喜引用故事，并不正式叙述，而只以一两语包括之，此即所谓用典。其目的，在于使人从简单的语句中，得到丰富的想象，所以骈文在原则上忌用生事，因为既不叙述，而用生事，则为人所不能解，不但无从想象，抑且转生扞格矣。然则用字亦当以熟为贵，而汉人辞赋，每多喜用生字者，则以其字在当时实并不生，虽罕见，然与语言相合，正如今人用形声之法的造新字，亦为人人所能解也。（《论大学国文系散文教学之法》，写于1951年，见《吕思勉遗文集》上册，第489—491页）

道教的起源

中国古代宗教上崇拜的对象很多，用理论把他分起类来，则为天神、地祇、人鬼、物魅四种（名见《周礼·春官》）。列国分立时代，交通不甚发达，所以其势力都只限于一地方。秦汉之世，此等懂得"祠灶"的，以及燕、齐之间，讲究神仙的，都称为方士。（讲祠灶的，亦或称为巫）当时的社会，迷信的空气很浓厚。所以像秦皇、汉武等雄主，也很相信他。后汉末年，有张角创太平道，借着符水治病，聚集徒党造反。又有张陵，自称在四川山中学道，创五斗米道。（学道的人，都出五斗米，所以谓之五斗米道。本篇文字变迁和古文经发现的始末，可参看拙撰《中国文字变迁考》第三章）张角、张鲁等，虽然不久灭亡，然而此等迷信的流传，迄不能绝，遂成为后来道教的根源。

佛教的输入

佛教的输入，旧说以为在公元六七年，是汉明帝派人到西域去请来的，其实不然（佛教输入问题，可参看梁启超《饮冰室文集·佛教之初输入》），因为明帝的哥哥楚王英，已经相信佛教了。佛（释迦）在世的时代，大略和孔子相差不远（孔子生于公元前五五一年，当周灵王二十一年；释迦生于公元前五五七年，当周灵王十五年。又孔子没于公元前四七九年，当周敬王四十一年；释迦没于公元前四七八年，当周敬王四十二年。故二人完全同时）。佛没后，其教北行至大月氏，南行至锡兰。中国同西域和南洋交通后，这两条路上，都有输入的可能。到底是什么年代，从什么地方输入的？则现在还难确答。后汉时，佛教在社会上，渐渐的流行了。但只是宗教上的迷信，还不大讲到他的哲理。

第十四章 两汉之社会概况

汉代是一个封建势力崩溃未尽，商业资本愈益抬头的时代。汉朝救济政策：一是法律上重农抑商，二是减轻田租。但是法律上的抑制，并不能减削他们经济上的势力。当时学者的议论，法家注重节制资本，儒家注重于平均地权。王莽的变法，综合儒、法两家的议论，规模可谓很阔大，计划也可以说很周详。然而行之不得其法，于是天下大乱。从此以后，就再没有敢说根本改革的人了。汉朝的风气，接近于封建时代，战国以来的任侠心理，仍然在民众间憧憬着。所以中流社会中人，慷慨激发的很多。如张骞、班超等人物，在后世是很少的。东汉儒生尊尚气节，光武、明、章诸帝，表章节义，敦厉名实，其影响委实不小。

汉代社会情形

汉代是一个封建势力崩溃未尽，商业资本愈益抬头的时代。当时的富豪，可分两种：其一是大地主，包括（一）田连阡陌，（二）和擅山泽之利的人；其二是实业家，包括（一）大工，（二）和大商（当时的工业家，大概自营贩卖，所以混称为商人；但照理论分析起来，实在包括工业家在内，如煮盐和制造铁器便是）。贫民则"常衣牛马之衣，食犬彘之食"（董仲舒的话，见《汉书·食货志》），很为可怜。

汉之刻剥其民为史所不详者多

八年，高祖东击韩王信余寇于东垣（今河北正定县），还，见宫阙壮甚，怒，谓萧何曰："天下匈匈，苦战数岁，成败未可知，是何治宫室过度也？"何曰："天下方未定，故可因遂就宫室。且夫天子以四海为家，非壮丽无以重威，且亡令后世有以加也。"高祖乃说（悦）。何之言，实文过免罪之辞。闻安民可与行义，劳民易与为非矣，未闻天下匈匈，可因之以兴劳役。昧旦丕显，后世犹怠，岂有先为过度之事，而冀后世之无所加者乎？论史者多称何能镇抚关中，实则其为茧丝殊甚。彭城之败，何发关中老弱未傅者悉诣军，是时楚、汉战争方始，则其后此所发，皆本无役籍者可知也。是岁，关中大饥，米斛万钱，人相食，令民就食蜀、汉。《食货志》言秦钱文曰半两，重如其文，汉兴，以为秦钱重难用，更令民铸荚钱，不轨逐利之民，畜积余赢，以稽市物，痛腾跃，米至石万钱，马至匹百金，即此时事也。废重作轻，而又放民私铸，物之腾踊宜矣。顾归咎于民之逐利，可乎？然则汉之刻剥其民，而为史所不详者多矣。（《秦汉史》上册，第55页）

汉朝救济政策

汉朝救济政策：（一）是法律上重农抑商。如不许贾人衣丝、乘车，和市井的子孙不得学习为吏之类。（二）是减轻田租。汉初十五而税一；文帝曾将田租全行豁免；景帝以后，复收半额，计三十而税一，可谓轻极了。这两种办法，是受晁错贵农重粟之论的影响很大的。但是法律上的抑制，并不能减削他们经济上的势力，而当时私家收租，要十取其五；公家的田税无论如何减轻，也总无补于事了。

汉时钱价贵，人民负担仍重

汉朝的赋税，可分为三种：一是田租，就是古时的税，是取得很轻的。汉初十五而税一。文帝时，因行晁错入粟拜爵之令，到处都有积蓄，于是全免百姓的田租。到景帝二年，才令百姓出定额的一半。于是变为三十而税一了。后汉初，因天下未定，曾行什一之税，后来仍回复到老样子。一是算赋，亦称口赋，又称口钱。这是古时的赋。人民从十五岁到五十六岁，每人每年，出钱一百二十个，以治库兵车马。从七岁到十四岁，每人出钱二十个，以食天子。武帝又加三个钱，以补车骑马。这一笔税，在现在看起来似乎很轻，然而汉代钱价贵，人民的负担实在很重。（《复兴高级中学教科书本国史》上册，第103页）

当时学者的议论

学者的议论，分为两派：（一）法家，是注重节制资本的。武帝时，桑弘羊曾行其策，把盐、铁和酒，都收归官营；又想出"均输""平准"两法，官自贩卖物品。然官营事业，都极腐败，徒然破坏富豪，贫民仍未见其实惠，而且反受其害。（当时官办事业，腐败的情形，可参看《盐铁论·水旱篇》）（二）儒家，注重于平均地权，激烈的要恢复井田制度，缓和的，也想替有田的人立一个最大的期限，谓之"限民名田"。二者都成为空论，没有能实行。

汉世言社会改革之主张

社会始于公产，自公产之制破坏后，人心便觉其不安。先秦诸子无不欲举社会彻底加以改组者，而其改组社会，必藉政治之力。此固近世工业革命以前，欲改革社会之通蔽也。

汉世学术,皆沿自先秦,其中最有主张者为儒、法二家。今表示前汉、新室之世重要之议论及制度如下:

学派	主张	汉　世	新　世
儒家	平均地权	急激者主恢复井田,缓和者主限民名田,皆未实行	王田之制,系行急激派主张
	节制消费	法令颇多,不宜实行	同左
法家	节制工商	汉世重农抑商各法令,桑弘羊盐铁官卖,耿寿昌之常平仓	五均、六筦
	干涉借贷	官贷粮食,贷者或勿收	司市、泉府

先秦诸子之主张至新莽而彻底实行,实行之而失败,自此无复敢言彻底改革者,视社会之病态,为无可如何之缺陷矣。(《本国史复习大略》[①],写于1944年,见《吕思勉遗文集》上册,第644—645页)

王莽的变法

到王莽出来,才综合儒、法两家的议论。(一)把天下的田,改名王田,不许卖买。一人有田超出百亩的,责令分给九族、乡党。(二)重要的实业,收归官营。(三)拣几处大都市,立司市之官,令其求得各物的平价;有用而滞销的东西,照本钱买进,到物价昂贵时,则照平价卖出。(四)经营各种事业的人,都要按其所得收税,由当时新设的泉府,将来借给贫民。王莽的变法,规模可谓很阔大,计划也可以说很周详。然而行之不得其法,不但不能建设起一种新秩序来,反把旧秩序破坏了。于是天下大乱,王莽亦随之灭亡。从此以后,就再没有敢说根本改革的

----

① 《本国史复习大略》收入《吕思勉遗文集》时,曾改题为《本国史提纲》。

人了。

王莽之败是先秦以来言社会改革者的共同失败

王莽的变法，成功的希望是不会有的，其理由已述于前。固然，王莽的行政手段很拙劣，但这只是枝节。即使手段很高强，亦不会有成功的希望。因为根本上铸定要失败的事，决不是靠手段补救得来的。但是王莽的失败，不是王莽一个人的失败，乃是先秦以来言社会改革者公共的失败。因为王莽所行，并不是王莽一个人的意见，乃是先秦以来言社会改革者公共的意见。王莽只是集此等意见的大成。经过这一次改革失败之后，人遂群认根本改革为不可能，想把乱世逆挽之而至于小康的思想，从此告终了。中国的社会改革运动，至此遂告长期的停顿。（《吕著中国通史》上册，第95—96页）

汉朝的士气和武风

汉朝的风气，是接近于封建时代的，而战国以来的任侠心理，仍然在民众间憧憬着。所以中流社会中人，慷慨激发的很多。如张骞、班超等人物，在后世是很少的。不过两汉比较起来，东汉似较西汉为厚，一般儒生尊尚气节，虽导源于王莽的僭汉，而光武、明、章诸帝，表章节义，敦厉名实，其影响委实不小。后汉桓、灵二帝时，宦官专权，亲党遍布州郡。诸名士列官内外的，或直言指斥，或尽法惩治，宦官乃诬为党人，加以禁锢，后来又加以逮治。诸名士很多慷慨就戮的，其有逃亡的，所至之处无不"破家相容"，这就是党锢之祸。这种风气，在社会上竟酿成一种清议的特殊势力，而以后魏晋的清谈之风，则又是这种势力的反响。

士大夫阶级之变迁

封建时代士大夫阶级之特质：（一）自视与平民不同。（二）勇于战斗。（三）不好利。观西汉之世，贾谊、董仲舒之议论最可见之。其时文臣如公孙弘、盖宽饶；武臣如张骞、傅介之、常惠、陈汤、李广、李陵、班超等，均尚属此风气中人。但社会之组织既已变迁，风气终必随环境而改变，遂至奢侈嗜利颓废。晋初之石崇、王戎、王衍等是其代表。以一时论，无中等阶级为国之桢干，是其弊；以永久论，特殊阶级消泯，是其利。（《本国史复习大略》，见《吕思勉遗文集》上册，第648—649页）

第十五章　三国之分裂与晋之统一

后汉从黄巾之祸起，再加以董卓的扰乱，各处州郡，纷纷割据，就成为不可收拾的局面了。三国的分裂，可以说是两种心理造成的。其一是封建的余习。人心是不能骤变的。在封建时代，本有各忠其君的心理，秦汉以后，虽然统一了，然此等见解，还未能全行破除。试看汉代的士大夫，仕于州郡的，都奉其长官为君，称其机关为本朝，有事为之尽忠，死则为之持服，便可知道。又其一则为南方风气的强悍。魏晋之际，中国盛衰强弱之大界也。自三国以前，异族恒为我所服，至五胡乱起，而我转为异族所服矣。

后汉的分裂

后汉从黄巾之祸起，再加以董卓的扰乱，各处州郡，纷纷割据，就成为不可收拾的局面了。当时地最广，兵最强的，割据幽、并、青、冀四州袁绍。而吕布在徐州，袁术在扬州，亦有相当的兵力。曹操是割据兖州的，后来汉献帝召他入卫，他因洛阳残破，把献帝迁都到许昌，成为"挟天子以令诸侯"之势。刘备在徐州，和吕布竞争失败了，投奔曹操。曹操表荐他做豫州牧。和他合力，把吕布、袁术打平。刘备和献帝的近臣合谋，要想里应外合，推翻曹操，曹操把他打败，刘备逃到荆州，投奔刘表。曹操南征荆州，刘表恰巧死了，他的儿子，把襄阳投降曹操。刘备逃到夏口（汉水的下流，古时亦称夏水，所以汉水入江的口子，称为夏口），和在江东的孙权合力（当时袁术只占扬州的北部，扬州的南部，都是孙权的哥哥孙策打定的），把曹操在赤壁打败（山名，在湖北嘉鱼县）。刘备就将荆州全行恢复，又西取益州，国内就成为三分之局了。

三国分裂的心理因素

三国的分裂，可以说是两种心理造成的。其一是封建的余习。人心是不能骤变的。在封建时代，本有各忠其君的心理，秦汉以后，虽然统一了，然此等见解，还未能全行破除。试看汉代的士大夫，仕于州郡的，都奉其长官为君，称其机关为本朝，有事为之尽忠，死则为之持服，便可知道。又其一则为南方风气的强悍。赤壁战时，孙权实在没有联合刘备抵抗曹操的必要。所以当时文人持重而顾大局的，如张昭等，都主张迎降。只有周瑜和鲁肃，主张抵抗，和孙权的意见相合。《三国志》载周瑜的话，说曹操名为汉相，实系汉贼，这是劫持众人的门面话，甚或竟是事后附会之谈。东吴的君臣，自始至终，所作所为，何曾有一件事有汉朝在心目之中？说这话要想欺谁？在当时东吴朝廷的空气中，这话何能发生效力？孙权一生，最赏识的是周瑜，次之则是鲁肃。孙权当称帝时，说鲁子敬早有此议，鲁肃如此，周瑜可知。为什么要拥戴孙权做皇帝？这个绝无理由，不过是一种崛强之气，不甘为人下，孙权的自始便要想做皇帝，则更不过是一种不知分量的野心而已。赤壁之战，是天下三分的关键，其事在公元二〇八年，至二八〇年晋灭吴，天下才见统一，因这一种蛮悍的心理，使战祸延长了七十二年。（《吕著中国通史》下册，第423页）

三国的鼎立

当刘备西取益州时，孙权想夺荆州，刘备乃将荆州和他平分。后来曹操平定汉中，刘备又把他夺取。因命守荆州的关羽，

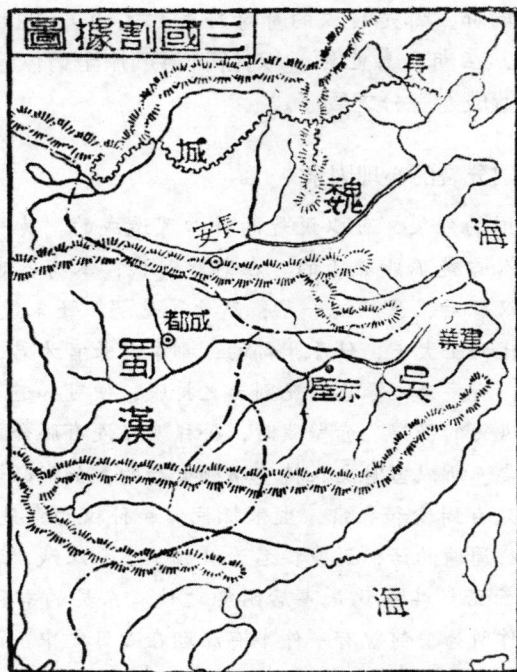

出兵北伐，孙权乘机袭取荆州，关羽败死。曹操死后，儿子曹丕，于二二〇年，篡汉自立，国号魏。刘备和孙权于次年亦相继称帝[1]，刘备国号汉，史称蜀汉，孙权国号吴。刘备出兵攻吴，为陆逊所败，惭忿而死，托孤于诸葛亮。诸葛亮是个绝世奇才，把区区的益州，治理得很好，国富兵强，屡次出兵伐魏，惜乎天不假年，大功未成，死在军中，蜀汉自此就渐渐的不振了。吴则本来是自守的时候居多。

凡事少用机谋

关羽的败，是刘备方面的一个致命伤。因为失去荆州，

---

[1]　刘备于221年称帝，孙权于是年称吴王，至229年称帝。

就只剩得从益州攻关中的一路，而没有从荆州向南阳攻洛阳的一路了。从汉中向关中，道路是艰难的；魏国防守之力，亦得以专于一面；后来诸葛亮的屡出而无成，未必不由于此。

这件事情，如其就事论事，关羽的刚愎而贪功，似应负其全责；如其通观前后，则刘备的急于并吞刘璋，实在是失败的远因。倘使刘备老实一些，竟替刘璋出一把力，北攻张鲁，这是易如反掌可以攻下的。张鲁既下，而马超、韩遂等还未全败，彼此联合，以扰关中，曹操倒难于对付了。刘备心计太工，不肯北攻张鲁，而要反噬刘璋，以至替曹操腾出了平定关中和凉州的时间，而且仍给以削平张鲁的机会。后来虽因曹操方面实力亦不充足，仍能进取汉中，然本可联合凉州诸将共扰关中的，却变做独当大敌。于是不得不令关羽出兵以为牵制，而荆州丧失的祸根，就潜伏于此了。

不但如此，刘备猇亭之败，其祸机实亦潜伏于此时。伐吴之役，读史的人说他是忿兵，也未必是真相的。刘备到底为什么要去征吴呢？大约自揣兵力，取中原不足，而取荆州则自以为有余。殊不知吴、蜀的兵力，本在伯仲之间，荆州既失，断无如此容易恢复之理。旷日持久，就转招致猇亭的大败了。然其祸根，亦因急于要取益州，以致对于荆州不能兼顾之故。所以心计过工，有时也会成为失败的原因的，真个阅历多的人，倒觉得凡事还是少用机谋，依着正义而行的好了。（《三国史话》，开明书店1943年版，第87—88页）

晋朝的统一

魏文帝曹丕篡汉后，传子明帝，性极奢侈，魏朝的政治，就此紊乱了。明帝死后，嗣主年幼，大权落入武官司马懿之手。司马懿和他的儿子司马师、司马昭，前后相继执掌魏国的政柄。司马昭时，乘蜀汉衰弱把他灭掉。他的儿子司马炎，就篡魏自立，

是为晋武帝。于二八〇年灭吴，全国就又统一了。从董卓入洛阳
至此，共计九十二年。

魏晋为中国盛衰强弱之大界

魏晋之际，中国盛衰强弱之大界也。自三国以前，异族
恒为我所服，至五胡乱起，而我转为异族所服矣。五胡之乱，
起于晋惠帝永兴元年刘渊之自立。越十三年，愍帝被虏，而中
国在北方之政府遂亡。自是南北分立。自元帝建武元年，至
陈后主祯明三年，凡二百七十三年，而南卒并于北。隋文帝
虽云汉人，然民族之异同，固非以其种姓而以其文化，此则
不独隋室，即唐室之先，亦未尝非武川族类也。唐室武功，
超轶汉代，然实用蕃兵、蕃将为多，与汉之征匈奴，纯恃本
族之师武臣力者异矣。自唐衰而沙陀入据中原，虽不久覆灭，
然契丹、党项、女真、蒙古、满洲，又纷纷窃据，甚且举中
国之政权而盗之。盖自五胡之乱至清之亡，凡历千六百有八
年焉。(《两晋南北朝史》上册，开明书店1948年版，第1—
2页)

第十六章　中华民族之新融合

晋朝统一后，不久而五胡乱华，东晋立国南方，北方自立的，共有十六国。后来北方再并于后魏，南方则传宋、齐、梁、陈四代，是为南北朝。从西晋到南北朝，统一只有三十七年，分裂倒有二百七十二年。这个长期的分裂，其大原因，是两汉时代，所接触的异族太多，一时不及同化，政治上又措置不善之故。从东晋到南北朝，北方始终为异族所占据。当时异族割据的，多用其本族人或其他异族为兵，所以汉人在政治上很难翻身。直到南北朝的末年，才靠民族文化的力量，把他们全行同化。所以在这个时代，我们的政治，是衰败的；民族的潜势力，却是优越的。

两晋南北朝总说

晋朝统一后，不久而五胡乱华，东晋立国南方，北方自立的，共有十六国。后来北方再并于后魏，南方则传宋、齐、梁、陈四代，是为南北朝。从西晋到南北朝，统一只有三十七年（晋武帝虽于公元二六五年篡魏即位，而于公元二八〇年始灭吴，统一全国，故从二八〇年，推算至三一六年，只有三十七年），分裂倒有二百七十二年。这个长期的分裂，其大原因，是两汉时代，所接触的异族太多，一时不及同化，政治上又措置不善之故。经这一次扰乱之后，中华民族却又融合了许多新分子了。

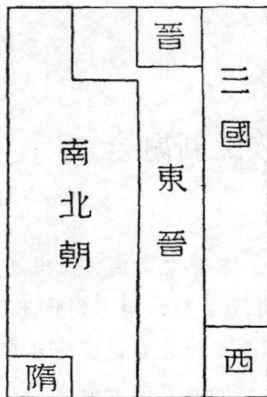

三国至隋政权演变示意图

西晋，公元纪年二六五至三一六。
东晋，公元纪年三一七至四一九。
南北朝，公元纪年四二〇至五八九。

两晋南北朝非黑暗时代

两晋、南北朝之世，是向来被看作黑暗时代的，其实亦不尽然。这一时代，只政治上稍形黑暗，社会的文化，还是依然如故。而且正因时局的动荡，而文化乃得为更大的发展。其中关系最大的，便是黄河流域文明程度最高的地方的民族，分向各方面迁移。（《吕著中国通史》下册，第444—445页）其大成就有四焉，而皆与民族之动荡移徙有关，故民族之移徙，实此时代中最大之事也。四者唯何？一曰士庶等级之平夷。二曰地方畛域之破除。三曰山间异族之同化。四曰长江流域之开辟。（《两晋南北朝史》上册，第5页）

晋初五胡分布的形势是：匈奴、羯在山西（羯是匈奴的别种，因其居于羯室得名。羯室，在今山西辽县）；氐、羌在陕、甘；鲜卑在今辽热、察、绥，以至宁夏、甘肃之境。匈奴刘渊乘晋朝内乱，自立为帝，灭西晋，史称前赵，为后赵石勒所灭。石勒是羯族，据中原大部分，后并于前燕。前燕慕容氏是鲜卑族，据有辽东、辽西、河北地方（辽东为太守公孙度所据，其子渊，为魏所灭），后为氐苻坚所灭，是为前秦。苻坚吞并北方，又想灭晋，晋兵抵抗，苻坚大败于淝水（在今安徽寿县），遂为羌姚苌所灭，史称后秦。东晋刘裕北伐，灭后秦。

五胡之乱的远因

晋时五胡之乱的先声，实在是后汉时的羌乱。羌乱的原因，据班彪说：是"数为黠吏小人，所见侵夺，穷恚无聊"，以致于此。（见《后汉书·羌传》）而既叛之后，郡县之吏，都无心于守土。强迫人民，迁徙至内地。以致死亡流离，不可胜计。朝廷命将征讨，也拥兵自守，全不以寇贼为意。中央政府的大臣，又像清平世界，没有乱事一般。以致当时有个有志之士，唤做王符的，恨极了，在他所著的《潜夫论》中说：应该叫这班大臣子弟去当兵，免得他们看着百姓的流离死亡，不以为意。然而小吏黠人，侵夺降羌，政治家固然有不加管束之罪，社会上为什么会有这种人？又为什么要听其横行呢？这个，社会与政治，也应分负其责的。譬如石勒，是个羯首。在其未起事之前，曾被晋朝的并州刺史掠卖到山东，做人家的奴隶。当时的掠卖，并非偶然的事情，是大规模的，是有意的。掠了许多人，两个人合戴一面枷。（见《魏书·石勒传》）这还成什么话？然而官掠人卖，也要有人买。我们再看《南史》《北史》，知道当时四川地方，有一种人唤做僚。僚人程度甚低，往往自卖或相卖。于是梁、益二州（梁州今汉中，益州今成都），就岁岁伐僚以自利。把他卖给人家做奴婢。于是"公卿氓庶之家，多有僚口"。就知道当时贪利之徒，待异族的酷虐了。种瓜得瓜，种豆得豆，果然全社会人，个个都不造业，哪得会有恶报呢？所以我说：五胡之乱，政治和社会，是要分负责任的。（《中国民族演进史》，第95—97页）

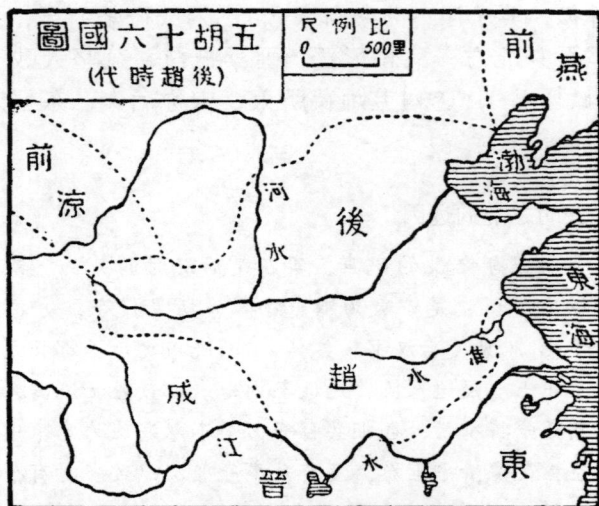

五胡十六国图
（后赵时代）
比例尺
0   500里

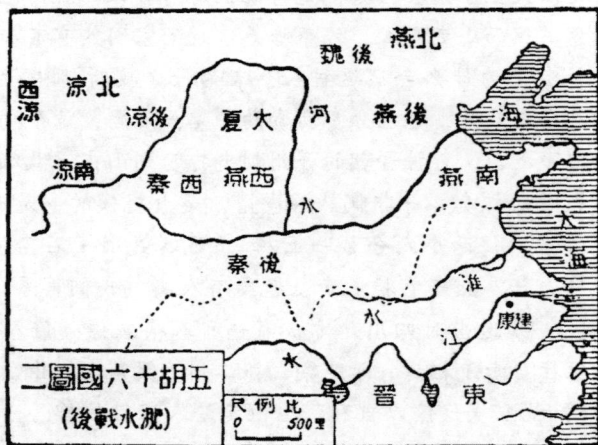

五胡十六国图二
（淝水战后）
比例尺
0   500里

淝水战后，鲜卑慕容氏复起，一据山东为南燕，一据河北为后燕，一据关中为西燕。又有鲜卑拓跋氏起于绥远，据平城（今山西大同），史称后魏，灭后燕，和在热河的北燕。

南燕，为东晋所灭。在甘肃的有前凉、后凉、南凉、北凉、西凉、西秦，先后兴起，最后仅余西秦、北凉二国，又有在陕北的夏国，夏灭西秦。夏和北凉，都为后魏所灭。还有据四川的成国，为东晋所灭。东晋为刘裕所篡，国号宋，和后魏对峙，为南北朝。

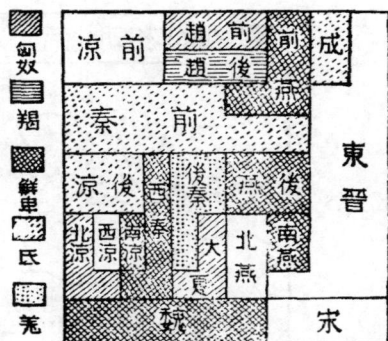

东晋十六国民族示意图

南北朝的大略

南北朝初年，南朝的疆域还不小，然宋文帝北伐不胜，魏太武帝反自将南下，直抵江边，遂成北强南弱之势。历宋、齐两朝，迄不能振作。到梁武帝时，南朝颇为太平，而北朝从孝文帝南迁以来，风俗渐趋奢侈，留守北边的将士，因待遇不及南迁的人，也心怀不平。这时候，魏明帝在位，太后胡氏专权，政治大乱，北边和中原，乱事蜂起。秀容川的尔朱氏（秀容川，在平城之北。尔朱氏是北方部落的酋长，受封于此的），起兵定乱，又因暴虐，为高欢所灭。魏主靠着关中的宇文泰以抵御高欢，高欢亦别立一君，魏遂分东、西。高欢死后，其将侯景来降。梁武帝想乘机恢复河南，然亦未成功，侯景反在境内造反，都城被陷，梁武帝忧愤而死。元帝立国江陵，遣陈霸先等打平侯景。而江陵为西魏所陷，元帝被害，陈霸先立其幼子于江东，旋篡位，是为陈武帝。北方，东、西魏为高氏、宇文氏所篡，是为齐、周。后来齐灭于周，周又为外戚杨坚所篡，是为隋文帝，南下灭陈，统一南北。

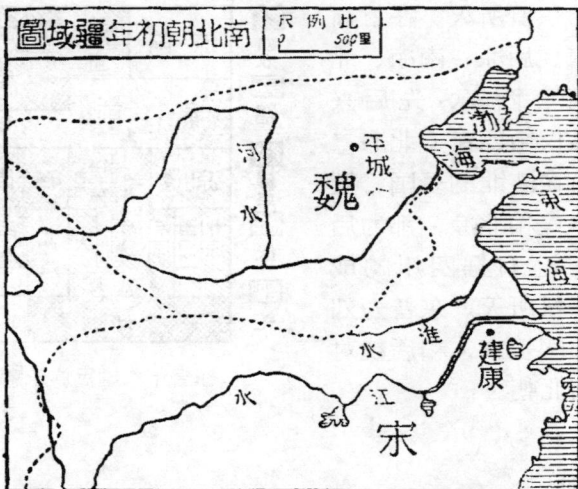

南北朝初年疆域圖

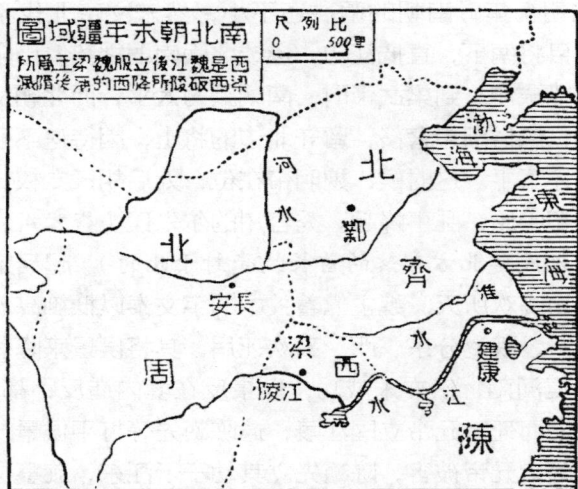

南北朝末年疆域圖

异民族的新融合

从东晋到南北朝，北方始终为异族所占据。（北齐说是渤海高氏，渤海是汉郡名，为今河北东南境，然高欢久居北方，早和鲜卑同化了。宇文氏亦是鲜卑）异族的酋长也有骄淫暴虐，十足现出野蛮人的性质的；也有平平稳稳，颇能接受汉人的文化的。其中最热心摹仿汉人的要算魏孝文帝。他因为要求汉化之故，不顾阻力，从平城迁都到洛阳。迁都之后，禁胡服，禁胡语，易姓名，还强迫鲜卑人和汉人结婚。从大体上论起来，五胡的文化，都较汉人为低。其同化于汉人，自是当然的结果。唯当时异族割据的，多用其本族人或其他异族为兵，用汉人的很少，所以汉人在政治上很难翻身。直到南北朝的末年，才靠民族文化的力量，把他们全行同化。所以在这个时代，我们的政治，是衰败的；民族的潜势力，却是优越的。

汉以"柔和"的方式同化异民族

当时的龙争虎斗如此，后来却如何终于同化了呢？这个可说：全是由于民族文化的优劣。文化便是生活，生活劣者总不得不改而从优。我们试看《晋书·北狄传》说：当时的匈奴部落，"随所居郡县，使宰牧之，与编户大同，而不输贡赋"。则可知其时匈奴的生活，实已很接近于汉人。所以《王恂传》说：太原诸郡，以匈奴、胡人为田客的，动有百数。又如《后汉书·冉駹夷传》说：他们"冬则避寒入蜀为佣，夏则避暑反其邑"。可知当时汉族和异族，人民之间，关系亦已极其密切。设非有五胡之乱，政治上的逆转，同化得总还要快些。这是说普通人民。若说五胡中的贵人，和中国的文化，亦已很为接近。如刘渊，《晋书·载记》上说他文武兼资。尝耻"随、陆无文，绛、灌无武"。这些话，或者不免增饰。然而总不全是子虚的。此外五胡中的酋长，除极无道的外，亦没有不读中国书的。齐文襄执政，延师以课诸弟，即其一例。(《北齐书·孝昭纪》)文化之为物，是最能使人爱慕，而忘掉人我的界限的。两种文化相形之下，亦是最易使文化劣等的民族，自惭形秽，而愿意舍己从人的。如此，积之久，自然有像北魏孝文帝这种人，自愿革除胡化，同于华夏了。我们只要看：胡、羯的运命短，鲜卑的运命长；尔朱氏终败，而高欢卒成；愈到后来，愈是接近于汉族的得胜，便见得汉族同化的力量，在无形中逐渐进行。只有一次（冉闵大杀胡、羯），汉人露出很鲜明的民族色彩。其余则大概都是忍辱负重，在平和中，靠着文化的优越，潜移默化地，慢慢地把胡人同化于我的。基督说："哀恸者福矣；饥渴而慕义者福矣；矜恤者福矣；施和平者福矣；为义而遭迫害者福矣。"汉民族真足当之而无愧了。然而为人当刚柔得中，民族亦然。一味柔和，虽胜于强暴之徒，亦不是民族的全德。（《中国民族演进史》，第100—103页）

第十七章　两晋南北朝之文化与社会

　　两晋南北朝，以学术思想论，倒也很有特色的。汉儒都喜欢注古，就不免有"泥古"之弊，因此激起思想上的反响，有喜欢讲哲学的风气，又和佛教的哲学相接近。五世纪初年，大乘经典，渐渐流行，士大夫相信他的也不少。因为和异族接触的多了，本族的文化，就因之而起变迁。世家大族在政治上既占优势，生活自然要宽裕些，养成一种优游暇豫，不肯做事情的习惯。起自中下阶层中较有活气的人，参与政治的机会较少。三国时代，南方士大夫的风气，还是颇为剽悍的。晋初的周处，还很有武烈之风。倘使元帝东渡以后，晋朝能多引用这一班人，则除为国家戡乱以外，更加以民族的敌忾心，必有功效可见。然而大权始终为自北南迁的贵族所把持，使宋武帝一类的人物，直到晋末，才得出现于政治舞台之上，这也是一笔很大的损失。

玄学和佛学

　　两晋南北朝，以政治论，虽然衰败；以学术思想论，倒也很有特色的。汉时儒学盛行，儒学都喜欢注古，就不免有"泥古"之弊，因此激起思想上的反响。三国中叶（魏废帝正始年间，正始，自二四〇到二四九），北方就有喜欢讲哲学的风气，他们在儒家的书中，注重《易经》；在道家的书中，则取《老子》《庄子》，很热心的互相讲论。他们这种讲论，谓之"清谈"，所讲论的学问，谓之"玄学"，很有许多高妙的见解。因此又和佛教的哲学相接近。佛教有大、小乘之分，大乘的哲学，比小乘更为高妙。初期盛行的，都是小乘，到五世纪初年，大乘经典，才渐渐流行，士大夫相信他的也不少。

清谈者未必不事事

晋代为玄学时代，其风起于正始时。玄学之兴起，实为汉世儒家泥古之反动。故其重要之观念，为重"道"而遗"迹"。道者今所谓原理，迹则事实也。谈玄者谓之清谈，世皆訾其误国。然清谈者未必不事事，不事事者亦不必皆能清谈。谓不事事误国可，谓因清谈而不事事者误国可，清谈而勤于事，固不能谓其误国也。正始诸贤，皆有志当世之士，则其明证。其后或为司马氏所戕贼，或则隐晦以求自全，此乃军阀之罪恶，岂可释之而罪学者邪？玄学之蔽，乃在承新莽改革失败之后，不复敢言社会革命，而徒欲移易人心，遂至陷入唯心论。观鲍敬言之无君论，徒能斥现行政治之恶，而绝无办法可知。次则其人虽有学问，而不胜其物质之欲，不能自振，且冒于财利。此已为学者之失，而非其学之咎矣。（《中国通史晋朝部分纲要》，写于1952年，见《吕思勉遗文集》上册，第631—632页）

中外文化的和合

因为和异族接触的多了，本族的文化，就因之而起变迁。这时候，论建筑则有寺、塔；论图画则有佛画；论雕刻则有佛像（现在河南洛阳伊阙，山西大同武州山的佛像，都是后魏时所刻），都是从印度来的。而音乐从西域输入的亦不少。衣服的式样，本有南北两派，南派是宽博的，北派是窄小的。（可参看林惠祥《文化人类学》第三篇第六章九十九页，商务印书馆本）中国的衣服，本近南派，到这时代，衣裳和深衣渐渐的没有人着了，径用从前衬在里面的袍衫做外服，而便服则多着裙襦；靴也渐渐的通行。再进一步，就要以袴褶为外服了。（参看本书第四章。古人穿在外面的短衣，衬在里面的反有长衣。单夹的叫衫，装绵的叫袍。靴是北族之物，中国所没有的。褶是一种较短的外服。袴褶服既不着裙，亦不着袍衫，径以袴为外服，隋唐时，天子亲征，中外戒严就着他，其源也是起于南北朝）古人都是席地而坐，就坐在床上，也是跪坐的。这时代则渐用"胡床"，垂脚而坐。这些，都可以说是受北族的影响。

道教的成立

因为佛教输入，而道教也随之而形成。道教的根源，是古代的方士和神巫，已见第十三章。玄学盛行以后，他袭取老、庄的哲理；佛教盛行以后，他又摹仿他，造作经典，装塑神像；宗教的条件，渐渐完具。五世纪初年，嵩山道士寇谦之，自称遇见老子，叫他改正张陵的伪法，后来又说老子的玄孙李谱文，命他统治嵩山周围百万方里的土地。北魏太武帝相信他，把他迎进京城，筑坛传教。从此以后，道教就算做一种大宗教，和儒、释并称了。

儒释道三教并立

中国向以儒、释、道三教并称。三教并立之原理：（一）孔教专行于政治社会方面，放弃灵魂界之地盘，以让释、道；（二）释、道皆专于灵魂界，而放弃政治社会方面，故不与俗界生冲突；（三）此为中国之宗教与欧洲大异之处，故中国无教争之祸。至释、道二教，在教旨上，实无根本之区别，所以能并立者，则因旧日迷信之对象，不易铲除。佛教虽并不排斥中国之旧信仰，且企图将中国之旧信仰编入彼教之中。然究为来自国外之宗教，不能悉数网罗。道教则在教理上远

非佛教之敌。故二者亦不得不并立。此为政治所承认者，其
流行于民间者，仍时与政治革命、社会革命为缘，而为其鼓
动之工具。异族入据之时，则又含有民族主义，如元、清时
白莲教及太平天国是也。(《本国史复习大略》，见《吕思勉遗
文集》上册，第651页)

文学与美术

　　这一期的文学，就是所谓骈文。虽然不切实用，却也很为美
丽。中国的字，因其构造的繁复，亦成为美术之一。隶书源起，
本是为求应用的，后来也变成美术品，当时的人别称为八分书。
其专供应用的，则成为现在的正
书。(八分书笔画之末，有向上
之势，谓之"挑法"。隶书的笔
画，都是秃的，现在的正书，乃
对于行、草之名，实在就是隶
书。所以从前人善写正书的，历
史上往往说他善隶书。现在多以
八分书为隶书，正书另是一种，
实在错了。本章文字的变迁，可
参看拙撰《中国文字变迁考》第
四、第五章)然正书和求快捷的
行草，亦都成为美术。这时期中，最工于书法的，为晋朝的王羲
之，后人推为"古今之冠"。(见《晋书》本传)

门阀的兴起

　　文化的发达如此，为什么政治上会弄得这样糟呢？这个不
能不归咎于社会的不好。从秦朝以后，古代的封建制度，在政

治上虽已消灭，贵族在法律上，虽已失其地位；然其在社会上的地位，是不容易一时消灭的。汉朝用人，不论门第，所以他们在政治上不占势力。三国时，魏因其尚书陈群的建请，采行九品中正的制度，于各州置大中正，各郡置中正，令其品评当地的人物分为九等，而尚书凭以选用，中正的评论，只讲门第，不论好坏，有所谓"上品无寒门，下品无世族"的说话。世家大族在政治上就占了便宜。加以五胡乱华，中原人物，流离迁徙，他们到了一处新地方，还要标明旧时的郡望，以表示尊贵（如王氏标明为琅邪的王，崔氏标明为博陵的崔之类，因为别地方的王姓、崔姓，门第未必都是好的。本问题可参看拙撰《白话本国史》第二编下第三章第七节）；流俗也就尊重着他。他们在政治上既占优势，生活自然要宽裕些，养成一种优游暇豫，不肯做事情的习惯，反自以为高尚。读书人不必说了，就做官的也是如此，所以后来的人，称此为"清谈误国"。然而当时，这一班人，倒是处于重要的地位的，这就当时的政治，所以腐败的一个大原因。

门阀政治之危害

魏晋以降，门阀制度渐次形成，影响及于选举，高位多为贵族所蟠据，起自中下阶层中较有活气的人，参与政治的机会较少，政治自然不免腐败。三国时代，南方士大夫的风气，还是颇为剽悍的。自东晋之初，追溯后汉之末，不过百余年，周瑜、鲁肃、吕蒙、陆逊等人物，未必无有。晋初的周处，即系南人，还很有武烈之风。倘使元帝东渡以后，晋朝能多引用这一班人，则除为国家戡乱以外，更加以民族的敌忾心，必有功效可见。然而大权始终为自北南迁的贵族所把持，使宋武帝一类的人物，直到晋末，才得出现于政治舞台之上，这也是一笔很大的损失。（《吕著中国通史》下册，第426页）

第十八章 隋之统一与唐之继起

公元五八九年，隋灭陈，统一全国，从此到七五四年，即安禄山造反的前一年；从大体上说来，总算是治平盛强之世。论史者率以汉、唐并称，其实非也，隋唐五代，与后汉至南北朝极相似，其于先汉，则了无似处。汉、唐并称中国盛世，贞观、永徽之治，论者以比汉之文、景。然非其时之君臣，实有过人之才智也。唐太宗不过中材。论其恭俭之德，及忧深思远之资，实尚不如宋文帝，更无论梁武帝。武后以一女主，而易姓革命，开旷古未有之局，论者多以为奇，其实无足异也。若谓皇帝之名，本无足歆，居之，徒足招人讥议，且授人以攻击之柄而自蹈危机，何必为是？则试问至二十世纪，袁世凯何以犹冒不韪而为之，以致身败名裂乎？从来居权势之地者，多无学识，亦罕能深思远虑，不能以读史者之见衡之，求之深而反失之也。

隋唐的概说

公元五八九年，隋灭陈，统一全国，从此到七五四年，即安禄山造反的前一年，共一百七十二年；虽然有盛有衰，有治有乱，然从大体上说来，总算是治平盛强之世。安禄山反后，唐朝就入于衰亡时期了。

汉唐并称，了无似处

论史者率以汉、唐并称，其实非也。隋唐、五代，与后汉至南北朝极相似，其于先汉，则了无似处。何以言之？

　　先汉虽咸加四夷，然夷狄之入居中国者绝鲜，后汉则南单于、乌丸、鲜卑、氐、羌，纷纷入居塞内或附塞之地，卒成五胡乱华之祸。而唐代亦然，沙陀入据中原，犹晋世之胡、羯也。蕃、浑、党项，纷纭西北，卒自立为西夏，犹晋世之氐、羌也。而契丹雄据东北，与北宋相终始，亦与晋、南北朝之拓跋魏极相似。一矣。汉有黄巾之乱，而州郡据地自专，终裂而为三国；唐有黄巢之起，而长安之号令，不出国门，终裂而为五代十国。二矣。不特此也，汉世儒者，言井田，言限民名田，法家则欲行均输，筦盐铁，初犹相争，至新莽遂合为一，功虽不成，其欲一匡天下，措斯民于衽席之安，其意则皎然也。而自魏晋以来，人竞趋于释、老，绝不求矫正社会，而唯务抑厌其本性，以求与之相安。本性终不可诬也，则并斯世而厌弃之，而求归于寂灭，为释、老者虽力自辩白，然以常识论之，岂不昭昭如此耶？夫举一世而欲归诸寂灭，是教社会以自杀也。教社会以自杀，终非社会所能听从，故至唐而辟佛之论渐盛，至宋而攘斥佛、老之理学兴焉。然宋儒之所主张者，则以古代社会之组织为天经地义，而强人以顺从古代之伦纪而已；人心之不能无慊于古道，犹其不能无慊于今日之社会也。而宋儒于此，亦唯使人强抑其所欲求，以期削足而适屦，此与言佛、老者不求改革社会，而唯务抑厌人之本性者，又何以异？此又其若相反而实相类者也。世运岂真循环耶？非也。世无不变之事，亦无骤变之物，因缘相类者，其所成就，亦不得不相类，理也。然则自后汉至于南北朝，与夫隋唐、五代之世，其因缘之相类者，又何在也？（《隋唐五代史》上册，上海古籍出版社2005年版，第1—2页）

隋朝的治乱

隋文帝是很勤政爱民的。当他在位时，有善政也有秕政，而尤以偏听皇后独孤氏的话，立炀帝为太子，这桩事最为失策。炀帝即位之后，骄奢异常。隋朝是建都在长安的，他却以洛阳为东都，开了一条运河，从黄河通到淮水里，接连现在淮南运河；又开通了现在的江南运河。他坐着龙船往来于洛阳、江都之间。虽然开运河是利交通的事，然工程太大，一时民力不及，还要如此恣意巡游，自然国家元气要大伤了。他又巡幸北边，招致塞外诸异族，发大兵三次征伐高句丽；就弄得民穷财尽，乱者蜂起。

历代开凿之河运

中国地势，西高东下，大川皆自西徂东。故其交通，东西易而南北难。自河域通江域之运河，相需最亟。古代以人工开凿者，盖有二焉。一为邗沟，一为鸿沟也。娄敬言河渭漕挽天下，西给京师。则自泛舟之役以来，其利迄未尝替。至后汉明帝时，而引汴渠自荥阳至千乘之大工程出焉。盖当时富力，皆在山东，故亟谋自长安通齐地之水运也。东晋以后，富力渐集于江淮，则运道亦一变。隋开通济渠，自东都引谷洛入河，又自河入汴，自汴入淮，以接淮南之邗沟。自江以南，则自京口达余杭，开江南河，凡八百里。唐世江淮漕转，二月发扬州，四月自淮入汴，六、七月至河口，八、九月入洛。自此以往，有三门之险，欲凿之而未成，乃陆运以入于渭。此自东南通西北之运道也。宋都汴京，水道四达。东河通江淮（亦曰里河），西河通怀孟，南河通颍寿（亦曰外河，今惠民河其遗迹也），北河通曹濮。四河之中，东河之利最巨，淮南、浙东西、荆湖南北之货，皆自此入汴。岭表之金银香药，亦陆运至虔州入江。陕西之货，有入西河入汴者。

亦有出剑门，与四川之货，同至江陵入江者，盖东河所通，三分天下有其二矣。元有天下，始引汶水，分流南北，以成今日之运河，历明、清无改。(《中国文化史六讲》，见《吕思勉遗文集》上册，第140—141页)

隋唐的兴亡

隋末发乱的：在北方，以河北的窦建德，河南的李密、王世充为最强；南方的萧铣，据江陵，地盘最大。长江下流，亦有好几个据地争衡的，后来都给杜伏威所并。太原留守李渊，因拒突厥不利怕获罪，听他次子世民的话起兵，先取关中，以为根据地，旋平河西陇右。刘武周根据马邑(马邑，今山西马邑县)，南侵并州，亦给唐王李渊父子打败。公元六一八年，李渊即帝位于长安，是为唐高祖。同年，李密为王世充所破，投降唐朝，旋又借名出关，要想自主，被唐朝伏兵击杀。世民伐王世充，窦建德来救，世民分兵往御，一战而擒。王世充也就投降。又遣兵打定萧铣，杜伏威亦来降，其余割据一地方的，虽然很多，都不曾费什么兵力。隋朝平陈后，共三十年而亡；隋亡后不过五六年，国内又平定了。

唐初到开元的治乱

唐高祖起兵后九年，传位于世民，是为太宗。太宗是个贤明英武的君主，任用房玄龄、杜如晦为宰相，时人号为"房谋杜断"。又有魏征，能直言谏诤，他多听从。所以在位时，政治清明，国内太平，武功亦盛。世称"贞观之治"。

评唐太宗

汉、唐并称中国盛世。贞观、永徽之治，论者以比汉之文、景，武功尤远过之；然非其时之君臣，实有过人之才智也。唐太宗不过中材。论其恭俭之德，及忧深思远之资，实尚不如宋文帝，更无论梁武帝；其武略亦不如梁武帝，更无论宋武帝、陈武帝矣。[1]若高祖与高宗，则尤不足道。其能致三十余年之治平强盛；承季汉、魏、晋、南北朝久乱之后，宇内乍归统一，生民幸获休息；塞外亦无强部；皆时会为之，非尽由于人力也。（《隋唐五代史》上册，第66页）

太宗在位二十三年，死后，子高宗继立。初年遵守太宗的遗规，政治亦颇好。后来宠信武后，任其干预政事，治迹遂衰。高宗死后，武后废其子中宗而立睿宗。旋又废之自称皇帝，改国号为周。武后自高宗时判决奏事，至称帝，先后五十年，年八十二，才因老病，被宰相结连卫兵，胁迫她退位，而使中宗复位。武后也算得一个奇才。惜乎专图扩张权势，滥施爵禄，以收买人心；又用严刑峻法，以图遏止反抗，受害的人很多。外患亦亟，国威几乎坠地。中宗复位后，宠爱皇后韦氏，任其所为。韦后也想学武后的样子，而才具不及，中宗为其所弑。睿宗的儿子隆基，起兵定乱，奉睿宗即位。不久就传位于隆基，是为玄宗。中宗时，政界污浊的情形，较武后时更甚。直到玄宗出来，任用贤相姚崇、宋璟、张九龄。姚能治事，宋为人方正，张亦能直言；竭力整顿，政治才复见清明，世称"开元之治"。玄宗在沿边设立节度使，加重其兵权，镇服四裔，唐朝又见兴盛。然边兵既重，而玄宗在位岁久，又宠信杨贵妃，怠于政事；开元以后，就变成天宝之乱了。

---

[1] 有关宋武帝、陈武帝的评述，可参见吕思勉《论度量——宋武帝与陈武帝》，原刊《现实：新闻周报》第3、4、5期，《现实：新闻双周报》第6、9期，1947年8月8日至10月17日出版。见《吕思勉全集》第12册，第1142—1153页。

评武后

武后以一女主，而易姓革命，开旷古未有之局，论者多以为奇，其实无足异也。专制之世，政权谁属，人民本不过问；天泽之分既严，称兵废置，往往有反叛之嫌，苟非握大权，拥强兵，自度全国莫能与抗者，亦多不敢为是；此历代篡夺之主，所以获安其位也。母后临朝，有帝王之实者，本自不乏，特未尝居其名耳。武后在高宗时，盗窃政柄，已余二十年，其形势，又非她临朝摄政者比，实既至矣，易其名何难？特视其欲不欲耳。武后为纵恣而无忌惮之人，有以旷古未有之局歆之者，自将试为之，而革命之局成矣。若谓皇帝之名，本无足歆，居之，徒足招人讥议，且授人以攻击之柄而自蹈危机，何必为是？则试问至二十世纪，皇帝之名，更何足歆？袁世凯何以犹冒不韪而为之，以致身败名裂乎？从来居权势之地者，多无学识，亦罕能深思远虑，不能以读史者之见衡之，求之深而反失之也。(《隋唐五代史》上册，第123页)

第十九章　隋唐之武功与对外交通

　　中国之史，非徒中国一国之史也，东方诸国之盛衰兴替，盖靡不苞焉，即世界大局之变动，亦皆息息相关，真知史事之因果者，必不以斯言为河汉也。此其故何哉？世界各民族，因其所处之境不同，而其开化遂有迟早之异，后起诸族，必资先进之族之牖启，故先进之国之动息，恒为世界大波浪之源泉焉。先进之国，在东方为中国，在西方则在地中海四围。东西民族之动息，亦各有其时，月氏、匈奴，皆自东徂西者也；铁勒、突厥、回纥、沙陀、黠戛斯，则自西徂东者也。东西民族动息之交替，实在唐世，读隋唐、五代史者，于此义亦不可不知。

隋唐时域外的形势

　　隋唐是武功昌盛的时代，要说这时代的武功，先得把当时域外的形势，作一个鸟瞰。北族从鲜卑侵入中原后，继其后的为铁勒。鲜卑的分部柔然，利用他和北魏相抗。南北朝末年，柔然衰了，为起于阿尔泰山的突厥所灭。周、齐分争，怕突厥和敌人连合，都很敷衍他。突厥因此益骄。西域诸国，两晋时代，国交上无甚关系（只有前秦时代，曾遣吕光征服西域诸国，然未及旋师，苻坚已在淝水战败；吕光自立为后凉国，亦不久即亡），然其人来到中国的很多，商业上的往还亦很盛（当时称西域人为胡，历史上所谓胡人的，大都是西域人。甘肃省西北部，始终是中国和西域互市的地方）。尤其是佛教，从西域输入的不少。南北朝时，大月氏已被印度笈多朝所灭，嚈哒继兴。[嚈哒二字，就是月氏的转音。自大月氏灭亡后，月氏余种，仍留在吐火罗（古之大夏，今之阿富汗的巴克特里亚地方），又乘印度之衰而复起，且侵入印度。及为突厥所破后，印度乌苌王灭之]后来嚈哒又为突厥所破，从天山北路向西，直抵欧洲，中间包括巴尔哈什湖、咸海、里海区域都服属于突厥。

在朝鲜半岛上，当西汉末年，汉族的威力，渐渐失坠。其地的土著民族，自立为高句丽、百济、新罗三国。到三国时代，汉族的威力，渐渐失坠。东晋时，前燕侵入中原后，辽东空虚，遂为高句丽所占，对中国颇为桀骜。百济也和他联合，共攻新罗，新罗却是倚赖中国的。热河境内为鲜卑遗族奚、契丹所据。吉、黑两省：松花江、乌苏里江流域，是靺鞨所据；黑龙江流域，是蒙古人的祖先室韦所据。青海境内，和四川的北部，是前燕慕容廆的庶兄——吐谷浑在西晋时侵入的，并征服其地的羌人。雅鲁藏布江流域，有印度阿利安人侵入，为吐蕃之祖。(《唐书》所说吐蕃的起源，是传闻之辞，不足为据。此说系西藏人自述之辞，较可信些。参看拙撰《中国民族史》第十二章)

东西民族动息之交替在唐世

中国之史，非徒中国一国之史也，东方诸国之盛衰兴替，盖靡不苞焉，即世界大局之变动，亦皆息息相关，真知史事之因果者，必不以斯言为河汉也。此其故何哉？世界各民族，因其所处之境不同，而其开化遂有迟早之异，后起诸族，必资先进之族之牖启，故先进之国之动息，恒为世界大波浪之源泉焉。先进之国，在东方为中国，在西方则在地中海四围。东西民族之动息，亦各有其时，月氏、匈奴，皆自东徂西者也；铁勒、突厥、回纥、沙陀、黠戛斯，则自西徂东者也。黠戛斯虽灭回纥，而未能移居其地，西方东略之力，至斯而顿，而东方之辽、金、元、清继起焉。辽之起，由其久居塞上，渐染中国之文明，金、元、清则中国之文明，先东北行而启发句骊，更折西北行以启发渤海，然后下启金源，伏流再发为满洲，余波又衍及蒙古者也。其波澜亦可谓壮阔矣。五胡乱华之后，隋唐旋即盛强，而沙陀入据之后，则中国一厄于契丹，再厄于女真，三厄于蒙古，四厄于满洲，为北族所弱者几千年，则以铁勒、突厥等，皆自西来，至东方而其力已衰，而辽、金、元、清则故东方之族类也。东西民族动息之交替，实在唐世，读隋唐、五代史者，于此义亦不可不知。（《隋唐五代史》上册，第4页）

隋朝的武功

隋文帝得天下后，用外交手段离间突厥的大可汗及其主西方的可汗，突厥由是分为东西。东突厥给隋朝征服，西突厥至炀帝时亦来朝。炀帝曾发兵侵掠吐谷浑，在青海附近，设立四郡，又招致西域诸国，前来朝贡。戍守和供帐，所费不赀。又发大兵亲征高句丽，被高句丽打败。再发大兵往征，到第三次，才得高句丽请降的虚名。而天下骚动，内乱遂起了。

炀帝纵侈，裴矩罪不可恕

炀帝之事四夷，始于西域，导之者裴矩也。矩于外交，不可谓无才，然时边方无衅，勤远略徒以劳民；炀帝之纵侈，矩宁不之知，顾又长逢其恶；其罪实不可恕也。（《隋唐五代史》上册，第33、34页）西域诸胡，则本和中国无大关系。他们大抵为通商而来。在两利的条件下，不失怀柔远人之意就好了。而炀帝动于侈心，任用裴矩，招致西域诸胡，沿途盛行供帐。甚至有意使人在路旁设了饮食之肆，邀请胡人饮食，不取其钱，说中国物力丰富，向来如此的。胡人中愚笨的，都惊叹，以为中国真是天上。其狡黠的，见中国也有穷人，便指问店主人道：你这白吃的饮食，为什么不请请他们？店中人无以为答。如此，花了许多钱，反给人家笑话。（《复兴高级中学教科书 本国史》上册，第166—167页）

唐初的武功

隋末大乱，突厥复强，群雄在北边的，都称臣奉贡。唐高祖亦曲意和他联络，唯突厥侵寇仍不绝。太宗即位后，于六三〇年，遣李靖把他灭掉。西北诸君长，共上太宗"天可汗"之尊号。铁勒诸部中有薛延陀，继居漠北，又被太宗遣李世勣灭掉。回纥再居其地，就很恭顺中国了。对于西域：太宗曾征服天山南路诸国，西突厥则到六五七年，才被高宗遣苏定方灭掉，中国的属地，就直达波斯（今伊朗）。

唐高祖曾称臣突厥

历代为中国患的，莫甚于北狄；而所谓北狄，尤以起于蒙古地方的，最为切近。隋唐时代，在这方面的，为突厥、回纥。当隋时，曾乘突厥内部的分离，运用外交手腕，一度使之臣伏。然及隋末，突厥之势又强。当时起于北方的群雄，

都称臣于他；即唐高祖亦所不免（此事唐时的史官，已隐讳掉。所以在历史上，没有正式的记载。只在《突厥传》里，太宗既灭突厥之后，口里露出一句，说：从前太上皇为生灵之故，所以"奉突厥，跪而臣之"）。不过此时高祖并非中国的共主，不能代表中国国家，算不得中国的耻辱罢了。（《中国民族演进史》，第118、119页）

东北诸族，奚、契丹、靺鞨、室韦等，亦都来朝贡。西南则吐蕃盛强，侵犯四川西边。太宗发兵把他打败。旋许其请和，把宗女文成公主嫁给他。公主好佛，吐蕃开始接受汉化，信仰佛教。其时北印度的乌苌国强盛，唐僧玄奘前往游学，对他盛称太宗威武，乌苌王就遣使来朝，太宗命王玄策往使，适乌苌王死，权臣篡国，发兵拒玄策。玄策发吐蕃、泥婆罗的兵（现在尼泊尔之地），把他杀败，擒送阙下，这是中国兵威，对西南所至最远的一次。只有高句丽，太宗自将往讨，仍未能得利，直到高宗时，才遣苏定方灭百济，遣李勣（避太宗讳，去世字）灭高句丽。日本派兵来救百济，被刘仁轨同新罗王大败之白村江口（在朝鲜全罗道），这些征服和来降的国或部落，唐朝都就其地设立都督府、州，即以其君长为都督、刺史，听其自治，是为羁縻府、州。唐朝另就边要地方设立"都护府"，或"都督府"，驻兵防卫，加以管理。

唐玄宗时的武功

唐朝的武功，到高宗时而达于极盛。然吐蕃的猖獗，亦起于此时，青海和西域两方面，都很受其扰害；突厥遗族，亦时有反侧。到武后时，突厥竟复有唐初的疆域，契丹也叛变过一次，河北大受蹂躏。玄宗即位后，才把吐蕃打退，恢复黄河上游之地，东突厥亦于七四四年再为中国所灭，从此不能复振了。

隋唐的对外交通

对外的交通，可分水陆两路说。陆路：在隋朝时候，通西域的路共有三条，（一）自天山北路出黑海与里海间抵欧洲。（二）出葱岭到波斯。（三）出葱岭到北印度。唐时，又加（四）从安南经云南、缅甸到印度的一条路。（五）从这条路上，还可分支达柬埔寨，和海路衔接。海路：欧洲和中国是久有交通的。据阿剌伯人的记载：公元一世纪后半，西亚细亚的商船就达后印度半岛。第三世纪，中国商人，渐次西航，由广州达槟榔屿，四世纪到锡兰，五世纪到亚丁，终至在波斯和美索不达米亚，独占商权。当时的狮子国（今锡兰），实为世界商业的中心，中国人、印度人、马来人、波斯人、犹太人等诸民族经商者，都荟萃于此，直到七世纪末，阿剌伯人才代之而兴（据梁启超《世界史上

隋唐对外交通圖

广东之位置》)。故在八世纪初期，因他们直航中国，其时广州、杭州、泉州诸地，又成为东亚的贸易中心。然则盛唐之世，正是中国和阿剌伯海权交替的时代了。南洋群岛，隋唐时代，来朝贡的亦颇多。隋炀帝曾一度用兵于流求，那就是现在的台湾了。（见《北史·流求国传》，又《隋书》已有流求之名。该书云："自鼋鼊屿一日便至。"则当指今之台湾。又《元史》云："流求在南海之东，漳、泉、兴、福四州界内，澎湖诸岛与流求相对，天气清明时望之，隐约如烟如雾。"可知元明前，犹指台湾为流求）

第二十章　隋唐之政治与学术

　　秦汉时的宰相，是有相当的权力，而地位亦颇尊严的。然自武帝以后，其权已渐移于尚书；曹魏以后，又移于中书；刘宋以后，又参以门下。至唐代，遂以此三省长官为相职。总之，政治上正式的机关，其权恒日削，而皇帝的秘书和清客一类的人，其权恒日张。外官的变迁正相反。内官的权限，日趋于轻；外官的权力，却有日趋于重之势。"三老""啬夫""游徼"，都是自治职。秦汉而后，日益废坠，至隋唐而荡焉。其故则由于民能自治，与君主专制不相容也。考试的法子，到唐代而其法才大备。然有考试的好法子，而所考的都是无用的东西，却是可惜了。租庸调法，不夺其私有之田，无田者则由官给，以渐平均地权，其立法之意诚甚善，而其所主张的方法，则有未善。这因儒家对于社会经济的发展，认识本不如法家的深刻，所以只主张平均地权，而忽略了资本的作用。

隋唐政治概观

　　隋唐的政治制度，是承袭魏晋、南北朝的。西汉的政治制度，沿袭秦朝；秦朝的制度，虽为古今官制上的一大变局，也有多少从列国遗留下来的成分在内。所以从东汉以后，就渐起变迁。魏晋、南北朝，都是承着这个趋势的。隋唐时代，乃因既成的事实，而加以整理。

隋唐的官制

秦汉时代，相权颇重，到东汉则渐移于尚书，曹魏时又移于中书，刘宋时又移于侍中。隋唐时代，乃以中书、门下、尚书三省为相职（侍中为门下省的长官）。中书和皇帝面议办法，门下省加以审查，由尚书省行下去。尚书分吏、户、礼、兵、刑、工六部，统辖诸司，各为全国所职掌的最高行政机关。各机关分立，处事虽极精详，不免嫌其迟滞，所以后来，三省长官，不大除人，但就他官，加一个"同中书门下平章事"等名目，其人就算宰相。实际上，中书、门下两省，亦是先行合议的，并非事后逐件审查。御史一官，其初该是帮皇帝看文书的。看文书要审查其办法的合不合，所以后来变为弹劾之官，在隋唐时亦很有威权。

> ### 历代相权之变迁
>
> 秦汉时的宰相，是有相当的权力，而地位亦颇尊严的。然自武帝以后，其权已渐移于尚书；曹魏以后，又移于中书；刘宋以后，又参以门下。至唐代，遂以此三省长官为相职，而中书、门下，尤为机要。后来两省长官，不复除人，但就他官加一同平章事等名目，即为宰相。其事务，则合议于政事堂。政事堂初在门下省，后移于中书省。宋元之世，遂以中书省为相职。中书、门下等官，其初起，虽是天子的私人，至此其权力又渐大，地位又渐尊了。明世，乃又废之而代以殿阁学士。清代，内阁之权，又渐移于军机处。总而言之，政治上正式的机关，其权恒日削，而皇帝的秘书和清客一类的人，其权恒日张。（《中国近世史前编》，见《中国近代史八种》，第149页）

外官：从汉末州郡握兵后，中央的权力，总不甚完全（参看本书第十一、十五章）。两晋以后，喜欢侨置州郡（譬如现在辽宁省，为日本强占，辽宁省的人有逃到河北的，就在河北省里设一个辽宁省，就是所谓“侨置”。这是由于当时的政治，还未完全脱离属人主义的原故），州的疆域，就渐次缩小；后来竟至与郡相等，隋唐时乃并为一级，于其上设置观察等使，仍为监察之官。

　　内官日轻，外官日重

　　外官的变迁，则和内官正相反。内官的权限，日趋于轻；宰相九卿等，有独立职司的官，职权多见侵夺。外官的权力，却有日趋于重之势。秦汉时代的两级制（郡县），到汉末改设州牧，就变成三级制。隋朝统一以后，当时的所谓州，已经和前此的郡，区域大小，并无分别了。于是把州、郡并做一级。唐朝也沿其制，而于其上再设一个道的区域。以后，把天下分做四十余道，各置观察使。这种使官，都称为监司之官。他的责任，只是驻于所察诸郡中的大郡，访察善恶，举其大纲，并不直接理事，颇和汉朝刺史的制度相像。然而到后来，往往侵夺州郡的实权，州郡不敢与抗。而且这时候，已经是军人的世界了。有军马的地方，就都设了节度使。凡有节度使的地方，任凭有多少使的名目，都是他一个人兼的。于是中央政府，毫无实权，可以管辖地方，又成了尾大不掉的情形了。（《白话本国史》第二册，第42—43页）

　　秦汉时，县大率方百里，每十里为一乡。每乡都有“三老”管教化；“啬夫”管收税，听讼；“游徼”管巡查，禁止盗贼，这些都是自治职。实际上，县令等于古代一国之君，一切民政，要他直接办理，是来不及的，全靠这种自治职，能够实心办事，政治才得推动。汉朝此等自治职，地位还很高；也真有相当的权力，能够办事。魏晋以后，此等规模，却渐渐废坠了。这是中国政治，所以废弛的一个大原因。

地方自治与君主专制不相容

盖中国自治之废，既千余年矣。（秦汉而后，日益废坠，至隋唐而荡焉。其故则由于民能自治，与君主专制不相容也）民间利害切己之事，虽多出于自谋，特由政治疏阔，官不为谋，无可如何而然，非法之所许也。唯其非法之所许也，则人民于自治之权，失之已久，一旦授之，未必遂能自有。又向之自治，出于人民之自谋，则必其智之所及，智及之，力自足以监察之。且其所举至简，则亦无利可图，而事非法之所许，则又无权力可藉，故虽不能兴大利，尚不至转蒙其害也。（《本论》，写于1916年，见《吕思勉诗文丛稿》上册，上海古籍出版社2011年版，第291页）

隋唐的选举制度

学校，只有在西汉时代，真是学问的重心。因为其时社会的程度还低，研究学问的人，究竟不多，学者求师和求书都难，所以各地方的人，真有到京城里去求学的。（据赵翼《陔余丛考》卷十六"两汉时受学者皆赴京师"条，但东汉时代，私人讲学已盛，赵氏之说，实在只可指西汉）东汉以后，情形就渐渐的变了。三国以后，则学校有名无实，不过是贵族或读书人的一条猎官的捷路，而人才的拔取，就移到科举。科举的前身是汉朝的郡国选举，是不加考试的。于是请托、运动等弊端百出。后汉以后，考试的法子，就渐次兴起，然都不是常行的。直到唐代，而其法才大备。唐朝的法子，是会应试的人，先向地方官报告；地方官加以考试，择取合格的，送进京城；由礼部再加考试，这是举士，称为"乡贡"。"乡贡"以外，别有制举，由帝王亲自主试，甄拔非常的人才。又举士与举官不同，前者不过得到一种国家承认的出身，后者才能由国家授以官禄，是由吏部主试的。关于举士所设的科目甚多，常行的为明经、进士两科。明经试经书，只重记诵；进士试诗、赋，更不切实用。有考试的好法子，而所考的都是无用的东西，却是可惜了。

科举与考试不可混为一谈

科举制度，所考的东西，有用无用，是一个问题；考试制度本身的好坏，又是一个问题。帖经、墨义和诗赋，虽然无用，论考试制度的本身，确实是公平的。因有科举制度，所以能够逐渐将等级铲平；因有科举制度，所以人民向学的，不待劝勉而增多。这都是科举制度，给与我们的好处。(《初中标准教本 本国史》第二册，第23页) 世之论者，率多混科举与考试为一事。因科举之有弊，遂并考试而不敢言。殊不知科举之弊，在于所试之非其物，而不由于考试。考试之法，唯有一弊，必不可免者，即应试者之所学，但求其足以应试而止，他皆不问。王安石变法之后，所以叹"本欲变学究为秀才，不图变秀才为学究"也。然使所试者为有用之事，则应试者终必略有所知。苟去其所试之物，而保留考试之制，夫固未尝不可行，且行之而必有利者也。(《考试论》，原刊《光华期刊》1928年第2期)

隋唐的兵制

隋唐的兵制，是很为有名的，就是所谓府兵。府兵之制是起于北周的，到唐朝而更为完备。其制：于重要的去处，设立折冲府，有折冲都尉以下许多武官；百姓名隶兵籍的，都属于折冲府，以农隙教练，有事时征集，命将统率出征；事罢归来，依旧各归其府。这一种制度，没有养兵之费（不过隶名兵籍的，也要"蠲其租调"），而可以得多兵之用；兵无屯聚之患，亦不至无家可归，难于遣散；确自有其优点。惜乎承平既久，有名无实。到玄宗时，连皇帝的卫兵，都调不出来，而要改用募兵了。

中国历史上的"兵"

唐朝的兵制，也是沿袭南北朝的。近人南海康氏说："中国承平的时候，可以算是没有兵。虽然有唤做兵的一种人，实在是把来供给别种用场，如以壮观瞻等，并不是要他打仗。"这句话最通。秦汉时代，承袭着战国的余风，全国还有些尚武的风气；东汉而后，就渐渐显出无兵的样子了。从五胡乱华起，到南北朝末止，却可以算得一个长期战争，其中东、西魏（周、齐）对立的时候，竞争尤其剧烈；所以产出一种略为整齐的兵制。有名的"府兵"制，是起源于后周的。到高宗武后时，久不用兵，府兵法就渐坏，至于宿卫不给。宰相张说，就请募兵宿卫，谓之"彍骑"。玄宗时，这种宿卫的兵，也是有名无实，诸府又完全空虚，内地竟无一兵，而边兵却日重。所以安禄山一反，竟无从抵御了。（《白话本国史》第二册，第48、49页）

隋唐的法律

中国的法律，是定于晋、唐两朝的；刑法则定于隋朝。秦朝所用的法律，是战国时魏国宰相李悝所编的《法经》，共只六章（李悝所作《法经》，共六篇：曰《盗法》《贼法》《囚法》《捕法》《杂法》及《具法》是），不够应用，汉时乃逐渐增加。专制时代，命令是和法律有同等效力的；成案则当时名为"比"；亦可引用，条文既已繁多，编纂又极错乱，奸吏遂得上下其手。汉时屡有编纂之议，始终未能成功。晋初，才编成一部有条理的《晋律》，此法历代相沿，《唐律》也是以《晋律》为本的。唐以后编纂法律的，有金、明、清三朝，都以《唐律》为本，《清律》又沿袭《明律》。所以中国从采用西洋法律以前，历代的法律，可以说根本上是相同的。

至于刑法：则古代本称"伤及身体"为刑，和"死"为对称。因为死亦是伤害身体的，所以又称死为"大刑"。拘禁及罚作等，皆不称为刑。儒家说：古代风俗淳朴，用不着刑罚，只要有一种办法，叫犯罪的人，觉得羞耻就够了。如犯死罪的人，叫他穿一件无领的衣裳就是。这种办法，儒家称为"象刑"，因又称伤及身体的为"肉刑"。汉文帝曾把肉刑废掉，死刑之外，只留髡、笞两种。然笞法实际多至死亡，"髡法则又仅剔其毛发"，不足以资惩创，所以刑罚轻重，很难得其平（此说根据马端临《文献通考·刑考序》）。周、齐时，徒、流之法，才渐次兴起。到隋时，乃定以笞、杖、徒、流、死为五刑，各分等级，从此以后，也就历代相沿了。

隋唐的赋税

当两汉时代，儒家鉴于地权的不平均，也有想恢复井田的，也有想限民名田的，已见本书第十四章。后来此两法都没有能实行，乃又有一种议论，说井田之制，宜于大乱之后，人口减少，土田无主时推行。晋武帝平吴之后，乃定一种户调式。因男女、老幼，以定授田的多少。户调式定后，国内不久就乱了，究竟推行至如何程度，现已无从稽考。北魏孝文帝定均田令，授田之法，也和晋朝相同，又举出露田和桑田的区别。露田是受之于官，也要还给官的，桑田则许其私有。唐时，将官授的名"口分田"，私有的名"世业田"，世业田以二十亩为限。多的，可以出卖，而不得卖其应有之数；不足的可以买进，亦不得超过定限。田多，足以计口分授的谓之"宽乡"；不够的谓之"狭乡"。狭乡受田，较宽乡减半。肯从狭乡迁到宽乡，是有补助的（许其卖口分田，就是以卖价补助其迁移费的意思）。

其取于人民的：则农田所出的谷物谓之"租"，为公家服役谓之"庸"，随其地之所产出丝、麻及其织品谓之"调"。这就是有名的租庸调法。此法的用意，诚然很好，但不易严密执行；后来，官吏管理逐渐懈弛，加以豪强的兼并，天灾兵乱的相继，到唐朝中叶，册籍既坏，人民多逃亡，租庸调旧制，遂不能行。德宗时，杨炎为宰相，以公元七八〇年改行两税法。凡人民，只就现居其地的立为簿籍，不问年纪大小，但以贫富定纳税的多少，分夏秋两季征收。这两税法从那时行起，上下称便，历五代而至宋明，颇能继租庸调之废而适应需要。

立意虽佳，方法未善

统观三法（晋朝的户调式，北魏的均田令，唐朝的租庸调法），立法之意，是不夺其私有之田，无田者则由官给，希冀减少反抗，以渐平均地权，其立法之意诚甚善。然其实行至何程度，则殊可疑。即使实行了，而人总是有缓急的，缓急的时候，不能不希望通融，在私产制度之下，谁肯白借给你来？救济的事业，无论如何，是不能普遍的。于是不得不有抵卖之品。而贫民是除田地之外，无物可以抵卖的。如此，地权即使一度平均，亦很难维持永久。何况并一度之平均而不可得呢？所以此等平均地权的方法，不论事实，在理论上已是很难收效的了。中国历代，社会上的思想，都是主张均贫富的，然其宗旨虽善，而其所主张的方法，则有未善。这因历代学者，受传统思想的影响太深，而对于现实的观察太浅之故。在中国，思想界的权威，无疑是儒家。儒家对于社会经济的发展，认识本不如法家的深刻，所以只主张平均地权，而忽略了资本的作用。（《吕著中国通史》上册，第96、97、101页）

隋唐的学术

从魏晋以后，讲经学的人，渐渐流于繁琐。只注意于一事一物的考证，而于大义反非所问。南北朝以后尤甚。唐朝的啖助，讲《春秋》才不拘三传，而自以其意求之于经。（三传，谓《左氏》《公羊》《榖梁》，都是解释《春秋经》的）道、佛两教，从魏晋以后，逐渐兴盛，几乎要夺儒家思想之席。唐朝的韩愈，做了一篇《原道》，对于佛老，力加排斥。这都是宋朝学术思想的先驱。

讲史学：则（一）唐朝人搜辑当时史料，编纂当代历史的风气颇盛（关于这一个问题，可以把拙撰《史通评》外篇第二做参考，页七五至八七，商务印书馆本）。（二）中国历代，每后一朝兴起，必修前一代的历史。现在所谓正史，大抵是如此修成的。从南北朝以前，都是一个人独力修纂（就官纂的也是如此，可参看《史通·古今正史篇》），唐朝才开"合众纂修"之局。虽然见解的高超，体例的划一，不如私人所修的，材料却收集得多了。（三）前此作史的人，不大讲史法。到唐朝则有刘知幾著《史通》，对于这一个问题，专门加以研究。（四）又有杜佑著《通典》，专记历代的制度，也是开宋朝史学兴盛的先声的。

刘知幾与《史通》

自司马迁以后，史学界有许多名家，不过觉得史料要保存，要编纂，以诒后人而已，编纂的方法如何，加以研究的很少。到唐朝的刘知幾，才于此加以检讨。据《唐书》的《刘知幾传》，和他同时，怀抱相类的思想的，有好几个人，可见这是史学上进化自然的趋势，刘知幾只是一个代表。他著了一部《史通》，对于古今的史籍，加以批评。他先把史籍分成正史和非正史两种，评论其可称为正史的，共有几家；

其体裁适用于后世的，共有几种。对于材料的去取，以及编制的方法，文辞的应当如何，都一一加以研究。实为作史方法的一个大检讨。(《历史研究法》，永祥印书馆1945年版，第21—22页)

隋唐的文艺

魏晋、南北朝时，骈文愈做愈趋于靡丽，太不切实用了，于是反对的声浪渐起，尤以周、隋两朝为甚，然习惯既久，一时变不过来。直到唐朝，韩愈、柳宗元，才做成一种新式的文学。他们这种文字，是不学东汉以后，而以西汉以前为法的，所以自称为"古文"。又或称为"散文"。而对于四六对仗称为"骈文"。从此以后，就骈散分途，各适其用。

韩、柳的古文改革

从齐、梁以后，文字日趋于绮靡，以致不能达意。在此种情势之下，欲谋改革，有三条路可走：其（一）是废弃文言，专用白话。唐代禅家的语录，以及民间通行的通俗小说（《敦煌石室书录》，有《唐太宗入冥记》《伍子胥故事》等书），就是从此路进行的。此法在从前尚文之世，不免嫌其鄙陋。而且同旧日的文章，骤然相隔太远，其势亦觉不便。所以不能专行。其（二）则以古文之不浮靡者为法。如后周时代，诏令奏议，都摹拟三代是。此法专模仿古人的形式，实亦不能达意，而优孟衣冠，更觉可笑。所以亦不可行。第（三）条路，则是用古人作文的义法，来运用今人的语言。如此，既不病其鄙陋，而又便于达意。文学的改革，到此就可算成功了。唐时，韩愈、柳宗元等人所走的，就是这一条路。（《复兴高级中学教科书 本国史》上册，第187页）

　　诗在唐朝，算是极盛的。古代文字，不分四声。梁、陈以后，才渐渐讲求，于是诗和文都生出律体。不论诗文，调平仄的，都可以称为律。诗的律体，是到唐朝而大成的。又诗的根本，是从歌谣而来，所以多长于"比""兴"，含蓄不露，到唐朝人才特长于"赋"（"赋""比""兴"是作诗的三种法子，见在《诗经》第一首的《序》里。"兴"是因此而及彼，如见名花而思美人。"比"是以此喻彼，如以名花比美人。"赋"是实写，如描写名花或美人的艳丽），其中最著名的，如杜甫的诗，描写天宝乱离的情形，十分详尽，后人至称为"诗史"。白居易《新乐府》，描写当时社会上、政治上种种黑暗的状况，也是很能够动人的。中国古代的音乐，汉以后渐渐失传，已见本书第十四章。却是魏晋以后，汉武帝时的新声，又渐渐失传了。只有一部分，还保存于南朝。北朝则从外国输入的音乐，流行特盛。隋时，称南朝的旧乐，从外国输入的为燕乐。新乐日盛，而旧乐渐渐式微。根据此等音乐的声调所做成的作品，谓之词。唐朝人开其端，至五代而渐盛。通俗的文艺，是到宋以后才盛行的，然其端亦开于唐朝。唐人有所谓"变文"，系将故事演变而成，如《大舜至孝》《目莲救母》之类；又有所谓"俗文"，则是将佛经翻成通俗文字的，这是后来平话的起源；又有佛曲及劝世诗，亦为后世宝卷、弹词之祖。

论唐诗

　　论唐诗者，或分为初、盛、中、晚四期。初唐之浑厚，盛唐之博大，中唐之清俊，晚唐之纤丽，可谓各擅胜场。（《隋唐五代史》下册，上海古籍出版社2005年版，第1117页）唐宋诗相较，自以唐诗为胜。以唐诗意在言外，而宋诗意尽句中。唐诗多寓情于景，宋诗或含景言情。诗以温柔敦厚为宗，自以含蓄不尽为贵。宋诗非不佳，若与唐诗并观，则觉其伧父气矣。然宋之变唐，亦有不得不然者。无论何种文字，皆贵戛戛独造，而贱陈陈相因。唐诗初、盛、中、晚，各擅胜场。在彼境界之中，业已发泄殆尽。率此而往，其道则穷。故宋人别辟一境界。虽不能如唐诗之浑厚，然较诸因袭唐人，有其形而无其质者，则有间矣。（《宋代文学》，商务印书馆1929年版，第47页。）

书法：在南北朝时，南人是擅长真书和行、草的，北碑则犹存分、隶古意。隋碑结构严正，而笔画渐趋妍丽，已能兼两派之长。唐人擅长书法的尤多，如欧、虞、颜、柳等（欧阳询、虞世南、颜真卿、柳公权），至今写字的人，还奉为模范。南北朝时，山水画渐渐兴起，到唐朝而更盛。其中王维的画，专取清微淡远；李思训的画，则注重着色，钩研成趣。所以李、王二人又为后世山水画"南北宗"之祖。人物画，亦因受佛画和雕刻的影响，较之古代的画风，更形工巧。

第二十一章　隋唐之社会与宗教

　　经过三国到南北朝长期的战乱而复见统一，国内太平，兵革不作，自然社会要欣欣向荣了。隋唐五代，为风俗侈靡之世，盖承南北朝之后，南方既习于纵恣，北方又渐染胡俗也。中国文化和富庶的重心，两汉时代，还是在北方的，三国以后，南方虽亦有战事，究竟平安得多。又自五胡乱华以来，北方人纷纷南迁，学术、技艺等，都随之而输入南方。南方的文化和富庶就大形发达，骎骎驾于北方之上。因为中外交通的繁盛，外国宗教，多有输入中国的。中国的文明，在各方面都颇充实的，唯在宗教方面，则颇为空虚。此由中国人注重于实际的问题，而不甚措意于玄想之故。信教既不甚笃，则凡无害于秩序和善良风俗的，都可以听其流行。所以在政治上、社会上，都没有排斥异教的倾向。

隋唐初年的富庶

　　经过三国到南北朝长期的战乱而复见统一，国内太平，兵革不作，自然社会要欣欣向荣了。果然，在隋文帝时，虽然统一未久，国内已见富庶的气象，虽经隋末的丧乱，然到唐太宗初年，又有"行千里者不赍粮，断死刑岁仅二十九人"的盛况了。（见《唐书·食货志》）

隋唐五代为风俗侈靡之世

　　隋唐五代，为风俗侈靡之世，盖承南北朝之后，南方既习于纵恣，北方又渐染胡俗也。史家极称隋文帝之恭俭，谓其令行禁止，上下化之，举开皇、仁寿之间，丈夫不衣绫绮，而无金玉之饰为证。此亦庶僚为然耳，居高明者，奢纵曷尝少减？如杨素即其一也。贺若弼，史称其家珍玩不可胜计，婢妾曳罗绮者数百，功名之士如此，下焉者可知。（唐）太宗虽享美名，实亦奢侈，高宗以后愈甚，至武后而大纵。玄宗初，颇有志惩革，后乃变本加厉。如王琚，史言其著勋中朝，又食实封，典十五州，常受馈遗，下檐帐设，皆数千贯。作造不遵法式。每移一州，车马填路，数里不绝。携妓从禽，恣为欢赏，垂四十年焉。此等人而亦漫无裁制，能无速天下之乱乎？至于武人，则尤不可说。郭子仪，元勋也，史称其侈穷人欲而君子不之罪。又不必武夫也。《旧书·杜亚传》曰：出为淮南节度，承陈少游之后，淮南之人，望其铲革旧弊，而亚自以才当公辅，连出外职，志颇不适，政事多委参佐。招引宾客，谈论而已。又盛为奢侈。江南风俗，春中有竞渡之戏，万舟并进，以急趋疾进者为胜。亚乃令以漆涂船底，贵其速进。又为绮罗之服，涂之以油，令舟子衣之，入水而不濡。亚本书生，奢纵如此。然则所谓书生者，又岂大愈于武夫哉？五代风气，更加横流溃决，不可收拾。（《隋唐五代史》下册，第721、722、723、724、725页）

南方文化经济的发达

中国文化和富庶的重心，两汉时代，还是在北方的，三国以后，北方经过长期的战乱，南方虽亦有战事，究竟平安得多。又自五胡乱华以来，北方人纷纷南迁，学术、技艺等，都随之而输入南方。南方的文化和富庶就大形发达，骎骎驾于北方之上。汉时建都长安，漕转关东之粟，到唐时，漕运却要仰给于江、淮了（唐朝的漕运，是跟着水的涨落走的，二月里发扬州。四月里自淮入汴。六、七月到黄河口。八、九月入洛水。中间有一节，水运不通，陆运以入于渭，直达长安）。

商业的发达

承平时代，商业本来容易兴盛。当时江、淮的商船，大的载重至八九千石，驾舟的至数百人，岁一往来，其利甚大。（见《唐语林补遗》）北至河、洛，南至闽、越，亦有不少商船。（唐朝刘晏说的话，见《旧唐书》卷九十四）九世纪中叶，政府用兵安南，艰于运饷，有人献议，从长江下流用船运往，这是中国历史上记载从海路运粮之始。（说据顾炎武《日知录》）然商人的运输货物，必已远在其前了。海路对外国的贸易，也极兴盛。（已见前一章）陆路自隋时已置互市监，管理西域的互市。唐时，又在广州设市舶司，以管理海路的贸易。

饮茶之习，起于三国时。（见《三国·吴志·韦曜传》）南北朝以前，还只行于南方，隋唐之世，渐渐普及全国。唐中叶以后，国家既收茶税，回纥也驱马市茶。（见《唐书·陆羽传》）又中国从前所谓糖，只有谷物制的。唐太宗时，才从北印度的摩揭它，输入造蔗糖的法子。（见《唐书》本传）这又是因商业兴盛，而影响到农、工业上了。唐朝陶瓷业亦最盛，尤以昌南镇的瓷，名闻全国。其后渐次发达，乃成名动全球之景德镇瓷器。（见吴仁敬等《中国陶瓷史》，商务印书馆《中国文化史丛书》本）

唐世茶药并称

茶至唐世，通行尤广，其贩运亦大盛。《新唐书·陆羽传》：羽嗜茶，著经三篇，言茶之原、之法、之具尤备。天下益知饮茶矣。当时贡献、赏赐、赠遗，无不以茶，而军中尤以为重。《新唐书·陆贽传》：贽陈西北边事，言"关东戍士，衣廪优厚，继以茶药，资以蔬酱"。《兵志》云：德宗时，边

兵衣馈多不赡，而戍卒屯防，药茗、蔬酱之给最厚。诸将务
为诡辞，请遥隶神策军，廪赐遂赢旧三倍，盖即据赞疏言之。
兵士得茶，不必皆自饮，盖亦可以鬻卖换易？凡饮食之物，
有刺激之性者，人多谓其可以治病，古之酒，明末之烟则然。
茶之初兴，盖亦如此？故唐世尚与药并称。此亦人竞求之之
一端欤？（《隋唐五代史》下册，第801、802、804页）

隋唐时的宗教

因为中外交通的繁盛，外国宗教，多有输入中国的。波斯
的拜火教，从北周时输入，谓之胡天，后来又造了一个祆字。唐
时，波斯为大食所灭，拜火教徒，在西方颇受压迫，因此东来
的更多。基督教即景教，为波斯人阿罗本所输入。公元六三五
年到长安，太宗许其造寺，后来改称大秦。又有摩尼教，武后
时初来中国，其教为回纥人所信，唐中叶后，回纥人来的多
了，摩尼教又随之而入，遍于江、淮诸州。[景教名义，因耶
稣生时，明星出现，碑文有"景宿告祥"之语。祆字系从示从
天，读他烟切。Zoroastrianism 为波斯国教，立善恶二元，以光
明代表净和善，黑暗代表秽和恶，所以崇拜火及太阳。摩尼教
（Manichaeism）原出火教，亦行于波斯。景教是基督教中的聂
斯脱利安派（Nestorism），因创异说为同教徒所驱逐的。阿罗本
（Olopen）系波斯人，从波斯来，所以初建寺时，名为波斯寺]
祆教、景教、摩尼教，当时的人，谓之"三夷寺"。唐朝因为自
己姓李，道教所崇奉的老子也姓李，尊为玄元皇帝，奉《道德
经》为群经之首，特置"道举"，考取所举之人，在政治上很受
优待，然尚不足与佛教争衡，三夷寺更无论了。但是回教亦于唐
时输入，有隆隆直上气象。僧尼既不耕而食，不织而衣，还要据
有很大的田产，众多的奴婢；这都是财政和经济上损失，自然要
引起反响，所以当八四五年武宗乘回纥的衰亡，就把他和"三夷

寺"一同禁绝了。武宗死后，佛教旋即恢复。然（一）出世的议论，既渐为一般人所怀疑，（二）信仰的人多了，不能再讲高深的教理。于是各宗皆衰，只有不立文字的禅宗，和专门念佛的净土宗（净土宗的念佛，有"观""想""持名"三法。"观"，如观看佛像，"想"，如想象佛像，"持名"，就是口宣佛号，系使人心有所主，不致散乱的法子。现在所谓念佛，却只知道"持名"一端了），还流行着。佛教到这时候，在哲理上渐渐失其地位，而要有别种新哲学起而代之了。

中国佛教的特色

中国的文明，在各方面都颇充实的，唯在宗教方面，则颇为空虚。此由中国人注重于实际的问题，而不甚措意于玄想之故。信教既不甚笃，则凡无害于秩序和善良风俗的，都可以听其流行。所以在政治上、社会上，都没有排斥异教的倾向。而各种宗教，在中国都有推行的机会。其中最发达的，自然要推佛教。佛教初输入时，大约都是小乘。中国的佛教，有一特色，便是大乘的发达。佛教在印度，日渐衰颓，所以大乘在印度的盛行，不过六七百年之谱。其余诸国，不能接受大乘教义，更不必论了。独在中国，则隋唐之间，小乘几于绝迹，而且诸宗远祖，虽在印度，其发挥精透，则实在我国，华严和禅宗皆然。天台宗则本为智者大师所独创，这又可见我国民采取融化他国文化的能力了。（《复兴高级中学教科书 本国史》上册，第189—190页）

第二十二章　中国文化之东被

中国是世界上文明发源之地；他的文化，是对各方面都有传播的；而对东方的成绩，尤其良好。"水性使人通，山性使人塞。"中国古代文化的重心，在黄河下流，而从山东半岛航行向辽东，尤其便利，所以在先秦时代，东北已成为中国的殖民地了。从辽东再向东南拓展，就成为朝鲜的文明；再渡海，就达到日本。中国的文字、儒学、佛学，都是从百济输入日本的，而当丧乱之际，东北和半岛的汉人，避难出海的亦不少，中国的文化和生产技术，如养蚕、建筑、酿造等，亦即随此等人而传入日本。

中国文化东被的原因

中国是世界上文明发源之地；他的文化，是对各方面都有传播的；而对东方的成绩，尤其良好。这是为什么呢？因为"水性使人通，山性使人塞"。中国古代文化的重心，在黄河下流，而从山东半岛航行向辽东，尤其便利，所以在先秦时代，东北已成为中国的殖民地了（说本日本鸟居龙藏《满蒙古迹考》，此书大可一看，尤其重要的，是第三十三章。陈念木译，商务印书馆本。又傅斯年等合著的《东北史纲》第一卷亦可看，商务印书馆寄售）。从辽东再向东南拓展，就成为朝鲜的文明；再渡海，就达到日本。

朝鲜和日本的文化

古代的朝鲜，本来就是箕子之后（箕子时的朝鲜国，现在不能知其在何处。大约是逐渐东北迁的。到燕开辽东郡时，朝鲜必已在半岛了）；汉时，半岛北部，又是中国的郡县；所以其文化，竟和中国一样；只是语言没有能够同化罢了（朝鲜、安南，沐浴中国的文化都极深，始终没有完全同化，就是因为语言未能同化之故。可见语言为民族最重要的条件，爱护民族的人，决不可轻弃自己的语言）。日本和半岛交通，在半岛隶属中国时已然（见本书第十二章），高句丽、百济、新罗自立后，也还继续主从关系，而和百济的往来，尤其密切。中国的文字、儒学、佛学，都是从百济输入日本的，而当丧乱之际，东北和半岛的汉人，避难出海的亦不少，中国的文化和生产技术，如养蚕、建筑、酿造等，亦即随此等人而传入日本。

论朝鲜的文化

东洋诸国承袭中国的文化，而程度较高的，自然要推还朝鲜和日本，而朝鲜的文化，实在还在日本之上，这不能因其国势陵夷，而日本曾一时强盛，遂妄生轩轾的。两民族的同化，最紧要的条件是语言，而文字即语言的扩大，所以看甲民族对于乙民族的文化了解深浅，只要看其在文学上了解的深浅，日本的汉学家，也都会做中国的诗文，然终于免不了所谓"倭臭"，这是他们自己也承认的，朝鲜则绝无此弊。即此，便可见两国华化的深浅。人心之不同如其面，况且朝鲜日本，环境都和中国不同，所以其学术虽受之于我，而其所阐发，仅有为中国学者所不知的。（《到朝鲜去搜书》，原刊1945年11月6日上海《正言报》）

文化不能无偏弊，受其利者，往往并其弊而亦袭之。中国文化之弊，在于文胜而失之弱。自宋以后，陈义弥高，去

　　事情弥远，其人又气矜之隆，黠者乘之，遂植党以自利，此
　　其弊，韩人亦皆袭之，然文化之演进深者，虽有其弊，久之
　　亦必有以自救。故中国虽迭扼于辽、金、元、清，至近世，
　　又见侮于西方诸国及东方之倭，今也卒能却敌而中兴。韩国
　　之获再建，亦其伦也。(《中韩文化叙》，原刊《中韩文化》
　　1945 年 12 月创刊号)

隋唐时代的中日交际

　　日本当三国时，其女主卑弥呼，曾遣使来朝，受封为亲魏
倭王。东晋南北朝时，又数次遣使和南朝交通。其表文多自称倭
王，再加一个都督某某等国诸军事、安东将军的称号，中国亦就
照他的自称封授他。此等事，日本的学者，都不认为其王室所
为。他们所承认的，则自公元六〇八年小野妹子的使隋始。这一
次，已带着学生和僧人来。唐时，日本更专置"遣唐使"，从公
元六三〇到八九四年，前后共计十九次。(据日本木宫泰彦《中
日交通史》，陈捷译，商务印书馆本) 日本自东晋以来，向与百
济交通，由百济输入中国文化。东晋时，百济博士王仁携《论
语》和《千字文》至日本，为日本有文字之始。唐时，日本留华
学生，如吉备真备与日僧空海等创"平假名"与"片假名"，为
日本拼音文字，此皆中国文化东被影响最大的。至于政治风俗，
都模仿中国了。

渤海的兴起

　　高句丽灭后，余众北走，据地自立。(此事在公元六九六年，
即武后万岁通天元年。反叛的人，《旧唐书》说是高丽别种大祚
荣，《新唐书》则名乞乞仲象，而祚荣为其子。又说他是"粟末
靺鞨附高丽者"。案旧时史籍所用"种"字或"种姓"字，都与

姓氏、氏族相当，却与民族无涉。甲民族中人，归附乙民族后，往往称为乙民族之别种。粟末靺鞨，是归附高句丽很久的，故《旧唐书》有高丽别种之称；论其民族，自系靺鞨。至乞乞仲象，亦当有其人，而《旧唐书》漏未叙及。《新唐书》下文但称为仲象，则乞乞当系其姓，后来祚荣姓大，有人疑其系据中国文义自造的）唐封为渤海王，遂建国，时在公元七一二年（唐睿宗先天元年）。其疆域包括现在的吉、黑两省，和清朝咸丰年间，割给俄国的地方；还有朝鲜半岛的一部。一切制度，亦都以中国为模范，和日本、高丽，都曾通过使节，直到九二七年，才为契丹所灭，前后共二百十五年。虽暂受契丹的羁绊，然其民族所开化，则已不可遏抑了。

第二十三章　唐之衰亡与五代之纷乱

　　唐朝的武功从表面看，虽和汉朝相等，其声威所至，或且超过汉朝，但此乃世运进步使然，以经营域外的实力论，唐朝实非汉朝之比。玄宗时，府兵制度业已废坏，而吐蕃、突厥都强，契丹势亦渐盛。欲图控制、守御，都不得不加重边兵，所谓藩镇，遂兴起于此时，天下势成偏重。唐朝对待被征服的异族，亦和汉朝不同。汉朝多使之入居塞内，唐朝则仍留之于塞外，而设立都护府或都督府去管理他。所以唐朝所征服的异族虽多，未曾引起像五胡乱华一般的杂居内地的异族之患。然环伺塞外的异族既多，当其种类昌炽，而中国政治力量减退时，就不免有被其侵入的危险了。

安史之乱

　　唐朝的兵威，虽然和汉朝一样盛，却有一点不同。汉朝的征伐，所用多是汉兵，唐朝却多用蕃兵、蕃将。其初边庭没有重兵，玄宗为要对付吐蕃、突厥、奚、契丹，西北两边，兵力才重，而安禄山又以胡人而兼范阳、平卢两镇节度使，就酿成"天宝之乱"。安禄山的造反，事在七五五年，兵一动而河北、河南相继陷没，潼关不守。玄宗逃四川，留太子讨贼，太子即位于灵武，是为肃宗。安禄山是没有谋略的，所以唐朝得任用郭子仪，再借用回纥等国的兵，把两京收复。时安禄山已为其子所杀，唐兵围之于相州（今河南安阳县），势已垂下，而禄山之将史思明，降而复叛，就从范阳南下，杀败唐兵，再陷洛阳。唐朝又任用李光弼，和他相持，到七六一年，史思明又为其子所杀，才算把他打平。安、史乱后，河西、陇右（河西，今甘肃省黄河以西之地，余为陇右），都给吐蕃攻陷。回纥骄横异常，云南的南诏国，又时有侵寇；藩镇遍于内地，中央行政的权力，不甚完整，唐朝的局面，就很难收拾了。

安史之乱之根源

安史之乱，皇室的腐败只是一个诱因，其根源是别有所在的。（一）唐朝的武功从表面看，虽和汉朝相等，其声威所至，或且超过汉朝，但此乃世运进步使然，以经营域外的实力论，唐朝实非汉朝之比。汉武帝时，攻击匈奴，前后凡数十次；以至征伐大宛，救护乌孙，都是仗自己的实力去摧破强敌。唐朝的征服突厥、薛延陀等，则多因利乘便，且对外多用蕃兵。玄宗时，府兵制度业已废坏，而吐蕃、突厥都强，契丹势亦渐盛。欲图控制、守御，都不得不加重边兵，所谓藩镇，遂兴起于此时，天下势成偏重。（二）唐朝对待被征服的异族，亦和汉朝不同。汉朝多使之入居塞内，唐朝则仍留之于塞外，而设立都护府或都督府去管他。所以唐朝所征服的异族虽多，未曾引起像五胡乱华一般的杂居内地的异族之患。然环伺塞外的异族既多，当其种类昌炽，而中国政治力量减退时，就不免有被其侵入的危险了。（《吕著中国通史》下册，第456、457页）

若论军事上的实力，则唐朝何能和汉朝比？汉朝对外的征讨，十之八九是发本国兵出去打的，唐朝则多是以夷制夷。这以一时论，亦可使中国的人民，减轻负担，然通全局而观之，则亦足以养成异族强悍，汉族衰颓之势。安禄山之所以蓄意反叛，沙陀突厥之所以横行中原，都由于此。就是宋朝的始终不振，也和这有间接的关系。（《吕著中国通史》上册，第119页）

藩镇的跋扈

藩镇为患最甚的，是安、史余党，直到德宗时，才加以讨伐。其时平卢、天雄、成德三镇，连合拒命。卢龙本恭顺朝廷，后亦加入为乱，德宗发泾原兵东讨，路过京城，因赏薄作乱，奉朱泚为主，德宗逃到奉天（**今陕西武功县**），又逃到汉中，因兵力不够，只得赦其余诸镇，专把朱泚打平。宪宗时，淮西尤为跋扈，宪宗用宰相裴度，坚持用兵，到底把他攻下，河北三镇（**卢龙、成德、天雄**），亦一时降服。然宪宗死后，旋即背叛，终唐之世，不能再取了。河北三镇以外，其余诸镇也时有背叛的，就不叛的，也总不免有些专横。而节度使实亦多为其兵所制，因为他们的得位，多是由军士拥戴的，军士既骄横又有野心的人，要

唐藩镇图

范阳军，即卢龙军，治幽州，今河北北平县。
平卢军，治营州，今热河朝阳县。后治青州，今山东临淄县。
成德军，治恒州，今河北正定县。
天雄军，治魏州，今河北大名县。
淮西军，治蔡州，今河南汝南县。
宣武军，治汴州，今河南开封县。
河东军，治并州，今山西太原县。
凤翔军，治凤翔府，今陕西凤翔县。
泾原军，治泾州，今甘肃泾川县。

从中利用，所以当时的节度使，也是岌岌不能自保的，弄成"地擅于将，将擅于兵"的局势了。

唐藩镇之弊

唐代藩镇之弊，总括起来，是"地擅于将，将擅于兵"八个字。一地方的兵甲、财赋，固为节度使所专，中央不能过问。节度使更代之际，也至少无全权过问，或竟全不能过问。然节度使对于其境内之事，亦未必能全权措置，至少是要顾到其将校的意见，或遵循其军中的习惯的。尤其当更代之际，无论是亲子弟，或是资格相当的人，也必须要得到军中的拥戴，否则就有被杀或被逐的危险。节度使如失众心，亦会为其下所杀。又有野心的人，煽动军队，饵以重赏，推翻节度使而代之的。此等军队，真乃所谓骄兵。凡兵骄，则对外必不能作战，而内部则被其把持，一事不可为，甚且纲纪全无，变乱时作。唐中叶以后的藩镇，所以坐视寇盗的纵横而不能出击；明知强邻的见逼，也只得束手坐待其吞并；一遇强敌，其军队即土崩瓦解；其最大的原因，实在于此。这是非加以彻底的整顿，不足以有为的。(《吕著中国通史》下册，第470—471页)

宦官的专权

藩镇既跋扈于外，宦官又专权于内。唐朝有一种禁军，是开国时的兵士，无家可归的，给他渭水北岸的闲田耕种，子孙世袭，做皇帝的护卫。安、史乱后，本在青海地方的神策军，入驻京畿，也就算禁军。唐德宗回銮后，把"神策军"交给宦官统带，宦官因此干与政事，历代的君主多由宦官拥立，顺宗、文宗想要除掉他们，始终不能成功。

唐朝的分裂

八七四年，黄巢创乱，从山东经河南、湖北、江西、浙江、福建，直打到广东。再从广东打回河南，攻陷潼关。僖宗逃到四川，各处的藩镇，多坐视不救；来的亦不肯向前。先是西突厥别部，有支住在新疆巴里坤湖附近的，名为沙陀突厥，初和吐蕃勾结，后来吐蕃又疑心他，乃归降唐朝，唐朝拣他的精锐，编成沙陀军，驻扎在山西北部，其酋长李克用（沙陀酋长姓朱邪氏，李是唐朝的赐姓）造反，给卢龙军打败，逃到阴山附近的鞑靼中。此时无法，只得赦李克用的罪，召他回来，居然把黄巢打平，然河东从此就落入沙陀手里了。黄巢乱后，唐朝的命令，全然不行，藩镇互相争斗，其初本以李克用为最强，后来宣武的朱全忠，尽并河南、山东，威服河北，李克用也弱了。其时宦官依旧专权，关内的节度使，全是他们的党羽。昭宗的宰相崔胤，结连朱全忠，想除掉他们。宦官迫胁昭宗，逃到凤翔，朱全忠进兵围攻，经一年多，凤翔不能守，乃奉昭宗出城，于是大杀宦官，昭宗亦被朱全忠劫迁到洛阳，旋杀之而立其子。九〇七年，唐遂为朱全忠所篡，是为梁太祖。

论梁太祖

梁太祖的私德，是有些缺点的，所以从前的史家，对他的批评，多不大好。然而私德只是私德，社会的情形复杂了，论人的标准，自亦随之而复杂，政治和道德、伦理，岂能并为一谈？就篡弑，也是历代英雄的公罪，岂能偏责一人？老实说：当大局阽危之际，只要能保护国家、抗御外族、拯救人民的，就是有功的政治家。当一个政治家要尽他为国为民的责任，而前代的皇室成为其障碍物时，岂能守小信而忘大义？在唐、五代之际，梁太祖确是能定乱和恤民的，而历来论者，多视为罪大恶极，甚有反偏袒后唐的，那就未免不知民族的大义了。

（《吕著中国通史》下册，第468页）

五代的纷乱

此时北方梁、晋两国对立。南方分为吴、吴越、闽、楚、南汉、前蜀六国。梁太祖死后，末帝幼弱，为后唐庄宗所灭。庄宗又灭掉前蜀，旋为明宗所篡。明宗女婿石敬瑭镇守河东，明宗死后，养子废帝，要把他移到山东。敬瑭造反，割燕、云十六州，以求救于辽。辽兵南下，废帝败死。辽人册敬瑭为晋帝，是为晋高祖。高祖事辽甚谨，死后其侄出帝，和辽开衅。九四七年，为辽人所执，辽太宗入大梁，旋因中国人不服，北还。太原留守刘知远入大梁，是为后汉高祖。仅四年，而为周所篡。

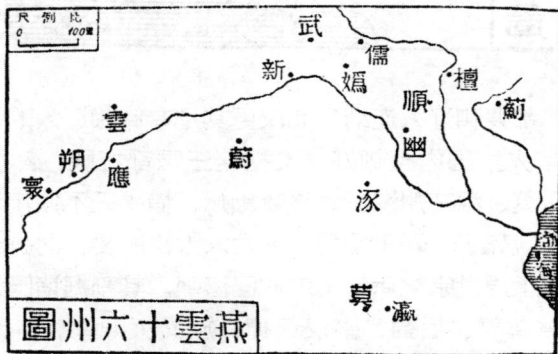

燕云十六州图

蔚	朔	寰	应	云	武	儒	妫	新	顺	檀	涿	莫	瀛	蓟	幽
蔚县	朔县	马邑	应县	大同	宣化	延庆	怀来	涿鹿	顺义	密云	涿县	肃宁	河间	蓟县	北平

周世宗的雄略和宋朝的统一

五代中，唐、晋、汉三朝，都是沙陀人，到后周，汉人才又恢复。其时吴已为南唐所篡，又吞并闽、楚，和后蜀都有窥伺

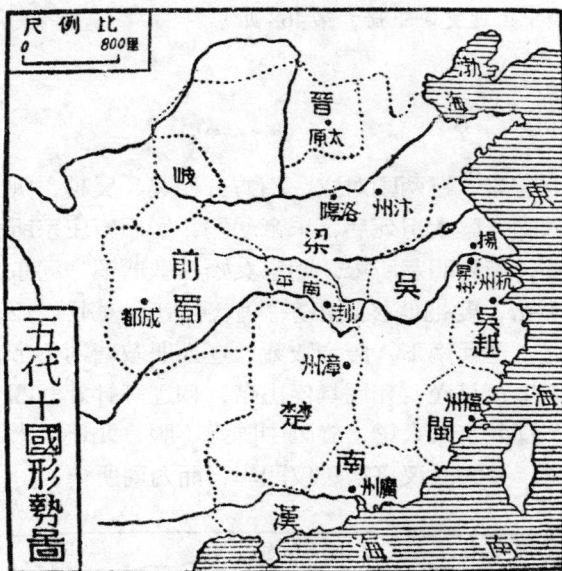

中原之意，都要和辽人连结，北汉更其是专倚赖辽人的。周太祖
的儿子世宗先把国内整顿好，又把这三国都打败，然后出兵伐
辽，把瀛、莫、涿三州恢复；进攻幽州，惜乎天不假年，在军中
遇疾，未几就死了。嗣子幼弱，遂为宋太祖所篡，时公元九六〇
年。宋太祖承周世宗之后，国内业已富强。其割据诸国，大都乱
弱。乃先将南平、后蜀、南汉灭掉，旋又灭掉南唐。太宗即位
后，吴越纳土归降，公元九七九年，出兵灭掉北汉，全国就统
一了。

周、宋对外之异

宋太祖治内之策，大抵沿袭周世宗，其对外与之异。世
宗之意，似欲先恢复燕、云，故于南唐、后蜀，皆仅加以膺
惩，使不能为患而止。太祖之意，则主先平定中国，故不仅
对辽专取守势，即于北汉之恃辽为援者，亦姑置之。此固不

易言其得失。唯周宋间适值辽穆宗在位，国势中衰之际；至中国平定，而辽势亦已复张矣。从事后观之，失此机会，殊为可惜也。(《高中复习丛书 本国史》，第93页)

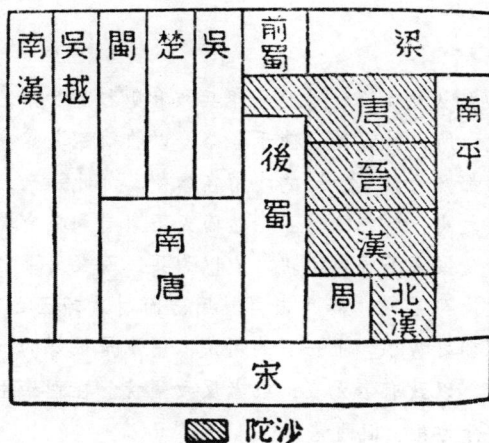

五代十国示意图

第二十四章　宋之统一与变法

　　中央的大权旁落，总是由于兵权和财权的旁落。宋太祖有鉴于此，所以特设转运使于各路，以收财赋之权。诸州的兵，强的都升为禁军，弱的才留在本州。如此一来，前此兵骄和外重之患，就都除掉了。然而天下事有利必有弊。宋朝的政策，是聚天下强悍不轨之人以为兵，而聚天下之财于中央以养之。到后来，养兵未得其用，而财政却因之而竭蹶，就成为积弱之势了。王安石的新法，用意是很好的。但行之不得其宜，以致有名无实，或者反致骚扰。在朝诸臣，纷纷反对，遂分为新、旧两党。

宋朝的积弱

　　中国虽然统一了，燕、云未复，总是一个很大的创伤。所以宋太宗灭北汉后，就进兵伐辽，不幸打得大败。后来又北伐一次，亦不得利，辽人却屡次南侵，到真宗时，遂成澶渊之盟，宋朝出岁币，和辽国讲和（辽主称宋为兄。宋给辽岁币银十万两，绢二十万匹）。此事在一〇〇四年。真宗死后，仁宗继立，西夏又造反，前后用兵十年，宋朝亦总不得利。一〇四四年，亦以岁赐成和（银绢共二十五万两、匹）。

宋初国势不振

　　宋朝若要以力服契丹，非有几十万大兵，能够连年出征，攻下了城能够守，对于契丹地方，还要能加以破坏扰乱不可。

这不是容易的事，所以宋太祖不肯轻举。而太宗失之轻敌，灭北汉后，不顾兵力的疲敝，立刻进攻。于是有高梁河之败。至九八五年，太宗又命将分道北伐，亦不利。而契丹反频岁南侵。自燕、云割弃后，山西方面，还有雁门关可守，河北方面，徒恃塘泺以限戎马，是可以御小敌，而不足以御大军的。契丹大举深入，便可直达汴梁对岸的大名，宋朝受威胁殊甚。一〇〇四年，辽圣宗奉其母入寇，至澶州。真宗听了宰相寇准的话，御驾亲征，才算把契丹吓退。然毕竟以岁币成和。（银十万两，绢二十万匹）宋朝开国未几，国势业已陷于不振了。（《吕著中国通史》下册，第478页）

宋朝积弱的原因

宋朝的积弱如此，却是为什么呢？原来宋朝承晚唐、五代之后，不得不厉行中央集权政策。宋太祖既于燕会之际，讽示宿卫诸将，令其解除兵权；各州武臣出缺的，又都代以文臣；州、刺史、县令，都不除人，命京朝官出知（"知"是差遣的名词，本官不除人）。设转运使于各路，以经理财赋。诸州的兵，强壮的都送进京，升为"禁军"；留州的谓之"厢军"，是无甚战斗力的。重要去处，却命禁军轮班前往守卫，谓之"番戍"（"番"字，就是唐、宋时候的"班"字）。如此，藩镇跋扈之弊，自然没有了。然而后来，兵数日增，而战斗力反日减。中国历代的取民，本是以田租、口税为正宗的。唐中叶以后，因地方为藩镇所专，国用不足，乃收盐、茶等税以给用；还有藩镇所兴的苛税和商税等，宋朝虽尽力减免，因为养兵之故，亦未能全行除掉。仁宗以后，兵数超过百万，既不能对外作战，却又不敢说裁，遂成为"竭天下之财，以养无用之兵"的局面了。

宋初政策的利弊

中央的大权旁落，总是由于兵权和财权的旁落。宋太祖有鉴于此，所以特设转运使于各路，以收财赋之权。诸州的兵，强的都升为禁军，直隶三衙。弱的才留在本州，谓之厢军，不甚教阅，名为兵，其实不过给役而已。如此一来，前此兵骄和外重之患，就都除掉了。然而天下事有利必有弊。宋朝的政策，是聚天下强悍不轨之人以为兵，而聚天下之财于中央以养之。到后来，养兵未得其用，而财政却因之而竭蹶，就成为积弱之势了。又历代的宰相，于事都无所不统。宋朝则中书治民，三司理财，枢密主兵，各不相知，而言路之权又特重。这原是因大权都集于中央，以此防内重之弊的。立法之初，亦可谓具有深意。然而宰相既无大权，而举动又多掣肘，欲图改革，其事就甚难了。这就是后来王安石等所以不能有所成就，而反致酿成党争的原因。(《复兴高级中学教科书　本国史》上册，第217页)

宋代社会情形

论到社会的情形，宋时也是很恶劣的。晚唐、五代之世，暴政诛求，豪强兼并，地权不平均，农民饱受高利贷的剥削；而其时役法又特坏。古代的役，系筑城郭、修道路等事，至于在官署中典守府库，供奔走使令等役，则其事非人人所能为，本不能按户"签差"，而且要支给报酬的。晚唐以后，乃将此事责之人民，调查其丁口的多少，赀产的厚薄以定所谓"户等"，而随时派他当差。有几种重、难的差使，当着的人，总要因赔累而至于破产的。这是当时人民最苦的事。

宋时农民的困苦

宋朝的农民是很困苦的。从唐中叶以后，豪强兼并，地权不平均，历五代、两宋之世，始终没有能够改正。加以南渡以后，两浙的腴田，都落入富豪世家之手，收租奇重。末年，贾似道做宰相，因国用窘迫，又把贱价强买做官田，即以私租为官税。在北方，则处异族压迫之下，私田多被强指为官田，拨给女真人。其不能强指为官田的，也要把别的地方来和他互换，以便腾出整块的地方，来给女真人聚族而居。又宋、金两朝的役法，都是很苛酷的。处此环境之下，还能够勉强维持，其勤勉和技术的进步，也可想而见了。(《初中标准教本 本国史》第二册，第114—115页)

王安石的变法

仁宗之后，经英宗以至神宗，用王安石为宰相，厉行新法，新法中重要的是：(一)把常平、广惠仓的钱谷，春耕时借贷给农民，到秋收后，加息随赋税交还，谓之"青苗钱"。(二)又令人民当差的出"免役钱"，不当差的出"助役钱"，把这钱来雇人充役，这叫"差役法"。(三)"市易法"，市中滞销的货物，由官收买，或与官物交换。又借官钱于商人，令纳息。(四)"均输法"，凡籴买税敛、上供之物，皆得徙贵就贱，用近易远，以便利商人。(五)王安石是主张民兵的，他于大裁冗兵之后，又主保甲法。先令保丁警备盗贼，后来教保长以武艺；令其转教保丁。(六)"保马法"，凡民间愿养马者，每户一匹，以官马给之，或付官价使自购。死病要补偿。这法多致赔累，最为病民。(七)他又是主张养士的，乃于太学立外、内、上三舍，令学生以次而升，升到上舍的，可不经礼部试，径赐之以进士第。(八)至于科举，则因当时风气，只看重进士一科，所以把"诸科"都裁掉(进

保甲法

保	五　家	保　长
大保	五十家	大保长
都保	五百家	都保(正、副)

士以外，各种科目，总称诸科），独存进士；而废诗赋，改试策、论、经义。

论王安石变法

王安石的变法，旧史痛加诋毁，近来的史家，又有曲为辩护的，其实都未免有偏。王安石所行的政事，都是不错的。但行政有一要义，即所行之事，必须要达到目的，因此所引起的弊窦，必须减至极少。若弊窦在所不免，而目的仍不能达，就不免徒滋纷扰了。安石所行的政事，不能说他全无功效，然因此而引起的弊端极大，则亦不容为讳。他所行的政事，免役最是利余于弊的，青苗就未必能然。方田均税，在他手里推行得有限，后人踵而行之，则全是徒有其名。学校、贡举则并未能收到育人才之效。宋朝当日，相须最急的，是富国强兵。王安石改革的规模颇大，旧日史家的议论，则说他是专注意于富强的，尤其说王安石偏于理财。此因关于改革社会的行政，不为从前的政治家所了解之故。他改革的规模，固不止此，于此确亦有相当的注意。其结果：裁汰冗兵，确是收到很大的效果的，所置的将兵，则未必精强，保甲尤有名无实，而且所引起的骚扰极大。（《吕著中国通史》下册，第479—480页）

青苗立法之意颇善。然实人民自相扶助之事，一经官手，则因设治之疏阔，而监督有所难周，法令之拘牵，于事情不能适合，有不免弊余于利者。此安石所以行之一县而效，行之全国而不能尽善也。（《中国文化史六讲》，第119页）

新旧的纷争

王安石的新法，用意是很好的。但行之不得其宜，以致有名无实，或者反致骚扰，自然也不能免。在朝诸臣，纷纷反对，遂分为新、旧两党。神宗始终行新法没有变。神宗死后，哲宗年幼，太皇太后高氏临朝，用司马光为相，把新法全行废掉，新党全排斥。但是旧党又分蜀、朔、洛三大党，蜀党推苏轼，朔党推刘挚，洛党推程颐，为其党首领。各党互相攻讦，纷闹意见，授新党以间隙。太皇太后死后，哲宗复行新法，谓之“绍述”。用新党，贬逐旧党。哲宗死后，徽宗即位，初说要调和新旧，旋又倾向新法。然而所用的，是一个奸佞的蔡京，徽宗既奢侈无度，蔡京又妄作妄为，政治弄得糊糟一团；反要联合金人，希冀恢复燕、云，遂至召北狩之祸。

论宋之党争

从来论党的人，每将汉朝的甘陵，唐朝的牛李，和宋朝的新旧党，并为一谈，这是大错。汉朝的甘陵，只是一班轻侠自喜、依草附木之徒，再加以奔走运动，营求出身，以及有财有势，标榜声华之士，以致闹成党锢之祸；唐朝的牛、李，只是官僚相排挤，哪里说得上政见？宋朝的新旧党，却是堂堂正正，各有其政见的。固然新旧党中，各有坏人；新旧党互相排挤报复，也各有不正当的手段；然而不害其为有政见。他们对于多种政治问题，都有不同的见解；而其见解，都是新党代表我所谓进化派，旧党代表我所谓保守派的。旧时的议论，都左袒旧党；现在的议论，则又左袒新党；其实二者是各有长短的。新党的所长，在于看透社会之有病而当改革，而且有改革的方案；而其所短，则在于徒见改革之利，而不措意于因改革所生之弊。旧党攻击因改革所生之弊，是矣，然而只是对人攻击，而自己绝无正面的主张。(《中国政治思想史十讲（六续）》，原刊《光华大学半月刊》1936年第5卷第1期）

第二十五章　辽夏金之兴起与对宋之关系

　　辽是鲜卑民族，圣宗时，为辽全盛时代。澶渊之盟，即成于此时。西夏是党项部落，唐时归化中国的，五代以来，遂陷于半独立的状态。宋初，李继迁之孙元昊，僭号称帝，和宋交兵十年，亦以岁赐成和议。金朝的部落，是隋唐时的黑水靺鞨，其王室的始祖函普，外借辽人的声威，内靠自己的兵力和手腕，把吉林和朝鲜北境的生女真，次第征服。酋长吴雅束之弟阿骨打有大志，乘辽衰，乃叛辽即帝位，国号金。宋约金攻辽，不算失策，其失策乃在灭辽之后，不能发愤自强，而又轻率启衅，结果汴京不守，徽钦北狩。宋朝当南渡之初，盗贼的纵横，诸将的骄横，高宗用秦桧做宰相，称臣以求和于金。

宋辽的关系

　　辽是鲜卑民族，在今热河省内西辽河上流。其众分为八部。唐朝末年，幽州守将暴虐，人民多逃亡出塞，辽太祖耶律阿保机，将其招致，又计并八部为一。当九世纪中叶，回纥为黠戛斯所破，逃奔西域。漠南北无甚强部，零碎的部落，都给他征服，属地西至河西，北至克鲁伦河，又东北吞灭了渤海。直属于辽的人民，谓之部族，多数以畜牧为业，举国皆兵，所以兵多而且强。太宗时，得了燕、云十六州之地，国势更盛。周世宗时，辽穆宗在位，沉湎于酒，国势中衰，所以世宗得乘机恢复关南（瓦桥关，在今河北雄县，周世宗复瀛、莫后置此关，与辽分界）。圣宗时，为辽全盛时代。澶渊之盟，即成于此时。圣宗死后，兴宗继立，遣使来求关南之地。宋仁宗增加岁币，将和局维持。（银、绢各增十万两、匹）兴宗死后，辽也渐渐的衰了。

宋以后外交失败之缘由

外交者，列国并立之世，然后有之者也，故必国人先自视为列国之一，然后有外交之可言。秦汉以降，吾人久以天朝自居，而鄙列国为小蛮夷，其自视重，则其所以责人者，常过于其分，而有失国际上平衡之义（如五口通商以前，英人屡遣使求通好于吾，吾人概以朝贡目之，赐之敕谕，却其所求。此等事无益实际，徒招恶感，最为无谓）；其视人轻，则平时常有藐视他邦之意，而虑患不免于甚疏，一旦与接为构，实力弗如，乃张皇而莫知所措（甲午之役，吾国朝士多执旧图，谓日本小于朝鲜，且先存成见，谓唯西洋诸国为可畏，东洋之国何能为？轻率开衅，以致于败）。吾国自宋以后，外交之失败，皆坐此也。（《苏秦张仪》，中华书局1915年版，第7—8页）

宋夏的关系

西夏是党项部落，唐时归化中国的。其酋长拓跋思恭因平黄巢有功赐姓李（拓跋氏是鲜卑姓，大约是鲜卑人党项中做酋长的），为唐定难节度使。唐朝从中叶后，河西、陇右，陷于吐蕃，回纥衰亡未几，吐蕃亦内乱，中国乘机，把其地恢复。然实力不大及得到，从五代以来，西北一隅遂陷于半独立的状态。宋初，定难节度使李继捧以银、夏、绥、宥四州来降（银州，即今陕西米脂县；夏州，即今横山县；绥州，今绥德诸县；宥州，今鄂尔多斯右翼前旗），其弟继迁叛去。宋人征讨不克，继迁之孙元昊，于公元一〇三八年，竟僭号称帝，和宋交兵十年，亦以岁

宋辽夏图

赐成和议。神宗时，要想经略西北，听布衣王韶《平戎三策》的话，先把甘肃南部和青海的蕃族征服，开辟其地为熙河路。然后来进兵攻夏，夏人溃黄河以灌营，不利。哲宗时，又与夏开衅，诸路同时进兵，占地筑砦。夏人不能支持，请辽代为求和，宋人因顾虑对辽的关系，讨伐亦就未能彻底。

金朝的兴起

金朝的部落，是隋唐时的黑水靺鞨，在今松花江流域，其王室的始祖，则来自高丽，名唤函普（《金史》上没有说他的姓）。渤海盛强时，靺鞨部落，都服属于他。五代时辽灭渤海，黑水靺鞨也归附于辽。入辽籍的谓之熟女真，不系籍的谓之生女真。生女真程度甚低，后来函普入，从高丽迁入完颜部，娶其部中之女，其子孙遂以完颜为姓。辽人用他做生女真部族节度使，他们教导生女真，渐次开化，会造房子，会种田，会利用车舆。外借辽人的声威，内靠自己的兵力和手腕，把吉林和朝鲜北境的生女真，次第征服。辽朝末主天祚帝，是很荒淫的，他一味喜欢打猎，年年派人到生女真去求名鹰，骚扰得很厉害。生女真有个酋长叫吴雅束，其弟阿骨打有大志，乘辽衰，乃于公元一一一四年叛辽，明年即帝位，国号金，是为金太祖。

　　辽、金、元立国情形各有不同

　　辽、金、元三朝，立国的情形，各有不同。契丹虽然占据了中国的一部分，然其立国之本，始终寄于部族，和汉人并未发生深切的关系。金朝所侵占的，重要之地，唯有中国。他的故土和他固有的部族、文化尚未发展，虽可藉其贫瘠而好掠夺的欲望，及因其进化之浅，社会组织简单，内部矛盾较少，因而有诚朴之气、勇敢之风，能够崛起于一时，然究不能据女真之地，用女真之人，以建立一个大国。所以从海陵迁都以后，他国家的生命，已经寄托在他所侵占的中国的土地上了。所以他压迫汉人较甚，而其了解汉人，却亦较深。至蒙古，则所征服之地极广，中国不过是其一部分。虽然从元世祖以后，大帝国业已瓦解，所谓元朝者，其生命亦已寄托于中国，然自以为是一个极大的帝国，看了中国，不过是其所占据的地方的一部分的观念，始终未能改变。所以对于中国，并不能十分了解，试看元朝诸帝，多不通汉文及汉语可知。（《吕著中国通史》下册，第500页）

宋朝的南渡

　　当金人攻辽得利时，宋朝派人去要求他"克辽之后，把石晋所割的地方，交还中国"，金太祖约宋夹攻，所得的地方，即为己有，这是金、宋开始发生外交关系。而宋人进兵不能克，南京（辽时共分五京。上京，今热河林西县；中京，今热河平泉县；东京，今辽宁辽阳县；西京，今山西大同县；南京，即今之北平）仍由金兵攻下，此时金人所得的地方，已经太多了，所以仍有将石晋所割的地方交还，但是已有一班汉奸，替他出主意，阻止他了。于是营、平、滦三州，非石晋所割的地方，就不肯还。而且将平州建为南京，派辽朝的降将张毂驻守。又尽俘燕民而去，只还宋朝一个空城，人民流离道路，不胜其苦，过平州时，求张毂做主。张毂就据城叛金，给金朝打败了，投降宋朝。宋朝受了他的降，宋、金就因此开衅。宋朝此时兵力腐败，金兵从燕、云长驱南下，河东尚有太原固守，河北竟毫无阻当，金兵直抵汴京，宋人不能解围，许割太原、中山、河间三镇讲和（太原，今山西阳曲县；中山，今河北定县；河间，今河北河间县）。旋因西路金兵，亦来索赔，宋人不与，兵衅再开，太原亦陷，金兵两路都会。汴京不守，徽、钦二帝，遂都北狩。（此时徽宗传位于钦宗，为太上皇）这事在公元一一二七年，史称为"靖康之难"。

宋南渡时之窘境

宋朝当南渡之初，最窘的便是：（一）盗贼的纵横，（二）诸将的骄横。当时盗贼之多，前节[1]已说过。其中最强悍的，是李成（据江淮湖湘十余郡）、张用（据襄汉）、孔彦舟（据武陵）、杨太（洞庭湖里的水寇）、范汝为（在福建）等几个人，都给张浚、岳飞、韩世忠打平，而孔彦舟、李成都降齐。当时诸将的情形，给事中兼直学士院汪藻言：金人为患，今已五年。陛下以万乘之尊，而依然未知税驾之所者，由将帅无人，而御之未得其术也。如刘光世、韩世忠、张俊、王璎之徒，身为大将，论其官，则兼两镇之重，视执政之班，有韩琦、文彦博所不敢当者；论其家，则金帛充盈，锦衣肉食；与台厮养，皆以功赏补官；至一军之中，使臣反多，卒伍反少。平时飞扬跋扈，不循朝廷法度。马端临也说："建炎中兴之后，兵弱敌强，动辄败北，以致王业偏安者，将骄卒惰，

---

[1] 即《白话本国史》第三册《南宋和金朝的合战》一章的第一节《南宋初期的战事》。

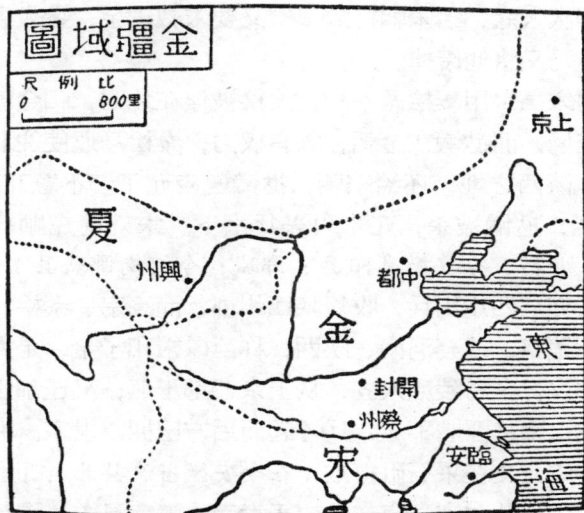

军政不肃所致。""张、韩、刘、岳之徒……究其勋庸，亦多是削平内难，抚定东南耳；一遇女真，非败即遁；纵有小胜，不能补过。"这种兵，好靠着他谋恢复否？(《白话本国史》第三册，第5、6、7、9页)

南宋和金朝的和战

二帝北狩后，高宗即位于南京（此为宋之南京，今河南商丘县），初用主战的李纲做宰相。旋又变更宗旨，将他罢斥。宗泽招降群盗，固守汴京，请他回銮，不听。李纲请他暂驻南阳，又不听。而逃到扬州，又逃到杭州（扬州，今江苏江都县；杭州，今浙江杭县）。金人尽取河南、陕西。兀术又渡江追击高宗，高宗从明州逃入海（明州，今浙江鄞县）。金朝这时候亦"士马疲敝，粮储未丰"（兀术的话）。兀术北归以后，不再主张进兵，乃将河南、陕西之地，封宋降臣刘豫，希冀得以休息。而刘豫动了野心，屡次入寇，给宋朝打败了，又要求救于金，金人见仍不免于麻烦，乃又将他废掉。

此时宋高宗用秦桧做宰相，秦桧被俘在北时，和金朝的宗室挞懒有交情，而挞懒在金朝，颇有权力，秦桧乃遣使往北，请其将河南、陕西之地，还给宋朝，挞懒已应允了。不意兀术回京，事情中变，挞懒被杀，兀术再兴兵南下。宋刘锜在顺昌，岳飞在郾城（顺昌，今安徽阜阳县；郾城，今河南郾城县），都获胜利；吴璘亦从四川出兵，收复陕西州郡，而高宗、秦桧，坚决主和；召还诸将，放弃河南、陕西，称臣以求和于金，是为宋、金第一次和议。金海陵庶人立，从上京迁都于燕，又迁都于汴。举大兵南伐，因其淫虐不道，兵才起而后方已拥立世宗。海陵急于渡江，被虞允文在采石矶打败（在今安徽当涂县北），改走扬州，为其下所杀。此时宋高宗亦传位于孝宗。孝宗是主张恢复的，出兵北伐，亦不利。一一六五年，第二次和议复成。第三次则宋宁宗时，宰相韩侂胄，出兵北伐，累战不利。宋朝政局变动，杀韩侂胄，函首畀金以成和，时为一二〇八年，当金章宗之世。和议成后未几，蒙古的兵，亦就到金朝塞外了。

宋金和议表

一一四一年，宋称臣	岁币银绢各二十五万两、匹
一一六五年，宋主称金主为叔父	岁币银绢各二十五万两、匹
一二〇八年，宋主称金主为伯父	银绢各三十万两、匹

第二十六章　宋之学术思想与社会概况

　　宋朝的学术思想，欲以中兴儒家之说，而斥佛教之出世与道教之荒诞。这可以说是中国思想对印度思想的反动，也可以说是中国思想和印度思想的调和。所以在中国，欲求治心之自己受用及其对治事方面的良好影响，与其求之于佛学，不如求之于理学。宋儒对于经学，是自以其意，推求圣人之意，不拘守前人之说的。虽或流于武断，然应该据理推断之处，其立说自胜前人。史学大家很多，《资治通鉴》《通志》《文献通考》，都是综贯古今的名作。古文虽兴于唐代，其盛行却是在宋代的。宋人诗是径直言情的，虽不如唐人的含蓄，诗境却比唐人恢廓了。宋人的学问是要讲究躬行实践的，所以其立身行己，都有可观，这确是他们的长处。但是他们不知道社会的变迁，执意要推行的，往往是不合时宜，这又是他们的短处。所以宋儒根本是不适宜于做政治事业的，若说在社会上做些自治事业，宋儒似乎很为相宜。

宋代的理学

　　宋朝的学术思想，在中国历史上，是很有其地位的。尤其理学是宋朝特有的学术思想，其发达之原因有四：（一）自唐季以来，就有书院的创立，当时老师宿儒，在院内聚徒讲学，号称山长。到了宋朝，书院更加兴起，最著的有四大书院，即湖南的岳麓，江西的白鹿，河南的应天和嵩阳。定章程，招俊秀，讲诵问难，学问因之大进。（二）宋儒之辈出，是欲以中兴儒家之说，而斥佛教之出世与道教之荒诞。这可以说是中国思想对印度思想的反动，也可以说是中国思想和印度思想的调和。原来佛教的哲学，确是很高尚的，然在中国的学术是以政治和伦理为立脚点的，看起来，就未免偏于消极了。这所以有宋朝人的"辟佛"（宋儒虽然兼辟佛、老，实在是辟佛的话，居其多数），而其学问讲到精微之处，实已兼包佛学之长。（三）当时印刻之业兴，购书读书，都比从前便易，学术可以普及，亦为思想界之大助。（四）五代以来，士风扫地，名节荡然，宋代诸儒既注重伦理道德，故多致力于修身格物之学，希圣希贤。宋学巨子，就是周、程、张、朱。北宋时又有邵雍算是别派，南宋时有陆九渊，则是和朱熹对峙的。他们明理的方法，可以分为朱、陆两派。朱子之学，是原本于小程子的，主张"即事物而求其理"；陆子则主张先发本人之明，然后细细理会去。邵雍是研究数理的，他以为天地万物，根本上只是一体；质的变化，就是量的变化；所以想就数理上推求宇宙的原理、原则。这本是一种哲学，后世卜、筮、星、相等迷信之事，都假托他，可谓去题万里了。

宋五子
- 周敦颐　道州（今湖南道县）人。他家乡有一条水，名为濂溪；后来他居住在江西庐山莲花峰下，其地亦有一条水，他为纪念故乡起见，即名之曰濂溪；学者因称他为濂溪先生。（濂）
- 程　颢　洛阳人。
- 程　颐　颢弟。 〕（洛）
- 张　载　郿县横渠镇人。（关）
- 朱　熹　婺源人，居福建。（闽）

理学的价值

佛学中治心的一方面，自然是有其很大的价值的，然其精华，在中国，已被理学摄取了，而且还能除去一部分佛学因宗教而来的渣滓。所以在中国，欲求治心之自己受用及其对治事方面的良好影响，与其求之于佛学，不如求之于理学。于此点，康（有为）、梁（启超）两先生，都给我们以很大的启发。梁先生有专著《德育鉴》，此外在其《新民丛报》时代的著述中，康先生的《不忍杂志》中，都有许多暮鼓晨钟、发人深省的议论。读者若不厌陈旧，求得而读之，很可以为引入理学，尤其是理学中最进步的一派即阳明之学的阶梯。这种著作，原无所谓新与旧的。（《从章太炎说到康长素梁任公》，原刊《月刊》1946年第1卷第3期）

宋代的经史之学

宋儒对于经学，是自以其意，推求圣人之意，不拘守前人之说的。虽或流于武断，然应该据理推断之处，其立说自胜前人。史学：大家很多。司马光的《资治通鉴》，郑樵的《通志》，马端临的《文献通考》，都是综贯古今的名作。袁枢因《通鉴》作《纪事本末》，又为史家创一新体。此外搜辑当代历史的也很多；考证前代史籍，订正其错误的人也不少。

宋代经学的特色

宋人说经，自成一派。前此经学，皆以汉人为宗。虽汉人说经，亦自有派别，然南北朝、隋唐义疏之学，必宗汉人之一派，未有祧汉人而自求之于经者也。其有之，自唐之啖助、赵匡始。宋人大畅其风，于诸经皆以意说，不为前此成说所囿。其长处，在能矫正旧说之误；其短处，则在主观太甚，妄以己意测度古人。而于训诂名物等，宋儒所说，尤不如汉儒之可信。此清代所以矫其弊而复崇汉学也。（《高中复习丛书 本国史》，第110页）

宋代的文艺

古文虽兴于唐代，其盛行却是在宋代的。普通所谓唐、宋八大家，宋朝人实占其六。宋朝人的骈文，也是很生动流走的，谓之"宋四六"。诗：该以江西派黄庭坚为宋人的代表。宋人诗是径直言情的，虽不如唐人的含蓄，诗境却比唐人恢廓了。词以宋朝为极盛，北宋之晏殊、周邦彦，南宋之辛弃疾、姜夔，都是名家。还有后世的平话，也是起源于宋人，像《宣和遗事》等类皆是的。

宋朝士大夫的风气

宋朝人的学问是要讲究躬行实践的，所以其立身行己，都有可观。他们大多数，知道治化的根本，在于社会。还能制定乡约，或冠、昏、丧、祭的礼节等，行之于地方，以求化民善俗，这确是他们的长处。但是他们不知道社会的变迁，所执意要推行的，往往是不合时宜的古礼，亦且古代社会等级之制甚严，在后世已经平等些了，他们因泥古之故，并此也要回复，就未免冷酷而不近人情，这又是他们的短处。他们论事，大抵要合乎理想，而不甚肯迁就事实；论人，大抵要辨别其心术，而不甚肯拘泥于形迹。这固然有彻底的好处，然亦有时，因此而流于迂阔；又或苛责君子，使无容身之地，而小人反得逍遥事外。他们大概好争意气，因此容易结成党派。所以宋朝士风，概论起来：初宋则喜党争；中宋多习苟安；晚宋则力崇名节。如陆秀夫、张世杰、文天祥、谢枋得等，均为宋之季世，作掉尾之一大活动，这就是宋代士风的特征了。

论宋儒

南北朝之世，因其君不足以为君，而有"殉国之感无因，保家之念宜切"的贵族，到晚唐、五代之世，此种风气，又盛行了。于是有历事五朝，而自称长乐老以鸣其得意的冯道，有许多想借重异族，以自便私图的杜重威。由今之道，无变今之俗，如何可以一朝居？所以宋儒要竭力提倡气节。经宋儒提倡之后，士大夫的气节，确实是远胜于前代。但宋儒（一）因其修养的工夫，偏于内心，而处事多疏。（二）其持躬过于严整，而即欲以是律人，因此，其取人过于严格，而有才能之士，皆为其所排斥。（三）又其持论过高，往往不切于实际。（四）意气过甚，则易陷于党争。党争最易使人动于感情，失却理性，就使宅心公正，也不免有流弊，何况党争既启，哪有个个人都宅心公正之理？自然有一班好名好利、多方掩饰的伪君子，不恤决裂的真小人混进去。到争端扩大而无可收拾，是非淆乱而无从辨别时，就真有宅心公正、顾全大局的人，也苦于无从措手了。所以宋儒根本是不适宜于做政治事业的。若说在社会上做些自治事业，宋儒似乎很为相宜。宋儒有一个优点，他们是知道社会上要百废俱举，尽其相生相养之道，才能够养生送死无憾，使人人各得其所的。他们否认"治天下不如安天下，安天下不如与天下安"的苟简心理，这一点，的确是他们的长处。（《吕著中国通史》下册，第476页）

宋代社会状况

宋代的社会状况，始终是很黯淡的。但也未尝没有畸形的发达。地权的不平均，农民受高利贷的剥削，始终未能救正。南渡以后，贵戚势家，聚于江、浙一隅，更其变本加厉。近代江、浙田赋的独重，就是导源于这时候私家收租的苛刻的。（南宋末年，宰相贾似道，把私家的田，租额重的，硬收买做公田，即以私租为官租。元时，江、浙的田亩，收租还是重的。明太祖平张士诚后，又把私家的租额，就算做国家的税额，从此以后，虽屡经减少，浙西的租税，较之别处还独重）其时国土既蹙，又承丧乱之后，用兵则有兵费，讲和又有岁币，国用浩大，苛税繁兴。如"和籴"和"预买"［中国从前，国家立于私人的地位，和人民做交易，谓之"和"。买米的谓之"和籴"，买其余一切东西，谓之"和市"或"和买"，雇人做工，或租用人家的东西（如舟、车之类），谓之"和雇"，宋朝变为赋税的"和买"是布帛，其中先付价后取物的，谓之"预买"］，本来都是卖买，后来都变成租税了。还有经总制钱，"板帐钱""月桩钱"等，都是把许多无名苛敛，聚集起来的。所以当时的人民，实在非常之困苦。但是困苦的仍旧困苦，奢侈的还是奢侈。所以在一方面，社会反而显出繁荣的状况。譬如历代的都市，都是禁止夜市的，唐朝还是如此（唐朝两京诸市，日中击鼓三百以会众，日入前七刻，击钲三百而散，见《唐书·百官志》两京诸市署令）。宋朝却不然了。其时临安各种卖买，几于都有夜市。不但应用之品，就供享乐消耗的也很多。（宋朝商市情形，见宋人所撰《东京梦华录》《武林旧事》等书）海外贸易，宋朝较之唐朝，也更形发达。杭州、嘉兴、宁波、泉州、广州、青岛等处，都曾设过市舶司。除抽税外，香药、犀、象等品，由官专卖，利息也很丰。总而言之：农民困苦，而商业资本活跃，历代本是一律的，然在宋朝，则此等现象，似乎更甚了。

印刷术的发达

工业中，印刷术的发达，对于文化的传播，有极密切的关系。中国古代，要传之永久的文字，就把他刻在金石上。这是以供人观览为目的，意不在于印刷。五九〇年，隋文帝敕天下废像遗经，悉令雕版，才可称为印刷术之始。然隋唐时还不盛行，直到九三二年，后唐宰相冯道，请令国子监将九经雕板印卖，宋初又续刻诸史，从此以后，官、私、商贾，刻书的才渐多。十一世纪中叶，毕昇又发明了活字版，得书的难易，较之从前，不可以道里计；书籍流传于后的，也就迥非唐以前所可比了。（可参看孙毓修《中国雕板源流考》，商务印书馆本）

第二十七章　元代之武功

　　侵入中国之民族，对待汉人之态度，各有不同。以大体言之，仰慕汉人之文化，视汉族为高贵而欲攀附之者，五胡及沙陀也。明知汉族文化之优，与之接触，则必为所同化，因而欲竭力保存本族之文化，与汉族立于对峙之地位者，金与清也。介乎二者之间者，辽也。不了解汉人文化，唯恃其征服之势，肆力压制与暴虐者，元也。元人不了解中国之文化，不通中国之语文，实为其根本之点。宋朝的灭亡，可以说是我国民族的文化，一时未能急剧转变，以适应于竞争之故。原来游牧民族，以掠夺为生产，而其生活又极适宜于战斗，所以其势甚强，文明民族，往往为其所乘，罗马的见轹于蛮族，和中国的见轹于五胡和辽、金、元、清，正是一个道理。

蒙古的兴起

　　一二一〇年，蒙古侵金而塞外的轩然大波起。蒙古是从什么地方来的呢？蒙古在唐时称为室韦，地在额尔古讷河南，后来西徙到敖嫩河（敖嫩河亦名斡难河，今名鄂诺河，为黑龙江之北源）上源。他大约曾和鞑靼人混合，所以又自称鞑靼。金朝灭辽后，金的势力，不大及得到北方。他只从河套地方起，造一道边墙，东北迤，达到女真旧地，并使汪古部守备边患。塞北诸民族遂纷纷自相争斗。十二世纪后半，蒙古族的伟人奇渥温帖木真出，把漠南北诸部落次第征服，声威直达畏兀儿。一二〇六年，诸部共上他以成吉思汗的尊号，这就是元太祖。

蒙古高原的部族较西域诸国为强

在历史上，蒙古高原的部族，本来较西域诸国为强。这是因为一居沃土，一居瘠土之故。所以匈奴、突厥等，虽然失败于东，还能雄张于西。但是匈奴、突厥的西略，都在既失败于东方之后，不过做个桑榆之补。至于合东方的部族，并力西向，则自西辽大石开其端，蒙古却更进一步；而当时的西方，又没有一个真正的强部；所以成功大而且快。（《白话本国史》第三册，第48页）

金朝的南迁

金朝当世宗时代，从上京迁到燕，又从燕迁到汴京。把女真人搬进中原来，以镇压汉人，夺了汉人的田地，给他们耕种。而女真人一家百口，陇无一苗，都将田给汉人承种收租。因为生活的优裕，尚武的性质，反而消失了。蒙古兵一到，金兵大败。河北、河东都受蹂躏，宣宗只得弃中都迁都开封。

金人速亡的原因

女真初兴的时候，他的势力真是如火如荼，却到元朝一兴，就"其亡也忽焉"，这是什么原故？我说，金朝人开化本晚，所居的地方又瘠薄，又累代用兵不息，却因此养成一种坚苦尚武的性质。这就是女真崛起的主要原因。然而从进了中原以后，他这种优点，就都失掉了。南迁以后，又想用本族人来制驭汉人。于是把猛安谋克所统属的人户，搬到内地；括民田给他耕种。这种"猛安谋克户"所占的田，面积很广，纳税极轻；而且都是好田。然而他们的经济能力，很是薄弱的。得了这种好的家产，并不能勤垦治生。大抵是不自耕垦，尽行租给汉人。有"一家百口，陇无一苗"的，"有伐桑为薪"的。"富室尽服纨绮，酒食游宴；贫者多慕效之。"于是汉族长于殖产的好处，并没学到；本族耐苦善战的特质，倒先已失掉了。（《白话本国史》第三册，第30、31页）

成吉思汗的西征

唐中叶以后，葱岭以西，多被大食国所征服，后来大食的威权衰了，他东方的镇将，也很多据地自立的。辽朝灭亡时，其宗室耶律大石，率众西走，立国于西方，是为西辽。和花刺子模（Khorezm。在波斯东北部，为突厥族所据地，后灭塞尔柱克突厥，尽得波斯地，旋又取得阿富汗全境，《元史》又称为西域国）并称西方大国。成吉思汗侵金时，乃蛮余孽，逃到西辽，和花刺子模里应外合篡了西辽的王位。蔑儿乞余孽，也出入蒙古边界，

元初形势图

塔塔儿，就是鞑靼的异译，和蔑儿乞都是蒙古的仇部。克烈，其初是蒙古的兴部，后来才翻脸给蒙古灭掉的。乃蛮是当时漠北的大部，汪古是替金朝守边疆投降蒙古，把他引进去的。斡亦刺，就是明朝的瓦刺。吉尔吉思就是唐朝时候灭掉回纥的黠戛斯。畏兀儿，即回纥异译。

要想乘虚报仇。成吉思汗乃北归，遣将把这两国打平，蒙古疆域就和花剌子模直接。因花剌子模镇将，杀掉西行的蒙古商队，成吉思汗大怒，就起大兵西征。花剌子模王不敢抵御，想听他饱掠扬去，遂被逼逃入里海岛中而死。成吉思汗尽定其地，又追击其王子，渡过印度河，想从西藏东归，因道路难行；又闻西夏背叛；乃仍从原路而还，别将则打败钦察、俄罗斯的联军〔钦察，亦作乞卜察兀（Kipchak）〕，这事在一二一九到二二年。因为蒙古大兵都在西方，金人乃得暂时支柱。

夏金的灭亡

金宣宗南迁后，仍把女真户都迁到河南，倚为主力的军队。然女真终于不能复振，既要抵御蒙古，又和宋、夏都开了兵衅，国力更形疲敝。成吉思汗东归后，于一二二七年，伐夏未克而死。遗命把夏国灭掉了，然后发丧。太宗立，遣弟拖雷，闯入宋境，从汉中走湖北西北境，以入河南。自己则从孟县渡河，两路合攻汴京。金哀宗又迁于蔡州，至一二三四年，而为宋、蒙古的联军所灭。

约元攻金非为失策

约金攻辽，还为金灭，这是北宋的覆辙。所以读史的人，多以宋约元攻金为失策。这亦未必尽然。宋朝和金朝，是不共戴天之仇，不能不报的。若说保存金朝以为障蔽，则金人此时，岂能终御蒙古？不急进而与蒙古联合，恢复一些失地，坐视金人为蒙古所灭，岂不更糟？要知约金攻辽，亦并不算失策，其失策乃在灭辽之后，不能发愤自强，而又轻率启衅。约元灭金之后，弊亦仍在于此。（《吕著中国通史》下册，第489页）

蒙古对东西南三方面的用兵

这时候，宋朝理宗在位，史弥远、贾似道相继为相，国势衰微。灭金之后，却想恢复三京（谓东、西、南三京。北宋时，以开封为东京，洛阳为西京，归德为南京，大名为北京），以致和蒙古开了兵衅。川、楚、江淮，地都沦陷。幸而蒙古从太宗到宪宗的初年，还继续出兵西征。所以宋朝还未即受灭亡之祸。

西征之次第，是太宗遣侄拔都率兵五十万，定钦察，进攻俄罗斯，这时俄国分做数十国，蒙古兵来，或降服、或破灭，蒙古兵遂陷莫斯科。更西侵波兰及匈牙利，大破北欧的联军，兵锋直到奥地利的都城维也纳，和意大利的威尼斯，全欧震恐。因得太宗病没的信，蒙古军才退去。及至宪宗即位，又遣弟旭烈兀西征，先剿平里海南山中的木剌夷，进攻大食，屠都城报达（报达，亦作八吉打），威势直到小亚细亚和埃及。其间太宗又遣将东征，降高丽。宪宗遣将南征，从青海入吐蕃，灭大理（就是唐朝的南诏）。

宋朝的灭亡

一二五九年，四方大略都被蒙古平定了。蒙古宪宗乃大举入四川，使弟忽必烈攻湖北；因合州守将王坚善守，宪宗死于城下（现在四川的合川县）。忽必烈急顾北归，而贾似道不知道，遣使求和，许称臣，画江为界。忽必烈北归自立，建国号为元，是为元世祖。贾似道把和议隐瞒掉，诈称大捷。元使来的，都被他拘执起来。由是和议遂绝。此时元人因北方藩王叛乱，还未能专力对宋，所以宋朝又得偷安了几年。公元一二六八年，忽必烈遣阿术，力攻襄阳。襄阳坚守五年，到底于一二七三年陷落。明年，元兵遂大举入建康，继进陷临安，恭帝北狩。宋臣如张世杰、陆秀夫、文天祥等，又立其弟益王于福州，益王死后，又立其弟卫王，辗转迁徙到崖山（在广东新会县南海中），一二七九年，为元人所灭，宋亡。

论宋之灭亡

宋朝的灭亡，可以说是我国民族的文化，一时未能急剧转变，以适应于竞争之故。原来游牧民族，以掠夺为生产，而其生活又极适宜于战斗，所以其势甚强，文明民族，往往为其所乘，罗马的见轭于蛮族，和中国的见轭于五胡和辽、金、元、清，正是一个道理。两国国力的强弱，不是以其所有的人力物力的多少而定，而是看其能利用于竞争的共有多少而定。旧时的政治组织，是不适宜于动员全民众的。其所恃以和异族抵抗的一部分，或者正是腐化分子的一个集团。试看宋朝南渡以后，军政的腐败，人民的困苦，而一部分士大夫反溺于晏安酖毒、歌舞湖山可知。虽其一部分分子的腐化，招致了异族的压迫，却又因异族的压迫，而引起了全民族的觉醒，替民族主义，建立了一个深厚的根源，这也是祸福倚伏的道理。（《吕著中国通史》下册，第490—491页）

建立大帝国

元朝在世祖时，其疆域跨有亚洲大部分，和欧洲东北部。世祖更遣将南征安南、缅甸。攻爪畦，虏其王。唯东征日本，因遇飓风以致失利。这时，元帝直接统辖金、宋两朝和高丽、吐蕃、大理诸国的地方。此外有四大汗国：一曰钦察汗国，为太祖长子术赤封地，其子拔都继之，统辖俄罗斯和里海、咸海以北之地。二曰窝阔台汗国，乃太宗之后，统辖金山（阿尔泰山）以北乃蛮故地。三曰察合台汗国，太祖子察合台封地，统辖葱岭东西，西辽花剌子模故地。四曰伊儿汗国，乃宪宗子旭烈兀封地，统辖里海、咸海以南大食故地。于是蒙古建立空前的大帝国。

侵入民族对汉人之态度各有不同

　　侵入中国之民族，对待汉人之态度，各有不同。以大体言之，仰慕汉人之文化，视汉族为高贵而欲攀附之者，五胡（献文帝以前之拓跋氏除外）及沙陀也。明知汉族文化之优，与之接触，则必为所同化，因而欲竭力保存本族之文化，与汉族立于对峙之地位者，金与清也。介乎二者之间者，辽也。不了解汉人文化，唯恃其征服之势，肆力压制与暴虐者，元也。此盖由其（一）侵入之先，或居塞内及附塞之地，或则距中国较远，故其渐染汉族之文化，本有深浅。（二）其侵入中国后，其本据地或已不存（如五胡与沙陀），或虽存而断不能再行退回（如金清），或仍勉足自立（如辽及未迁洛前之拓跋氏），或则领土甚广，视中国不过其一部分（如元）。元人不了解中国之文化，不通中国之语文，实为其根本之点。（《史籍选文评述》，写于1953至1954年间，见《吕思勉遗文集》上册，第900页）

蒙古的分裂

　　从太祖称汗以来，到世祖灭宋，不过七十余年，遂建立大帝国，然太祖身死未几，内部分裂之机已肇。原来蒙古的大汗，是要由宗王大臣等公推的。太宗之立，由于太祖的遗命，所以不曾有异议。太宗死后，他的后人，就和拖雷的后人争位，定宗得立，旋短命而死。宪宗被推，太宗后人谋叛，被宪宗诛戮，宗室中遂势成水火。宪宗死后，世祖不待推戴，径行自立。阿里不哥举兵反抗，被世祖打败。而海都自立于西方，钦察、察合台两汗国，都附和他。蒙古大帝国，就从此分裂了。

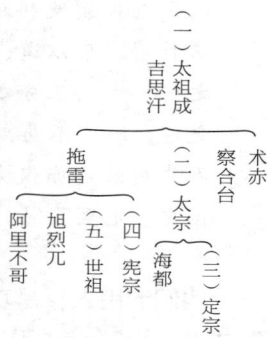

元世系表

（一）太祖成吉思汗
术赤
察合台
（二）太宗
海都
（三）定宗
（四）宪宗
（五）世祖
拖雷
旭烈兀
阿里不哥

元朝的衰亡

元帝把国内分做"蒙古人""色目人""汉人""南人"四等（蒙古人是元朝同族，色目人是西域各地人，汉人是契丹、女真和中国北方人，南人是中国南方人），一切权利，都不平等（如各官署都要用蒙古人做长官，汉人、南人，只可做副贰）。在路、府、州、县之上设立行省，以图控制。边陲和紧要的地方都封了藩王。黄河流域，都用蒙古兵和诸部族兵驻守。

行省制度

中国古代之省，为中央行政机关，设宫禁中，省，察也，言出入此中，必检察也。唐官制有六省，而其最尊者为尚书省、中书省。行者，言不在本处而在别地，故省之政治机关，外设者称行省，历代亦有之，唯为临时者。如金伐宋，设行台尚书省等，然事毕即撤。至元即于路、府、州、县之上，别设行省（即行中书省），分中国本部及蒙古之地为十三区，置行中书省十一，行御史台二（江南、陕西），以省统路府，以路府统州县，而府亦有隶于路下者；州有在路府下而统县者；又有与路、府并列者，皆置达鲁花赤，以为正官。其目的则在控制便利起见。盖中国旧以县属郡，后改为州，其尊者称府，唐以道、宋以路以统州，道、路约当今日小省二分之一，大省三分之一，控制地方之权既小，而中央统此多数之道、路亦不易，既立行省制，则行省长官控制地方之权大，而中央政府亦仅需统此十三行政长官而已，一举二得。(《本国史（元至民国）》，见《吕思勉文史四讲》，第66页)

他们的用人，是功臣、亲戚的后裔，诸王、公主的私人，杂然并进。设官专详于户、工两部。他们优待喇嘛僧和西域商人，听其驰驿，要汉人供应。元世祖时，曾两次用兵于日本，又屡次发兵征安南、占城和缅甸，丧师甚多。从世祖以后，继承之际，没一代不是争夺。这如何好治理中国呢？所以到一三三三年顺帝即位后，四方反抗的，就风起云涌了。

蒙人入中国者之腐化

自古民族，不接触则已，苟有接触，则必至互相同化而后已。蒙古人入中国，不久即受中国同化。由积极方面观之，《元史》诏禁蒙古人与汉人交关通婚，或强移其居地。消极方面，则元亡时蒙古兵毫无能为。皆为被中国同化之证也。盖受同化之原则，一为人数寡于他民族，一为文明程度低于他民族。前者因以少数人入居他民族中，势必改其语言、生活以适应多数人之新环境，而为其同化。后者则悦文明较高民族之纷华靡丽，上下靡然从风，率一国之人，悉改其故有生活、风俗，而习文明民族之生活，而为其同化。夫蒙古之人民既寡于汉人，而其入主中国，又唯以武力，经济为剥削，以求获得物质增高其生活程度，莫不乐华风而习之，即上者禁之亦不可也，故卒为中国所同化。兵制废坏，尚武之风沦亡，而败亡遂之矣。(《本国史（元至民国）》，见《吕思勉文史四讲》，第67页)

明太祖的恢复

元末革命军中，首先出兵北伐的，是颍州白莲教徒刘福通，可见白莲教传到后来，虽然渐失其意义，其初起，确是含有民族主义的。惜乎这时候，有个察罕帖木儿，起兵帮助元朝。察罕帖木儿死，其子库库帖木儿继之。刘福通北伐的兵，给他打败。然而顺帝荒淫，太子干涉，朝臣和军人，又分党相争，终于不能支持。明太祖朱元璋，是初从郭子兴起兵凤阳，后来别为一军，渡江据今南京以为根据地的。他先把湖北的陈友谅、苏州张士诚灭掉。其余诸雄，亦均慑服。一三六七年，乘元朝内乱，遣兵从河南、山东，分道北伐，两路兵会于德县，北扼直沽。明年，顺帝遂弃北平而去，元亡。

第二十八章　中国文化之西渐

　　中国文化的西渐，由来已久。据《汉书·西域传》上说：当时西域的人，本来不知道用铁的，还是中国人教导他，这事怕已在纪元之前了。到六世纪中叶，中国的蚕种，又由波斯人传到欧洲，遂产出希腊的绢丝。唐中叶以后，中国和大食的交通极其频繁。罗盘针、火药、印刷术这三种事物，是从中国经大食人之手，传到西方去的。有了罗盘针，海船才能横绝大洋，这是欧洲人近代，足迹遍及全世界的原因。有了火药，才有近代的军机，战事的情形才大变，不但打倒封建政体，使欧洲支离破碎的局面，焕然改观，并可向外发展了。至于印刷术，则无论在研究学术，以及教育方面，关系都极重要。所以说：这三者，实在是西洋近代文明的根源。

铁器和蚕丝

　　中国文化的西渐，由来已久。据《汉书·西域传》上说：当时西域的人，本来不知道用铁的，还是中国人教导他，这事怕已在纪元之前了。到六世纪中叶，中国的蚕种，又由波斯人传到欧洲。[当时波斯僧侣有布教于中国境内者，得到蚕卵，藏在空杖里，献给罗马帝君士坦丁，遂产出希腊的绢丝，大概是从天山南路的和阗传出的。后来西西里（Sicily）与东罗马战，得到很多希腊人做俘虏。逐渐把养蚕的法子，传入西西里，次第由此再传入意大利和法兰西诸国]

古代蚕利盛于西北

蚕业兴起，略与农业同时。《农政全书》引《淮南蚕经》，言黄帝元妃嫘祖，始育蚕治丝茧。说固未可尽信。然《易·系辞传》言："黄帝尧舜，垂衣裳而天下治。"疏曰："以前皮衣，其制短小，今衣丝麻布帛，所作衣裳，其制长大，故言垂衣裳也。"《虞书》亦有"以五采章施于五色作服"之文。知黄帝尧舜时，蚕织必已发明矣。三代之政，天子亲耕，后亲蚕。"五亩之宅，树之以桑。"男耕女织并称本业，至于今未替。此其所以能以丝织，著闻五洲也。然古代蚕利，盛于西北，而后世唯盛于东南。偏僻之处，且有绝不知纺织之利者。此则疆域广大，各地方风气不齐，而治化亦不能无进退故也。（《中国文化史六讲》，见《吕思勉遗文集》下册，第121页）

罗盘针火药印刷术

唐中叶以后，中国和大食的交通极其频繁，而西洋近代的三大发明，遂都经大食人之手，由中国传入欧洲。所谓三大发明，是罗盘针、火药、印刷术。欧洲和大食方面，关于罗盘针的记载，最早在十二三世纪间；中国则在公元一一一九年，朱彧著《萍洲可谈》，已经说广州的商人，能利用罗盘针航海了。朱彧的话，是得之于其父亲在广州，还在十一世纪之末。（见桑原骘藏《唐宋元时代中西通商史》本文二《考证》三十一，页九二至九五，商务印书馆本）火药，西洋发明的年代有两说：一说在公元一二四二年，一说在公元一三五四年顷。（见一九二九年版《大英百科全书》）中国则在公元一○四二年，宋朝曾公亮等奉敕所撰的《武经总要》，已载有火药的制法了。（《武经总要》，商务印书馆《四库全书珍本》。此处所引，见卷十二，页六十五）后来南宋与金人战于采石矶，虞允文以火药制为"霹雳炮"，这是中国用火药之始。而西洋战争用火药，尚在一三四〇年左右。至于印刷术，活字版实始于宋仁宗时代，明初已改用铜活字。欧洲人能利用，事在公元一四三八年，才知道用金属的活字。（按《西史》所载，公元一四二三年有 Harlem 地方的人 Lawrence Johnson Coaster 创木版印刻。到一四三八年德人 Johann Gutenberg 始发明活字版，铸铜为字，后又经 Peter Sehöffer 改良活字铸造，遍行欧洲[①]）较之我国先后相去，更不可以道里计。所以西人都承认，这三种事物，是从中国经大食人之手，传到西方去的。还有和印刷术有关的造纸，亦系由中国传往。据说：在第三世纪时代，就已传布到楼兰。（据瑞典人斯文赫定最近西北考察所得的结果）当公元七五一年，玄宗天宝十年，唐镇将高仙芝因和大食争石国（今俄属塔什汗），战败于怛罗斯城，中有中国造纸工人，均被大食俘虏。大食人就利用他，在中亚、波斯、大食、埃及等处，先后设厂造纸。到十二世纪，就输入欧洲了。（见向达《中外交通小史》第五章，商务印书馆本）有了罗盘针，海船才能横绝大洋（以前离海岸不能甚远），这是欧洲人近代，足迹遍及全世界的原因。有了火药，才有近代的军机，战事的情形才大变，不但打倒封建政体，使欧洲支离破碎的局面，焕然改观，并可向外发展了。至于印刷术，则无论在研究学术，以及教育方面，关系都极重要。所以说：这三者，实在是西洋近代文明的根源。

---

① Harlem 当为 Haarrlem，今译哈莱姆，地在今荷兰。Lawrence Johnson Coaster 当为 Laurens Janszoon Coster，今译劳伦斯·杨松·科斯特，其所创木版印刻，一说在 1435 年，或说科斯特已经能活字印刷。Johann Gutenberg，今译古登堡，一般认为他是西方活字印刷术的发明者。关于其发明活字印刷术的年代，也有不同的说法，一般认为在 15 世纪中期。而关于科斯特和古登堡到底是谁发明或先发明了欧洲的活字印刷术，一直也有争议，英语文献多采用是古登堡发明的说法。Peter Sehöffer，今译皮特·斯考菲，一说其事在 1438 年。

马哥孛罗

元朝兴起以后，东西交通，格外兴盛，元朝的用人是不拘种族、宗教的，所以西域人仕于其朝的很多。商人教士的往来，亦都很盛，其中最著名的，则有意大利的马哥孛罗（Marco Polo。可参看《中外交通小史》第八章；及张星烺《马哥孛罗》，商务印书馆本），元世祖时，在中国做官，在中国前后共二十年。回去之后，著了一部《游记》，为欧洲人知道中国情形之始。

第二十九章　明之内政与外交

　　明太祖起于草泽，而能铲除胡元，戡定群雄，其才不可谓不雄。他虽然起于草泽，亦颇能了解政治，所定的学校、科举、赋役之法，皆为清代所沿袭，行之凡六百年。卫所之制，后来虽不能无弊，然推原其立法之始，亦确是一种很完整的制度，能不烦民力而造成多而且强的军队。所以明朝开国的规模，并不能算不弘远。只可惜他私心太重，废宰相，使朝无重臣，至后世，权遂入于阉宦之手。明朝的兵威，以成祖时为最盛，然边防的规模，实在也是成祖时坏掉的。成祖以大宁地方，赠兀良哈。宣宗时，徙治独石口。北边所守者，遂成今长城之线。若能始终保持太祖时之形势，则对蒙古可取攻势，而至满洲，可有自热河趋吉林之快捷方式，不单凭出山海关趋辽阳之一道也。

成祖的北迁

　　明太祖勤于政事，又能厘定制度；治国的规模，亦颇弘远。唯私心过重，封建诸子四十余人，又因猜忌之故，开国功臣，尽遭杀戮。太祖太子早死，孙建文帝立，太祖子燕王棣，起兵北平，把南京攻陷，建文帝不知所终，燕王自立，是为成祖，迁都北平。

明太祖私心太重

　　明太祖起于草泽，而能铲除胡元，戡定群雄，其才不可谓不雄。他虽然起于草泽，亦颇能了解政治，所定的学校、科举、赋役之法，皆为清代所沿袭，行之凡六百年。卫所之制，后来虽不能无弊，然推原其立法之始，亦确是一种很完整的制度，能不烦民力而造成多而且强的军队。所以明朝开国的规模，并不能算不弘远。只可惜他私心太重。废宰相，使朝无重臣，至后世，权遂入于阉宦之手。重任公侯伯的子孙，开军政腐败之端。他用刑本来严酷，又立锦衣卫，使司侦缉事务，至后世，东厂、西厂、内厂，遂纷纷而起。这都不能不归咎于诒谋之不臧。其封建诸子于各地，则直接引起了靖难之变。（《吕著中国通史》下册，第506页）

明初的武功

明朝的兵威，以成祖时为最盛，然边防的规模，实在也是成祖时坏掉的。元顺帝弃大都后，他的后裔，渐次退却到外蒙古，有好几代都遇弑，蒙古大汗统绪遂绝，继立的改称鞑靼可汗。此时鞑靼衰弱，而瓦剌和热河东北的兀良哈强盛（兀良哈，清朝译作乌梁海），都给成祖击破，吉、黑两省的女真，亦都服属，设立羁縻卫所。最远的奴儿干都司在黑龙江口，海中的库页岛，亦来朝贡。安南从宋太祖开宝元年，公元九六八年独立，成祖乘其内乱，把他灭掉，改设交趾布政使司，和内地一样。又遣郑和下西洋，航路直达非洲东岸，国威可谓极盛了。但成祖把大宁弃给兀良哈，宣宗时，开平卫遂因势孤内徙。（开平，就是现在的多伦县。元世祖即位于此，建为上都。明初于此设卫，宣宗时内徙独石。大宁在今热河省赤峰、承德之间）安南则因官吏行政不善，宦官奉使的又暴横，叛乱不绝，宣宗遂亦放弃，其地重属中国，只有十九年（一四〇九至一四二七）。

明之边防坏于成祖

明太祖虽居南京，而北方边防规模颇远，即元之上都置开平卫。又因元之大宁路之降（大宁路，属辽阳行省，其北境来降），设泰宁、朵颜、福余三卫（今热河地，朵颜地险而兵强，当时边外诸卫，都隶北平行都司），而宁王权居大宁以节制之（大宁，在今热河隆化县境），地跨辽、热、吉三省间。成祖起兵，虑宁王袭其后，诱而执之。以兀良哈（今乌梁海）兵从征有功，即位后，即改北平行都司为大宁都司，徙治保定。以大宁地方，赠兀良哈。后遂徙大宁都司于保定。于是，开平势孤。宣宗时，徙治独石口。北边所守者，遂成今长城之线。而宣（宣化）、大（大同）为极边矣。若能始终保持太祖时之形势，则对蒙古可取攻势，而至满洲，可有自热河趋吉林之快捷方式，不单凭出山海关趋辽阳之一道也。今既为成祖所坏，故对蒙古始终取守势，而趋满洲之快捷方式，亦遂断矣。（《本国史（元至民国）》，见《吕思勉文史四讲》，第71—72页）

土木之变

明朝的重用宦官，也是起于成祖时候的，而设"东厂"，使司侦缉事务，贻害尤烈。宣宗死后，英宗年幼，宠信太监王振。瓦剌酋长也先入寇，王振挟帝亲征。至大同，知兵势不敌，还师，为敌兵追及于土木堡（在今察哈尔怀来县西），英宗北狩。幸得于谦，扶立其弟景帝，固守京城。也先攻城不克，侵边又不利，乃奉英宗回国。怨恨于谦的人，乘景帝卧病，以兵闯入宫中，奉英宗复位，是为"夺门之变"，于谦被杀。

明中叶的内忧外患

英宗复位后，传子宪宗，政治都不见良好，宪宗死后，孝宗即位，较为清明。孝宗死，武宗继之，耽于游戏，始而信任太监刘瑾，听其专权妄为，后又宠幸武官江彬，引导他各处去游玩。人心震动，畿南盗起，宁王宸濠，又在江西造反，几至大乱。武宗死后，世宗继立。世宗在明朝皇帝中，驾驭宦官是最严的。然因相信神仙，怠于政事，一任宰相严嵩蒙蔽，国事遂至大坏。

先是元太祖后裔达延汗，又统一蒙古，留其幼子居漠北，是为喀尔喀部，达延汗与其孙徙牧近长城附近，是为察哈尔部。其孙子俺答居归化城，为土默特部。十六世纪中叶，俺答为边患最深。又从明初以来，就有所谓倭寇，因其时日本内乱不止，失败的武士和浪人，遂为寇于海外。明世宗时最为猖獗，沿海各省，大被其患。世宗殁，二传至神宗，年幼，宰相张居正当国，政治颇见振作。倭寇亦被良将戚继光、俞大猷等剿平。其时俺答受喇嘛教感化，不复为边患，而察哈尔部转炽。居正用戚继光、李成梁以守蓟、辽，东北边亦得安静。然居正死后，神宗旋复怠荒，任用宦官，借开矿为名，到处骚扰索诈，又派他们到各省去做税使，穷乡僻壤，米盐琐屑无一得免。

日本从开国以后，历代都和虾夷为敌。八世纪末，遂置征夷大将军，以守卫东北，后来政权遂入其手，是为幕府。屡起争夺，幕府的权柄，又旁落于手下的将士，各据封土，全国分裂。神宗时，丰臣秀吉起而把他打定。因念乱源终未尽绝，想把他们牺牲到国外去，就起兵侵朝鲜。朝鲜李氏，因承平既久，兵备废弛。日兵至，不能御，其王逃到义州。神宗发大兵去救援他，初战胜利，旋因轻进中伏致败。于是"封贡"议起，封秀吉为日本国王。秀吉不受，又发兵侵朝鲜。明兵和他相持，迄无胜算。直到秀吉死后，日本兵才退回。这一役，明朝损失无算。

第三十章　明之衰亡与奋斗

　　明朝的内治，亦是败坏于成祖时的。太祖定制，内侍本不许读书。成祖破南京，颇得宦官为内应，才选官入内教习。从此以后，内之则有所谓秉笔太监，而宰相的票拟，决于内官的批红。外之则监军、出镇、奉使，无一件事不参预。明朝的权柄，就全落到宦官手里了。神宗深居宫禁，二十多年，不曾视朝。听凭一班太监，出去妄作妄为。朝臣又结党相攻，言官互相攻击。遇有国家大问题，往往先争意气，把国事的利害，反搁置了。

神宗之怠荒

　　明神宗时，日兵退出朝鲜之后，建州酋长努尔哈赤，早已起来，自称后金汗。神宗贪乐荒怠，有二十多年未坐过朝，每遇官职有缺，也不去补授，朝臣互相参劾，也置之不理，内政腐败已极，于是有三大案出来。

神宗怠荒　古今罕见

　　明朝的内治，亦是败坏于成祖时的。太祖定制，内侍本不许读书。成祖破南京，颇得宦官为内应，才选官入内教习。从此以后，内之则有所谓秉笔太监，而宰相的票拟，决于内官的批红。（票拟，谓由宰相对于奏本，拟具办法，写出进呈皇帝。批红，谓由皇帝用朱笔批示，决定办法。明时皇帝深居宫中，坐朝之时甚少，批红往往委之内监）外之则监军、出镇、奉使，无一件事不参预。明朝的权柄，就全落到宦官手里了。到神宗中年以后，而其衰乱更甚。神宗的怠荒，是历代君主所没有的。他深居宫禁，共有二十多年，不曾视朝。听凭一班太监，出去妄作妄为。朝臣又结党相攻。言官互相攻击，吏部举行察典（即考查官吏成绩的好坏，以定升降黜陟），亦彼此互相排挤报复。遇有国家大问题，往往先争意气，把国事的利害，反搁置了，诒害颇大。（《初中标准教本本国史》第二册，第140页；第三册，第13页）

东林党及三大案

当时有朝臣顾宪成，在东林书院（顾宪成是江苏无锡人，东林书院就在无锡）讲学，友朋很盛，时常议论朝政得失，批评执政贤否，时人称其徒为东林党。神宗晚年，有男子张差持梃入太子宫被获，东林党人说有人主使，谋危太子，非东林党人以为不过是疯汉，并无政治意义。这是所谓"梃击案"。神宗死后，子光宗继位，得疾，服宰相所荐医生的红丸，无效而死。东林党人以为是弑君，非东林党人以为与药无干，这是所谓"红丸案"。光宗死后，其子熹宗嗣位，光宗妾李选侍占住乾清宫，被东林党人勒令移出，非东林党以为不应上逼母妃。这是所谓"移宫案"。两党藉这三大案为题，攻争不息。非东林党人和宦官魏忠贤相结，把东林党著名的人下狱拷死，直到熹宗死，其弟思宗继位，才治魏忠贤及其同党的罪，但国政已不堪设想了。

学校与书院

学校的起源，本是纯洁的，专为研究学问的；惜乎后来变为国家养成人才之所。国家养成人才，原是很好的事；但因（一）事实上，国家所代表的，总是业经通行、已占势力的理论。所以公家所立的学校，其内容，总要比较陈旧些。社

会上新兴的，即在前途有真正需要，而并非在过去占有势力
的学科，往往不能尽力提倡。（二）而且其本身，总不免因利
禄关系而腐化。于是民间有一种研究学问的组织兴起来，这
便是所谓书院。书院是起于唐、五代之间的。宋初，有所谓
四大书院者，朝廷咸赐之额。此外赐额、赐田、赐书的还很
多。但书院并不靠朝廷的奖励和补助。书院之设，大概由
（一）有道德学问者所提倡。（二）或为好学者的集合。（三）
或则有力者所兴办。他是无所为而为之的，所以能够真正研
究学问，而且真能跟着风气走。在理学盛行时代，则为讲学
的中心；在考据之学盛行的时代，亦有许多从事于此的书院；
即其确证。新旧两势力，最好是能互相调和。以官办的学校，
代表较旧的、传统的学术；以私立的学校，代表较新的、方
兴的学术；实在是最好的办法。（《吕著中国通史》上册，第
279页）

流寇之祸

思宗在位年间，外则满洲格外猖獗，占据辽东，进犯京城。
内则流寇大起，到处焚杀，流寇首领李自成破了京城，思宗自缢
死。满洲乘机入山海关，逐去李自成，入北京称帝。

明人之奋斗

满洲入关后，明人奉福王即帝位于南京。满兵南下，屠扬
州，杀督师史可法（史可法是河南祥符人，殉难后求尸不得，葬
衣冠于扬州梅花岭），渡江入南京，虏福王北去。明人又立唐王
于福州，同时明人又有奉鲁王称监国于绍兴，鲁、唐二王不睦，
后唐王竟被满兵所杀。明人又立桂王于广东，竭力抵抗满兵，历
十余年，西南诸地（桂王为明末帝，年号永历，故亦称永历帝。

他初立时，尚有两广云贵之地）尽失，逃奔缅甸，被缅人献出缢死。明将郑成功（郑成功，福建南安人，唐王赐姓朱，时称为国姓爷。桂王封为延平郡王，授招讨大将军）仍坚守台湾，直到清康熙帝时，才把台湾郑氏灭掉。明室虽然已亡，这民族奋斗的精神，为前代所没有。

第三十一章　中华民族的拓殖

　　西人东航之初，中国人的足迹，早已遍布南洋了。中国西北负陆，而东南面海。闽、广之北，限以重山，其民不易向中原分布，所以移徙到海外的很多。南洋群岛，气候和煦，物产丰饶，实在是中国的一片好殖民地。不但如此，中国人做事平和，凡事都以共存共荣为目的。以民族拓殖的成绩而论，通先后而观之，则我族南进之力，似优于北进。中国的文明，本植根于黄河流域，其北进者，当战国之世，即已拓展至今之热、察、绥及辽宁。其后遂无甚进展，甚至并此诸地，而有时亦不能保。南进者则长江、珠江、闽江诸流域，次第凝合为一体。中南半岛及南洋群岛，虽未能如此，然吾族在其地之势力，仍极巩固。

中华民族近代的发展

　　中国民族，拓殖的能力，本来是很伟大的。尤其近代，对于东北和南方的拓殖，更为值得纪念的事情。

历代的南进

　　南洋一带，气候炎热，物产丰饶，本来是最适宜于拓殖的地方。中国人民，移殖其地，也由来很久了。据阿剌伯人的记载：九四三年顷，就有多数华人，在苏门答腊，从事种植。大约是避黄巢之乱前去的。宋时，正南诸国，以三佛齐 [三佛齐即今之浮淋邦（Palembang），在苏门答腊东部，为其都会。南北朝称干陀利，唐称室利佛逝，宋称三佛齐，明改称旧港〕为最强。东南诸国，以阇婆（阇婆即今之爪哇，唐宋均称阇婆，明概作爪哇，当系爪哇之讹）为最强。而三佛齐已有中国文字，阇婆屋宇，亦和中国相同。可见华人移殖的，必已不少。元时称爪哇为新邨，三佛齐为旧港。又可见华人移殖的次第了。

郑和的出使

中国历代政府，对于南方，都不甚注意，只有元、明两朝，是个例外。元世祖定中国后，遣使招致南洋诸国。因爪哇拒命，曾经用过一次兵，其事在一二九二年。明初交通外国，还承袭元代的规模。太监郑和，奉成祖之命，出使西洋。从一四〇五到一四三三年，前后奉使凡七次。郑和的出使，是带着水兵走的，所至加以宣谕，服从的赏赐金帛，不服的就威之以兵，曾经三擒番长。后来出使的人，没有一个不称道他的名字，以夸耀诸番的。

明代南洋的拓殖

明代马来半岛、爪哇、苏门答腊、吕宋、满剌加、浡泥都有多数华人移殖，从事开发。如爪哇的新邨，本来是荒凉之地，后来中国人流寓，聚集至千余家，遂成为富庶之区。诸番舶多往互市，又如马来半岛的锡矿，实在是华人发现的；其渔业，亦从华人移殖之后，才大形进步。现在半岛的锡矿，还有百分的六十四，属于华人；西岸的渔业，亦全在华人手中；可以为证。这都是指固定居民而经营农矿等事业的，其往来各岛间的商业操之于华人，那更不待论了。

明人对外拓展不靠政府助力

西人东航之初，中国人的足迹，早已遍布南洋了。中国西北负陆，而东南面海。闽、广之北，限以重山，其民不易向中原分布，所以移徙到海外的很多。南洋群岛，气候和煦，物产丰饶，实在是中国的一片好殖民地。不但如此，中国人做事平和，凡事都以共存共荣为目的。假使开发南洋的责任，而由中国负之，南洋群岛的土人，决没像现在饱受压迫，濒于灭亡之惨。徒以昔时狃于"不勤远略"之见，有此基础，不能助以国力，向前发展，这真是一个大错误。不但如此，因海防的废弛，通商政策的不得宜，反还因海洋交通，而深受其害，这便是所谓倭寇。（《复兴高级中学教科书 本国史》上册，第281—282页）

华人在南洋的政治势力

当时华人在海外，握有政治势力的也很多。譬如梁道明在三佛齐，闽、粤军民，渡海从之者数千家，雄视一方。明成祖遣使招致，道明即随使来朝。以副头目施进卿代领其众。其时又有个陈祖仪，在旧港做头目，专劫往来客人。郑和遣人招谕，祖仪却潜谋袭击，进卿告知郑和，把他擒获，就在旧港设立宣慰司，用进卿为使；进卿死后，还传女施二姐；则中国竟在南洋施行土司制度了。此类在南洋有势力的华人还很多。西人东来以后，也还有能和他们奋斗的。

民族拓殖南进优于北进

以民族拓殖的成绩而论，通先后而观之，则我族南进之力，似优于北进。中国的文明，本植根于黄河流域，其北进者，当战国之世，即已拓展至今之热、察、绥及辽宁。其后遂无甚进展，甚至并此诸地，而有时亦不能保。南进者则长江、珠江、闽江诸流域，次第凝合为一体。中南半岛及南洋群岛，虽未能如此，然吾族在其地之势力，仍极巩固，已如前述。此其成绩，相去可谓甚远，盖一由地利之殊，一亦由近代物质文明高度发达以前，耕稼及工商之国，皆不能抵御游牧民族的侵略，而蒙古地方，又适为东洋史上的侵略地带之故，此固无足为异。(《论外蒙古问题（上、下）》，原刊《平论半月刊》1945年12月第7期，1946年1月第8期)

拓殖的成绩

综观华人拓殖的成绩，实可说在世界诸民族之上，不论寒冷和炎热的气候，我们都能耐得住，这一点，尤为特出。所以不论南进北进，成绩都是好的。现在虽因国力不足，暂居他人羁轭之下。然其他的民族，既然多数是中国人，则论民族自决主义，其地的主权，自然应属之于我，这一点，是任何人不能不承认的，只要我国民，能够为长期间的奋斗就是了。

第三十二章　元明之文化与社会状况

　　到十五六世纪间，王守仁出，而学风才一变。王守仁的
宗旨，是以人心的灵明为"知"，这个知，是生来就有的，无
待于学，所以谓之"良知"。良知是能够知是知非的，只有昏
蔽，不会丧失。如此，凭你在"事上磨炼"也好，"静处体
悟"也好，简单直捷，一了百了。这真是理学中最后最透彻
之说。明朝末年，顾炎武、黄宗羲等大儒出，学风又有转变。
顾炎武的特色，在于（一）博学，（二）实事求是，（三）讲求
实用。与炎武同时几个明末的大儒，都是想做实事的。这时
代的社会经济，颇为可怜。建设的情形，实在有些退化了。
这一由于地方的款项，多提归中央；一由于北方遭外族长期
占据的结果。

元明时代的学术思想

　　元明时代的学术思想，是承宋朝而渐变的。理学本兴起于北
方，然到南宋时北方反而绝迹了。元兵下湖北，得儒者赵复，北
方的学者，多奉以为师。程、朱之学，乃复行于北。直到十五六
世纪间，王守仁出，而学风才一变。王守仁的宗旨，是以人心
的灵明为"知"，这个知，是生来就有的，无待于学，所以谓之
"良知"。良知是能够知是知非的，只有昏蔽，不会丧失。人只要
时时磨砺他，使他晶莹，遵照他的命令做就得了。这个便唤做
"致良知"。这是何等简易直捷的方法。

王守仁的"致良知"

王守仁之说，是承陆九渊之绪，而又将他发挥光大的。所以后来的人，亦把他和九渊并称，谓之陆王，和程朱相对待。守仁之说，以心之灵明为"知"，为人人所同具。无论如何昏蔽，不能没有存在的。此"知"是生来就有的，无待于学，所以谓之"良知"。人人皆有"良知"，故无不知是非之理。但这所谓"知"，并非如寻常人所谓"知"，专属于知识方面。"如恶恶臭，如好好色"，知其恶，自然就恶，知其善，自然就好。决非先知其恶，再立一个心去恶；先知其好，再立一个心去好的。好之深，自然欲不做而不能自已；恶之甚，自然万不肯去做。所以说"知而不行，只是未知"，所以说"知行合一"。既然知行就是一事，所以人只要在这"知"上用功夫，就一切问题，都解决了。时时提醒"良知"，遵照他的指示做：莫要由他昏蔽，这个便是"致良知"。如此，凭你在"事上磨炼"也好，"静处体悟"也好，简单直捷，一了百了。这真是理学中最后最透彻之说，几经进化，然后悟出来的。(《复兴高级中学教科书 本国史》上册，第295—296页)

理学家的流弊，在于空疏；王学既行，更加以"猖狂妄行"之弊；人心就要穷而思返了。加以明朝末年，内政腐败，外敌凭陵；所以顾炎武、黄宗羲等大儒出，学风又有转变。顾先生做《日知录》，说："有亡国，有亡天下。国之兴亡，肉食者谋之；天下兴亡，匹夫之贱，与有责焉。"他所谓"国"，就是现在所谓王朝；所谓"天下"，就是所谓国家，这是给民族主义以何等的意识。黄先生《明夷待访录》，对于君主政体，痛下攻击，也是专制时代的人所不能言，不敢言的。此外，他们关于根本问题的议论还极多。而他们读书又极博，一洗前此空疏之弊，又为清朝的考据学，导其先路。

顾炎武的特色

顾炎武的特色，在于（一）博学。他于学问，是无所不窥的。看他所著的《日知录》，便可以知道。（二）实事求是。无论讲什么学问，都不以主观的判断为满足，而必有客观的证据。看他所著的《日知录》《音学五书》，便可知道。（三）讲求实用。与炎武同时几个明末的大儒，都是想做实事的，不是想谈学问的。所以他们讲学问，也带有实用的色彩。看顾炎武所著的《天下郡国利病书》，便可以知道。与炎武同时的黄宗羲、王夫之、颜元、刘献廷等，都带有这种色彩。（《白话本国史》第四册，第103页）

元明时代的文艺

文艺，大体也承宋人之风。其最有特色的，是戏曲同平话。古代俳优、歌舞、百戏，各为一事。优伶专以打诨、取笑为主。歌舞不演故事。扮演只百戏中间有。南北朝以来，才渐有以扮演兼歌舞的，然辞句和动作，仍不合所扮的人的身份。元朝的南北曲，才合三者为一，造成现在的旧剧。宋朝人的说话，就是现在所谓说书。说书的人，是各有其底本的；后来把这底本略加涂饰，就成为现在的平话。（现在通称为小说。然小说的名目，包括很广，平话只可算其中的一种）再进一步，就可专为阅读而著作了。此等文字，从元明以后，日趋兴盛，实为现代平民读物的大宗。

白话小说

骈散文与诗，皆为宋代之贵族文学。词虽可歌，其辞句亦不尽与口语相合。然当时自有以白话著书者。其大宗为儒、释二家之"语录"及"平话"。语录与文学无涉，而平话则为平民文学之大宗。平话即今人所谓白话小说，此等原用为说话之底本，非以供娱情者之目治，然岁月久而分化繁，遂亦成为可以阅读之书矣。此近世白话小说之缘起也。白话小说进化之途有二：（一）则真实之言愈少，而捏造妆点之言愈增。（二）则口语之成分日减，目治之成分日增。小说原于口说，后乃变为目治之物。口舌笔札，势不能尽相符合。于是专供目治之小说，与备说书人之用之底本，机势亦日趋变异。（《宋代文学》，第103—104、110、119页）

元明时代的社会阶级

元朝在中国时，民族间不平等的待遇颇多。其尤为暴虐的，则是行军之际，以俘虏为奴婢。这本是很不合理的，而元朝诸将，还要把降民诈称俘虏，汉人入奴籍的就更多（见赵翼《廿二史札记》"元初诸将多掠人为私户"条）。直到明朝，此等蓄奴的风气，还不能免；而明时绅权特重，士大夫居乡的，都非常暴横，也是元时异族压制，遗留下来的恶习。

元时输入的宗教

元时外国的宗教，输入的也颇多。然最尊重的为喇嘛教，元世祖奉八思巴为帝师，为西藏宗教兴起之开始。但那时尚属红教，到明成祖时，宗喀巴创立黄教，传授达赖、班禅二喇嘛，青海、西藏、西康、蒙古，次第信从，遂有今日之盛了。基督教当元世祖时，许在北平设立教堂，但信他的也多是蒙古人，所以元亡而遂绝。只有回教在这时代，是呈相当的盛况，而元亡以后，亦还能保其相当的地位的。原来元朝所用的色目人，以西域人为最多，西域人大概是回教徒，他们多数和居住在天山南路的畏吾儿人同族，所以传播较为容易。他们的保守其宗教，又比别种教徒，来得坚固些。现在西北、西南，回族遍布，各地方亦都有回教信徒，实在是开始于元代的。

元明时代的社会经济

这时代的社会经济，是颇为可怜的。顾炎武《日知录》说："天下州之为唐旧治者，其城郭必皆宽广，街道必皆正直；廨舍之为唐旧创者，其基址必皆宏敞；宋以下所置，时弥近者制弥陋。"可见这时代，建设的大概情形，实在有些退化了。这一由于地方的款项，多提归中央；一由于北方遭外族长期占据的结果。武力的不竞，真是一件可怕的事呀！但是在这时代，也有一件事情，值得纪念的，那就是木棉之利的普及于全国。宋以前，木棉的种植，只限于交、广一带。宋末，才渐渐移殖到江南。有一个黄道婆，从崖州到松江，教人民以纺织之法，从此以后，木棉就衣被苍生了。山东运河的开成，也算这时代一件大事。

木棉的推广

麻、丝的使用，自然是一个大发明。丝的使用，起于黄帝元妃嫘祖（说不足信）。麻的发明，起于何时，亦无可考。知用麻、丝之后，织法的发明，亦为一大进步。现在衣服材料，为用最广的是木棉。其普遍于全国，是很晚的。此物，《南史·林邑传》谓之吉贝，误为木本。《新唐书》作古贝，才知为草本。《南史》姚察门生送南布一端，白居易《布裘》诗"桂布白似雪"，都是指棉布而言。但只限于交、广之域。宋谢枋得《谢刘纯父惠木棉》诗："嘉树种木棉，天何厚八闽？"才推广到福建。《元史·世祖本纪》至元二十六年，置浙江、江东西、湖广、福建木棉提举司，则推广到长江流域了。其所以能推广，和纺织方法，似乎很有关系的。《宋

史·崔与之传》：琼州以吉贝织为衣衾，工作由妇人。陶宗仪
《辍耕录》说：松江土田硗瘠，谋食不给，乃觅木棉种于闽、
广。初无踏车椎弓之制。其功甚难。有黄道婆，自崖州来，
教以纺织，人遂大获其利。木棉岭南久有，然直至宋元间才
推行于北方，则因无纺织之法，其物即无从利用，无利之可
言了。所以农工两业，是互相倚赖，互相促进的。（此节略据
《陔余丛考》）（《吕著中国通史》上册，第242、243、244页）
明清之交，始及于黄河流域，棉织之自南输北者大减，民颇
受影响，吴伟业曾作七古咏及之。民国初，浙江云和县之下
流社会，冬尚未知衣棉。一物之传，其难如此。（《本国史
（元至民国）》，见《吕思勉文史四讲》，第93页）

从宋到明币制的变迁

中国的币制自汉以前，本来金、铜并行（战国时已有用金
的法子。譬如孟子之齐，齐馈兼金一百而不受，于宋馈七十镒而
受，于薛馈五十镒而受。秦人散金行间以图六国，可为战国用金
之证。后来秦并中国，制币为二，黄金以镒计，铜钱重半两。是
为汉以前金铜并用之证），其时铜钱价贵，黄金除豪商、贵族外，
人民是不很有的。后来贸易发达，铜钱增多，价格渐跌；黄金却
因佛教输入，写经、塑像，消耗甚多，渐渐的减少了。乃于铜钱
之外，兼用布帛。布帛是不能久藏的，且亦嫌其笨重，北宋时，
四川乃发生纸币，谓之"交子"（交子是货物交换媒介的意思。
先是唐宪宗时代，已有一种"飞钱"制的发生。宋代官商，都感
到旅行带多数的钱，累重不便，私自为券，是为"交子"），由富
人主持其事，担任兑现。行之久，富人穷了，付不出现来，争
讼繁兴，乃改由公家发行。宋、金、元、明四代都用他。宋人谓
之"交子""会子""关子"，金、元、明都称"钞"。因历代都不
免于滥发，价格都跌落到不能维持，明朝宣宗时候，就把他收回

烧毁，不再行用了。纸币既跌到不能行使，铜钱又已绝迹，人民乃不得已而用银。其事起于金朝末年（事在金哀宗正大年间。正大，自公元一二二四至一二三一。银的初起，是因铜钱被纸币驱逐净尽，用来代铜钱，以便小额交换的；不是因铜钱价格大低，而兼用银子的），到明朝废钞票后，就赋税也渐次收银了，然只是用私量的法子行使，始终没有铸造。和铜钱，亦听其各以本身的价格涨落，始终没有厘定主辅的关系或比价。

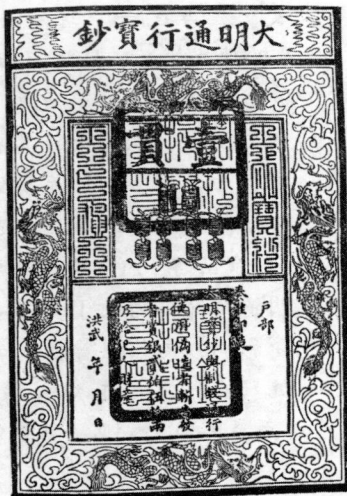

明　钞

隋唐后币制之变迁

隋唐之世，宇内清平，交易复盛，铜钱感觉不足：国家既无此大量之经费整理，私铸、私销亦不能禁绝。既苦不足，又病紊乱。而交易之额日巨，铜钱运输，又觉不便。于是唐中叶后有飞钱，宋初有交子。飞钱乃后世之汇兑，交子则兑现之纸币也。由民间自为，而其后皆由政府之干涉，以至失败。货币为量物价之尺，其本身之价格宜划一而不宜纷歧。金银铜铁，本身同为实物，价格自难齐一。与其以两种以上之金属为主辅币，而设法维持其比价，自不如以一种金属为货币，而以纸代表其巨数。故飞钱、交子之兴，实合于货币进化自然之趋势，而为政府利用之以筹款之策所破坏。纸币既跌价不复可用，铜钱又被驱逐几尽而不能恢复，乃不得不代之以银。此事起于金之末年，至明宣宗时尽废钞币而大成。

故中国之用银，乃所以代铜钱供零星交易之用，非以钱质量值轻；而以银与之相权。故对于以银为主币，视铜钱为辅币之理（即视铜钱之本身无价格，而视为银币之几分之几），始终不能了解。至前清末年，欲行银本位制，始终多所扞格，直至法币行，而货币政策乃告成功。(《本国史复习大略》，见《吕思勉遗文集》上册，第655—656页）

第三十三章　本期结论

　　从秦始皇统一起，到明末止，为时约近二千年。这二千年中，我国独立为东亚的一个大国；四周诸国，文化程度，皆出我之下；此种情势，始终没有变更。对北族的民族斗争，我国盛强时，则能把他们征服；衰乱时，就不免反受其害。论经济状况，商业资本，始终是最活跃的。中国幅员广大，而劳力低廉，只要扩充销路，就有利可图了。正不必要想到节省劳力，以谋减轻成本，所以几千年来，大家不向使用机器上着想；即有聪明的人，偶尔想到，也不会被利用，而不久就失传了。这是中国人不能进于工业资本的原因。因为国太大了，人民参与政治，其势无从实行。政府监督之力，有所不及。多所兴作，往往反致民累，结果酿成政治上的一种"惰性"。

本期的民族斗争

　　从秦始皇统一起，到明末止，为时约近二千年。这二千年中，我国独立为东亚的一个大国；四周诸国，文化程度，皆出我之下；此种情势，始终没有变更。国际上最剧烈的，就是对北族的民族斗争，我国盛强时，则能把他们征服；衰乱时，就不免反受其害；如汉之后有五胡，隋唐之后有辽、金、元是。

文明民族何以反被野蛮民族所征服

　　从来野蛮民族的勃兴，和文明民族文化的传播，实在极有关系。在东西历史上，文明民族，都受野蛮民族的蹂躏。如中国之于辽、金、元、清，希腊之于马其顿，罗马之于日耳曼。说者多以为野蛮民族性质强悍，勇于战斗之故。其实不然，单靠勇于战斗，是不能征服人家的。然则其原因在哪里呢？我说这在社会组织上。因为我们的社会，是在病态中进化的。一方面，文明程度，固然逐渐加高；一方面，组织病态，亦在逐渐加深。所以文明程度论，固然文明人优于野蛮人；以社会组织论，实在野蛮人胜于文明人。我们说具体一些的话：在政治上，我们有阳奉阴违之弊；又有法出而奸生，令下而诈起的弊。假使在两军相当之际，我们的将帅，就可以找一句推托的话，逗挠不前；我们的军需官，甚而可以藉图私利。这许多事情，在野蛮社会里，大抵是很少有的。关于这一点，古来的人，也早就见到。譬如在《史记·秦本纪》里所载由余对秦穆公的话，《匈奴列传》里所载中行说（当时的一个汉奸）诘难汉使的话，都是这一个道理。历代文明民族，和野蛮民族相争之时，文明民族里所谓内奸，总是很多；甚至有倒戈以攻其祖国的；而野蛮民族中，此等现象，却极少。就可见得文明社会病状的深刻。因为病状深刻，所以其社会中的分子，利害和社会全体相反的多了。所以文明民族的文明，向野蛮民族传播，达到一定的程度，文明民族自身会有危险的，然则还是社会组织不正常的罪罢了。(《中国民族演进史》，第126、130页)

本期的文化

文化：在本期中，也大有变迁。第一步，是诸子百家之学，均居次要，而儒家处于独尊的地位。第二步，是印度哲学输入，在思想界占重要的地位。第三步，便是儒、释思想调和，而发生一种新哲学了。以宗教论：则固有的崇拜对象，集合而成道教，

和专讲人伦日用的儒教，出世的佛教，鼎峙而称三教。其余外国
的宗教，输入的也还不少，但不占重要的位置。

本期的经济和社会组织

　　论经济状况，在本期之中，商业资本，始终是最活跃的。因
为从统一以后，各地方的联结，已经密切，各地方的人，已经非
互相倚赖不能生存了。虽然偏僻之处，保存其自给自足的状况
的，也不是没有，然在全国中，是不占重要的地位。从商业资
本再进一步，就可达到工业资本了，然必销路畅旺，工价高昂，
感到人力的不足，才会想到利用机器。中国幅员广大，而劳力低
廉，只要扩充销路，就有利可图了。正不必要想到节省劳力，以
谋减轻成本，所以几千年来，大家不向使用机器上着想；即有聪
明的人，偶尔想到，也不会被利用，而不久就失传了。这是中国
人不能进于工业资本的原因。社会组织当封建制度初崩溃时，人
心上还觉得很不惯，要想回复他。经过王莽的扰乱，也就无人再
敢提及，习而安之了。

本期的政治

　　本期的政治，始终是采取放任主义的，所以一切事情，不免
废弛，这也有个不得已的原因：因为国太大了，人民参与政治，
其势无从实行（中国民权遗迹，都在古代；后世国家扩大之后，
就没有了。这并非理论上以为不该有，只是限于事实，无从行
使）。政府监督之力，有所不及。多所兴作，往往反致民累，结
果酿成政治上的一种"惰性"。既集大权于君主一身，其势不得
不图控制之便，于是治民之官日少，治官之官日多（顾炎武语，
见《日知录》。如地方自治废弛；汉于郡县之上，又加州牧，元
于路府之上，再加行省都是），尤以乱世为甚，一个控制不住，

就成尾大不掉之势，如后汉和唐代的末年就是。这个唤做"外重"。然反之，中央政府的权力太大，没有人能裁制他，则淫昏之君，甚至于奸佞之臣，以及宦官女谒等，又皆能为所欲为，民被其毒。总而言之：专制君主，本不是良好的政体，这二千年来，政治上的受其弊，也可以说是很深了。

官僚与放任消极之政治

中国的政治，是取放任主义的。从前的政治家，有一句老话，说"治天下不如安天下，安天下不如与天下安"。只这一句话，便表明了中国政治的消极性。中国的政治，为什么取这种消极主义呢？原来政治总是随阶级而兴起的。既有阶级，彼此的利害，决不能相同。中国政治上的治者阶级，是什么呢？在封建时代，为世袭的贵族。封建既废，则代之以官僚。所谓官僚，是合（一）官；（二）士，即官的预备军；（三）辅助官的人，又分为幕友、吏胥、差役；（四）与官相结托的人，亦分为绅士、豪民。此等人，其利害都和被治者相反，都是要剥削被治者以自利的。固然，官僚阶级中，未尝无好人，视被治阶级的利害，即为自己的利害。然而总只是少数。这是因为生物学上的公例，好的和坏的，都是反常的现象，只有中庸是常态。中庸之人，是不会以他人之利为己利，亦不会以他人之害为己害的，总是以自己的利益为本位。社会的组织，使其利害与某一部分共同，他就是个利他者。使其利害和某一部分人相对立，就不免要损人以自利了。所以官僚阶级，决不能废督责。（督责二字，为先秦时代法家所用的术语。其义与现在所谓监察有些相似，似乎还要积极些）然中国地大人众，政治上的等级，不得不多，等级多则监督难。任办何事，官僚阶级都可借此机会，以剥民以自利。既监督之不胜其监督，倒不如少办事，不办事，来得稳妥些。在中国历史上，行放任政策，总还可以苟安，行干涉政策，就不免弊余于利，就是为此。因此，造成了中国政治的消极性。(《中国近世史前编》，见《中国近代史八种》，第148—149页）

第三编　近世史

第三十四章　中西交通之渐盛与西学之输入

　　　近代中西相互的关系，和中古时代不同。中古时代，往来的不过商人；国家除偶通使命外，无甚深切的关系。近代则不然，西洋各国，都要尽力向海外发展了。基督教传布于中国，唐、元时代，即已有之，但对中国社会，没有发生什么深切的影响。近代西人的发明，足以补我们之所不及的，是科学，所以科学的输入，实在是一件大事。科学，最初是由教士之手输入的。科学首先被中国人采用的，为天文、历法、地理、数学、炮术、医学等，可见当时对于科学，还只知道应用一方面，而没有知道他的真价值啊！

新航路的发现

　　从蒙古西征以后，土耳其人被迫立国于小亚细亚，后来渐次强盛，侵入欧洲，至十五世纪，而地中海东岸和黑海沿岸之地，尽为所据，对于欧人东行的，异常苛税为难。欧人乃想另找一条路，以达东方，其结果，就有两条新航路发现。新航路发现以后，葡萄牙人首先东来，一五一六年到广东，至一五五三年，遂租得澳门为根据地。西班牙、荷兰、英吉利等，相继东来。向中国通商，都受葡人阻碍。西班牙人乃占据菲律宾，开辟马尼剌；荷人则占据苏门答腊、爪哇、满剌加、中国台湾；南洋非复郑和航行时的南洋了。英国和法国，在印度竞争，而英人较为得势。

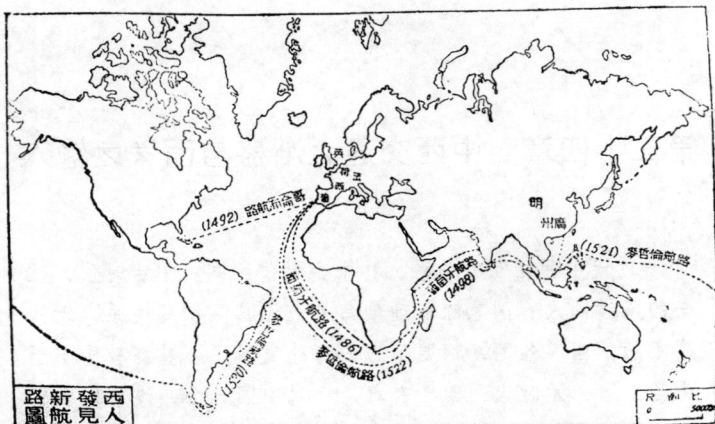

新航路发现前的中西交通

从亚洲的东方到欧洲，陆路本有四条：（一）自西伯利亚逾乌拉岭入欧俄。（二）自蒙古经天山北路，出两海之间（谓咸海、里海）。（三）自天山南路逾葱岭。（四）自前后印度西北行，两道并会于西亚。第一路荒凉太甚。第二路则沙漠地带，自古为游牧民族荐居之地，只有匈奴、蒙古自此以侵略欧洲，而两洲的声明文物，由此接触的颇少。葱岭以西，印度固斯以南，自古多城郭繁华之国。然第三路有沙漠山岭的阻隔，第四路太觉迂远，而沿途亦多未开化之国，所以欧、亚两洲，虽然陆地相接，而其交往的密切，转有待于海路的开通。自欧洲至东洋的海路：一自叙利亚出阿付腊底斯河流域；二泛黑海，自阿美尼亚上陆，出底格利斯河流域。两路均入波斯湾。三自亚历山大黎亚溯尼罗河，绝沙漠而出红海。这都是自古商旅所经。自土耳其兴，而一二两道，都入其手，第三道须经沙漠，不便，乃不得不别觅新航路。（《复兴高级中学教科书 本国史》下册，第7—8页）

中西相互的关系

近代中西相互的关系，和中古时代不同。中古时代，往来的不过商人；国家除偶通使命外，无甚深切的关系。近代则不然，西洋各国，都要尽力向海外发展了。中国对于远方人，素取怀柔主义。通商为两利之事，向为历代所欢迎。唯（一）西人航海的，都是冒险的青年，未免有不规则的举动。（二）又中国历代，对于海寇，都是疑忌的。明朝人经过倭寇之患，疑忌更甚。西人船坚炮利（《明史·外国传》说："荷兰所恃，唯巨舟大炮，舟长三十丈，广六丈，炮有铜有铁，巨铁炮长二丈，发之可洞裂石城，震数十里，世所称'红夷炮'即其制也。"案中国初得到的炮，叫"佛郎机"，后来所得的叫"红夷"。清朝的时候讳"夷"字，改称为"红衣"，并封他为"红衣大将军"；"佛郎机"是中国人称葡萄牙、西班牙人之辞。称荷兰为"红夷"，亦曰"红毛番"），也足以引起华人戒惧之心。（三）加以宗教的传播有些格不相入，中西相互之间，就未免形成隔阂了。

中西隔阂之缘由

中国和西洋的交通，由来甚早，历代西方的估客，梯山航海而来的不少。近世欧人东来，自然犹以敌意遇之。然（一）历代东西交通，所贩卖的，大概是珍奇之品，不见可欲，使心不乱，见之自然适得其反。而且交广之地，天高皇帝远，肆意诛求，究难发觉。所以通商地方，或专司通商事务的官吏，特别容易贪污。（二）商人唯利是图，自更无所不至。主人畏客，乃五口通商以后的特别的情形。客子畏人，则千古一辙。在外商无力争持，中国官吏不能秉公判断的情形下，中国商人，自然要极其力之所能至，以榨取外商。（三）班超对任尚说：能来西域的吏士，必非孝子顺孙。何况远越重洋的冒险家？此辈从其一方面说，自然是个英雄，从其又一方面说，究竟是怎样一种人，却很难下个断语。怀抱大志的首领如此，何况其余附随的人呢？当时各商船的水手等，甚有类于海盗的行为。因此，很足以引起大多数对通商没有利害关系的人民的反感。（四）中国历代不甚奖励人民向海上发展。因为海上的情形，不甚熟悉，对于海盗不易犁庭扫穴，遂觉其较诸陆上的盗贼，可怕得多。明朝承倭寇之后，此等恐怖心尤甚。又加当时的欧洲人，船炮的坚利，已非中国所及。所以对于他尤为畏恶，积此四端，遂酿成近世中西交通之始，一种隔阂的情形。（《中国近世史前编》，见《中国近代史八种》，第163—164页）

教士的东来

基督教传布于中国，唐、元时代，即已有之，但对中国社会，没有发生什么深切的影响。近代西洋宗教改革，旧教在欧陆，渐次失势，想传播于海外。西人东来的时候，就有教士跟着同来。教士中首先到中国的利玛窦（Matteo Ricci），事在一五八二年。他先到广东肇庆，学习华文、华语，改着华装。然后到韶州，设立天主堂，继到南京，后往北京广结当时的士大夫，并向神宗献方物，神宗许其在北京建立天主堂，时在一六〇五年。士大夫很多和他往来，然亦有攻击他的，至一六一六年，遂遭禁止，教士都逐回澳门。直到满明启衅，明朝需用大炮，召他们监制，教禁才无形解除。

科学的输入

近代西人的发明，足以补我们之所不及的，是科学，所以科学的输入，实在是一件大事。科学，最初是由教士之手输入的。中国人也很欢迎他，初期精通西学的人，如徐光启、李之藻等，他们的相信西教，自然还是因科学引起的。科学首先被中国人采用的，为天文、历法、地理、数学、炮术、医学等，汤若望（Johann Adam Schall von Bell）东来后，徐光启便荐他参与修历的事。到明朝末年才修成。未及颁行，而清朝人入关。汤若望上书自陈。清朝就用其所定的历法，谓之时宪历。汤若望亦被任为钦天监监正。清世祖死后，习旧历法的杨光先，上书攻击。汤若望等一时得罪。但到后来，毕竟因旧历法的不准，仍黜杨光先而用南怀仁（Ferdinand Verbiest）。清圣祖是最留心于格物之学的，他所任用的西教士亦很多。但是，这时候中国人对于科学，究竟还未能认识其真价值。所以杨光先攻击西教士，就说"其制器精者，其兵械亦精"，疑心他的将来要成大患，就是清圣祖，也说："千百年后，中国必受西洋各国之害。"（杨光先的话，见其所著的《不得已书》。清圣祖的话，见其《御制文集》，后来同治年间，反对新法的大学士倭仁奏议中曾引之。当时各种科学书，差不多都有译著，但不受人注意）可见当时对于科学，还只知道应用一方面，而没有知道他的真价值啊！

科学输入的阻碍

中国和外国的交通，也有好几千年了。虽然彼此接触，总不能无相互的影响，然而从没有能使我国内部的组织，都因之而起变化的。其有之，则自近世的中欧交通始。这其间固然有种种的关系，然而其最主要的，还是东西文化的差异。东西文化最大的差异，为西洋近世所发明，而为中国所缺乏的，便是所谓科学。所以科学的传入，是近世史上最大的事件。科学与宗教，虽若相反，其最初传入，却是经教士之手的。杨光先曾说："宁可使中国无好历法，不可使中国有西洋人。"他又说："他们不婚不宦，则志不在小。其制器精者，其兵械亦精。""以数万里不朝不贡之人，来不稽其所从来，去不究其所从去；行不监押，止不关防；十三省山川形势，兵马钱粮，靡不收归图籍，百余年后，将有知余言之不得已者。"杨光先的见解，在今日看起来，似乎是偏狭，是顽固。但是中国历代，本有借邪教以创乱的人；而基督教士学艺之精，和其无所为而为之的精神，又是中国向来没有看见过的。这种迷信的精神，迷信不深的中国人，实在难于了解。杨光先当日，有此疑忌，却也无怪其然。不但杨光先，怕也是当日大多数人所同有的心理。即如清圣祖，他对于西洋传入的科学，可以说是颇有兴味的。对于基督教士，任用亦不为不至。然而在他的《御制文集》里，亦说"西洋各国，千百年后，中国必受其累"。这正和杨光先是一样的见解。人类的互相了解，本来是不大容易的。在学艺上，只要肯虚心研究，是非长短，是很容易见得的。但是国际上和民族间的猜忌之心，一时间总难于泯灭，就做了学艺上互相灌输的障碍。近世史的初期，科学输入的困难，这实在是一个大原因。(《复兴高级中学教科书 本国史》下册，第11、13、14页)

第三十五章　清代之勃兴

　　清朝的初起，和辽、金、元情形又微有不同。辽、金、元初起时，都不甚了解中国的情形。清朝则未入关时，已颇能译汉书、用汉人了。清世祖立，年方六岁。叔父多尔衮摄政，闻北京危急，勒兵于关外以伺隙，恰有守将吴三桂，因李自成掠其爱妾，开关降清，清人和他合兵，把李自成打败。清朝初入关时，不意中国的抵抗力，如此薄弱，所发檄文，还承认福王的自立，虽下剃发之令，亦旋即取消。清朝对西南，兵力本不够进取，这时候，颇想维持现状，而桂王因孙可望跋扈，求助于李定国，可望攻之，大败，转而降清。

清朝的起源

　　清朝的祖宗，就是明朝的建州卫指挥使，名猛哥帖木儿（清朝人自己说：他的祖宗，是天女吞朱果而生，姓爱新觉罗，名布库里雍顺，这全是有意造作的话，不足为据），地在朝鲜会宁府河谷，后为七姓野人所杀。子董山，弟凡察，分为左、右二卫，迁居佟家江流域。董山因桀骜，为明所诛戮，于是左卫衰而右卫强。明李成梁守辽东时，右卫酋长阿台背叛。满洲部人尼堪外兰，引李成梁的兵，把他围困，阿台是左卫酋长叫场的孙婿，他失的女婿。（叫场，《清实录》作觉昌安，追谥景祖。他失，《清实录》作塔克世，追谥显祖）叫场、他失入城，劝他投降，阿台不听。城破，叫场、他失亦被杀。他失的儿子，便是清太祖努尔哈赤，向明朝呼冤，明朝仍给以官职。此时努尔

哈赤势甚微弱。后来渐次强盛，灭掉尼堪外兰，征服满洲和长
白山两部，并俘掠东海部，以增加人众，遂犯扈伦，灭哈达。
哈达、叶赫是明人称为"南关"与"北关"的。哈达即亡，明
人乃遣兵助守叶赫。

明朝的战争

　　一六一六年，努尔哈赤叛明，明人派大兵二十万，分四路东
征，三路皆败，清兵遂灭叶赫，进陷辽、沈，清太祖从新宾（清
时称兴京）迁都到辽阳，又迁都沈阳。明朝因调度乖方，辽西又
多残破，拟尽撤守备入关，而袁崇焕誓以死守宁远，清太祖攻
之，大败，受伤而死。太宗立，先征服朝鲜，回兵攻宁远、锦州
又大败，太宗乃击破察哈尔部，从喜峰口入寇。袁崇焕亦发兵入
援，明思宗中太宗反间之计，把袁崇焕杀掉，锦州遂不能守。然
山海关仍迄然为重镇，清兵虽从长城各口深入，蹂躏河北、山
东，到底不敢久留。

明军事失败之原因

明之兵部，有干涉参谋之权，前敌将帅之行动，受其指挥；而朝中并非兵部之人员，亦得干涉兵部之行动，往往发言。兵部受其牵掣。此等非兵部之人员，其于兵略何知，其识已不如兵部；而兵部居内，其于前敌战阵之事何知，其识复不如前敌将帅。而前敌将帅为兵部所制，兵部为其他无识之人员所制，此明军事上失败之大原因也。（《本国史（元至民国）》，见《吕思勉文史四讲》，第85页）

清朝的入关

明朝的流寇，起于一六二八年，因剿办不得其法，到处入关流窜，遂成不可收拾之势。后来分为两大股：张献忠入川；李自成在陕西僭位，东陷山西，分兵犯北京，思宗自缢而死，时为一六四四年。先一年，清太宗亦死了，子世祖立，年方六岁。叔父多尔衮摄政，闻北京危急，勒兵于关外以伺隙，恰有守将吴三桂，因李自成掠其爱妾，开关降清，清人和他合兵，把李自成打败。自成逃回陕西，清世祖遂入北京。

清与辽、金、元之不同

清朝的初起，和辽、金、元情形又微有不同。辽、金、元初起时，都不甚了解中国的情形。清朝则未入关时，已颇能译汉书、用汉人了。当太祖之时，憎恶汉人颇甚，当时俘获汉人，都发给满人为奴。尤其是读书人，得者辄杀。到太宗时，才知道欲成大业，单靠满洲人，是不行的。所俘汉人，都编为民户，令其与旗人分居，且另选汉官治理。对于读书人，则加以考试。录取的或减免差徭，赏给布帛。于明朝的降臣、降将，尤其重视。清朝当日的创业，和一班投效的汉

人，如范文程、洪承畴、吴三桂等，确是很有关系的。（《复兴高级中学教科书 本国史》下册，第17页）

明朝的灭亡

明人立福王于南京，荒淫无度，朝臣还要互争党见，诸将又不和。清兵攻陕西，李自成走死湖北，清兵遂移攻江南，扬州失陷，督师史可法殉国。福王北狩，清兵直打到杭州，乃北归。清朝初入关时，不意中国的抵抗力，如此薄弱，所发檄文，还承认福王的自立，虽下剃发之令，亦旋即取消。至此，乃又下令强迫剃发易服，以摧挫中国人的民族性，人心大愤，江南民兵蜂起，然不久即失败。清兵进陷闽、浙，明朝在宁波监国的鲁王，逃走舟山，后来舟山失陷，乃到厦门依郑成功。在福州正位的唐王殉国，清兵遂陷广东。明人又立桂王于广西。清朝又遣吴三桂入川，张献忠败死。然川南、川东，都附明桂王。李自成余党在湖南，亦受招抚，助明抗清，江西、广东，亦都反正，合云南、贵州共有七省之地，但残破之余，到底敌不过新兴的气焰。至一六五一年，各地相继失陷，桂王穷居南宁，遣使到贵州，求助于张献忠余党孙可望，可望遣李定国等分路出兵，杀败吴三桂，恢复四川，并攻破桂林，把明将降清的孔有德诛戮。清朝对西南，兵力本不够进取，这时候，颇想维持现状，而桂王因孙可望跋扈，求助于李定国，定国派人迎王入滇，可望攻之，大败，转而降清。明降臣洪承畴守湖南，因请清兵大举。李定国力战不胜，乃奉桂王入缅甸，吴三桂又发大兵出边胁迫，缅人乃奉桂王入三桂军，为其所害，时在一六六二年，明朝至此灭亡。

三藩的灭亡

明朝既灭亡，清朝乃封降将三人，以守南方之地，是为"三藩"。一六七三年，因撤藩令下，吴三桂首先举兵。耿、尚二藩，亦都响应。贵州、广西、四川、湖南，先后陷落。声势颇张，然三桂年老，不能用弃滇北上之计，徒和清兵相持于湖南、江西，兵势遂渐促。耿、尚二藩，又转而降清，三桂死后，其孙遂于一六八一年，为清所灭。

$$
三藩
\begin{cases}
云南 \quad 平西王 \quad 吴三桂 \\
广东 \quad 平南王 \quad 尚可喜—之信 \\
福建 \quad 靖南王 \quad 耿仲明—继茂—精忠
\end{cases}
$$

台湾郑氏

然而天南片土，还保存着汉族的衣冠，这便是台湾郑氏。先是清兵破福建，实由明朝叛臣郑芝龙，暗中输款，芝龙的儿子郑成功独不肯，据金门、厦门，和清朝相抗。清攻桂王时，成功大举入长江直薄南京，因势孤退出，旋从荷兰人手里，夺取台湾，以为根据地。成功死后，子经继立。三藩平后，清朝颇想同他讲和，而郑氏的降将不肯。郑经卒后，国有内乱，一六八三年，遂为清人所灭。

第三十六章　清初之政治及武功

　　清朝初入关时，屠杀是很厉害的。圈占民地，以给旗人，贻害亦很烈。但其政治，确较明末为整饬。圣祖在位岁久，勤于政事。世宗虽然残忍，亦颇严明，与民休养生息，便又现出富庶的景象了。中国的国民，自助的力量，本来是很大的。只要国内承平，没甚事去扰累他，那就虽承丧乱之余，不过三四十年，总可复臻于富庶。清朝康熙年间，又算是这时候了。武功是时会之适然。中国的国情，是不适宜于向外侵略的。所以自统一以后，除秦汉两朝，袭战国之余风，君主有好大喜功的性质，其余都是守御之师。不过因了国力的充裕，只要（一）在我的政治相当清明，（二）在外又无方张的强敌，即足以因利乘便，威行万里。历代的武功，多是此种性质，而清朝，亦又逢着这种幸运了。

清初的政治

　　清朝初入关时，屠杀是很厉害的。圈占民地，以给旗人，贻害亦很烈。但其政治，确较明末为整饬。圣祖在位岁久，勤于政事。世宗虽然残忍，亦颇严明，与民休养生息，便又现出富庶的景象了。高宗虽然奢侈，表面上也还能维持着这个盛况，所以从一六八一年三藩平定起，到一七九五，即乾隆的末年，总算是清朝的治世。清初，汉人虽因流寇的骚扰，军人的专擅作伥，精疲力尽，不得不屈服于异族羁轭之下，然而反抗的心理，总是不能没有的。但满族为收拾人心起见，亦颇知用牢笼政策以为缓和。

所以圣祖、高宗时，曾两开博学鸿词科；又网罗儒臣，编纂书籍（编纂书籍以圣祖、高宗时为最多，圣祖时之《古今图书集成》一万卷，高宗时之《四库全书》三万六千余册，尤为最大编著），一面又大兴文字之狱，把明人著述，涉及满洲事实的，都加以销毁（文字之狱，如圣祖时，庄廷钺《明史》案，戴名世《南山集》案，皆至灭家。世宗、高宗时，因诗文字句有毁谤嫌疑而起大狱者更众。余见下章）；以摧挫士气。禁止满、汉通婚；满人不得学汉人风俗。满兵驻防各省的，亦和汉人分城而居；并把满、蒙封锁起来，不许汉人移殖。这许多，都是金、元人所想不到，而亦不敢行的。

兴于统一，败与内溃

大凡民族的强盛，总是从统一同族起的。清太祖之兴，也是如此。大凡北族的灭亡，总是由于内溃。而其内溃，则总是由于宗室之中，相争不决的。这是从匈奴以后，都是如此。读者请把匈奴、突厥、薛延陀等等的事情，一加考校，自然见得。其互相争而能够终定于一的，就可以暂时支持。辽、金两朝的初叶，就是其适例。清朝从太宗到世宗，累代相承，总算把骄横的宗室压服。其部族，就可以保得不至于内溃了。（《白话本国史》第三册，第31、47页）

盛世与国民的自助力

中国的国民，自助的力量，本来是很大的。只要国内承平，没甚事去扰累他，那就虽承丧乱之余，不过三四十年，总可复臻于富庶。清朝康熙年间，又算是这时候了。而清初的政治，也确较明中叶以后为清明。当其入关之时，即罢免明末的三饷。又厘订《赋役全书》，征收都以明万历以前为标准。圣祖时，曾叠次减免天下的钱粮。后来又定"滋生人丁，不再加赋"之例，把丁赋的数目限定了。这在农民，却颇可减轻负担。而当时的用度也比较地节俭。所以圣祖末年，库中余蓄之数，已及六千万。世宗时，屡次用兵，到高宗初年，仍有二千四百万。自此继长增高，至一七八二年，就达到七千八百万的巨数了。以国富论，除汉、隋、唐盛时，却也少可比拟的。（《复兴高级中学教科书 本国史》下册，第19页）

蒙回藏的平定

清朝的武功，是颇有可观的。这也并不是满洲人有什么力量，还不过是利用中国的国力罢了。清朝当入关前，漠南蒙古，即已为其所征服。漠北蒙古，则不过每年送他一匹白驼，八匹白马（清朝谓之"九白之贡"），还无甚深切的关系。此时蒙古信喇嘛教，已渐流于弱；而天山北路的卫拉特渐强。西藏人所信的喇嘛教，系唐中叶后，由印度传入的。其后专炫幻术，颇多流弊。十五世纪，宗喀巴生于西宁，乃改良教义，另创新派。他的信徒，都着黄衣冠，和旧派的红衣冠区别。世因称旧派为红教，新派为黄教。黄教推行日广，至十六世纪中，遂普及青海和蒙古。（其时俺答征服青海，留两个儿子据守。他这两个儿子，先相信了喇嘛教，因而感化到俺答）黄教教规，不许娶妻。教中尊宿，都以呼毕勒罕（再生的意思。据他们说：教中的尊宿，来去都可以自由，死前即预知将来托生何所的。可以依着他的指示，去找这地方新生的孩子。找到了，用种种方法试他，决定他是再来人，就把他迎接回去，施以特别的教养；达到一定年龄，就可以承袭其地位和职务。如其没有预示托生之所，也有用占卜的方法决定的），主持教务。宗喀巴两大弟子达赖和班禅，都住在拉萨；其第三大弟子哲卜尊丹巴，则住居库伦；而后藏拉达克的藏巴汗，仍为红教护法。十七世纪中，西藏第巴桑结（第巴，官名，达赖喇嘛只管教务，政务是另行设官管理的，第巴即其中之一），招和硕特固始汗入藏，攻杀藏巴汗，奉班禅居日喀则，固始汗留子达延汗在西藏，而自己徙牧青海。桑结又招准噶尔噶尔丹入藏，把达延汗攻杀。于是准噶尔统一四卫拉特，势大张，遂徙牧阿尔泰山，突发兵袭外蒙古，喀尔喀三汗（外蒙喀尔喀，有汗号的，共有三人：一土谢图汗，一车臣汗，一扎萨克图汗。清世宗时，扎萨克图汗所属郡王策凌，曾自练精兵，把准噶尔打败。清朝乃使之独立，是为三音诺颜汗。喀尔喀自此以后，就有四汗了），都复走漠南，时在一六八九年。清圣祖为之出兵，击破准噶尔，噶尔丹因旧地为其兄子所据，穷蹙自杀，喀尔喀还治漠北。圣祖死，和硕特谋叛，亦给世宗打平。高宗时，准部内乱，又乘机把他征服。天山南路，从元朝以来回教盛行，回教教主后裔，居于喀什噶尔，甚得人民尊信。准噶尔强时，曾将其酋长兄弟两人，拘质于伊犁，清平准部后放归。二人却据天山南路，和清朝相抗，又给高宗打平，时为一七五九年。于是葱岭以西诸回部，亦都来朝，是为清朝武功最盛之世。

武功是时会之适然

武功是时会之适然。中国的国情，是不适宜于向外侵略

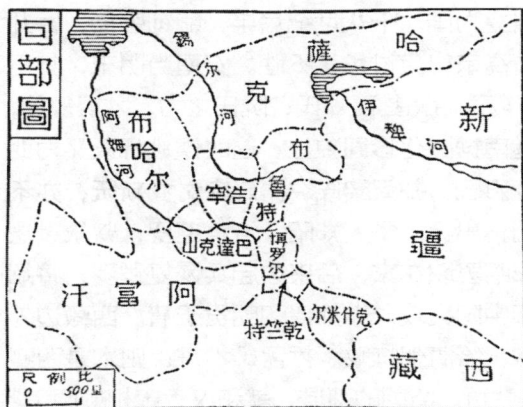

卫拉特
和硕特（迪化）
准噶尔（伊犁）
杜尔伯特（塔城）
土尔扈特（额尔齐斯河）

的。所以自统一以后，除秦汉两朝，袭战国之余风，君主有好大喜功的性质，社会上亦有一部分人，喜欢立功绝域外，其余都是守御之师。不过因了国力的充裕，所以只要（一）在我的政治相当清明，（二）在外又无方张的强敌，即足以因利乘便，威行万里。历代的武功，多是此种性质，而清朝，亦又逢着这种幸运了。自唐中叶后，喇嘛教输入吐蕃，而西藏人的性质遂渐变。明末，俺答的两个儿子侵入青海。其结果，转为青海地方的喇嘛教所征服，喇嘛教因此推行于蒙古，连蒙古人的性质，也渐趋向平和，这可说是近数百年来塞外情形的一个大转变。在清代，塞外的侵略民族，只剩得一个卫拉特了。而其部落较小，侵略的力量不足，卒为清人所摧破。这是清朝人的武功，所以能够煊赫一时的大原因。（《吕著中国通史》下册，第519—520页）

西南诸国的平定

安南从脱离中国自立后，南并占城，国势颇盛。其西邻的暹与罗斛，则明初合并为一国，受封于中国，为逻罗国王。更西，在半岛的西部，元、明两代，还大都是中国的土司。其后中国实力不能及，而缅甸及自立为国。十八世纪后半，缅甸强盛，吞并逻罗，又侵犯云南，清高宗出兵讨伐，不胜。安南当明末，其王黎氏，曾为其臣莫氏所篡，后藉其臣郑氏、阮氏之力，才得复国，而颇薄待阮氏，阮氏遂南据顺化形同独立。这时候，阮氏又为西山的阮文岳所灭，是为新阮，并灭黎氏，清高宗讨伐新阮，亦不得利。然两国都怕清朝再出兵。华人郑昭，流寓逻罗，曾做过逻罗的官。逻罗亡时，郑昭罢职在家，后来亦起兵恢复逻罗，将缅甸驱逐。缅甸又怕他和中国夹攻，亦都请和朝贡于清。西藏边外的廓尔喀，曾举兵犯藏，给清朝打败。哲孟雄不丹，则本是西藏的属部，这三国亦都来朝贡。清朝的疆域，就和汉、唐相颉颃了。

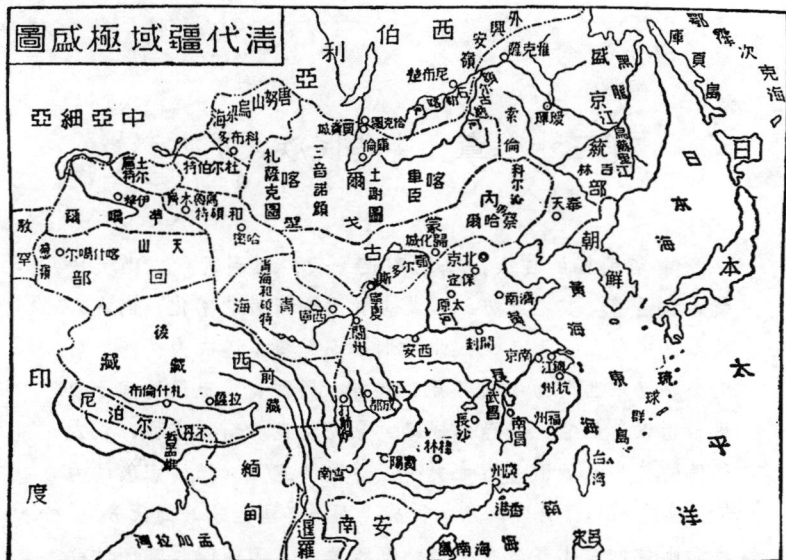

清代疆域极盛图

清史的分期

　　清代的历史，可分为前后两期：顺治、康熙、雍正、乾隆四朝，国内大体平安，对外的用兵，亦多胜利，此时虽已与西洋交通，尚未感觉其影响，纯为闭关独立之旧，其情形颇与汉、唐盛世相似，此时期约历一世纪半，可称为前期。至嘉庆时而内乱作，道光时五口通商，渐受外力影响，而情形一变矣。在前期一世纪半中，海内尚未大定，然政治及社会之情形，业已好转。中国社会，本来在秩序安定的情形下，数十年间，即可转为富庶。康熙中叶后，适逢其时，故国内渐见升平气象。雍正承之，行政稍加严肃，于政治风纪及财政，均有裨益。乾隆时遂臻极盛。高宗性本奢侈，中年后任用和坤，大肆贪黩，政治风纪大坏。而社会情形，亦适逢恶化之时。于是哀机潜伏，至其末年，内乱爆发，转入后期矣。（《本国史（元至民国）》，见《吕思勉文史四讲》，第90页）

第三十七章　中华民族之扩大

　　中华民族的扩大，本已不止一次，而到近代，则其成绩尤为显著。其在北方，因蒙古受了喇嘛教的感化，满洲人又入据中原，三百年来，北境均平安无事，遂成为拓殖的好机会。辽东西久为中国郡县；就吉、黑两省，也很适宜于农耕；所以这三省，拓殖的成绩，最为优良。新疆方面，汉人移殖的较少；西藏、青海更少。然这两方面，靠了宗教的力量，实在同化了许多复杂的民族。西洋各国因争教而致分裂，我们则信仰自由，各种宗教，互相尊重，因此而收到团结联合的效果，这真是民族的"度量相越"了。

满蒙的同化

　　中华民族的扩大，本已不止一次，而到近代，则其成绩尤为显著。其在北方，因蒙古受了喇嘛教的感化，满洲人又入据中原，三百年来，北境均平安无事，遂成为拓殖的好机会。清朝对于汉人，猜忌是很深的，山海关以外，都不许汉人移殖；即蒙古亦然。（清朝的奉天将军，每到年终，要奏报本年并无汉人私行出关，直到光绪年间，还是如此。真可发一大噱。蒙古从前汉人前往经商，是要领有票据的。居住不准满一年。且不许在蒙古造屋）然此等无谓的禁令，敌不过汉人自然膨胀的力量。所以从清朝入关后，山东人民，渡海前往东三省的，依旧不少。从海口沿官道深入，渐次分布于内地。就是因犯罪遣戍到黑龙江的人，也有在那里成家立业的。咸、同乱后，汉人更出长城，移殖到蒙古东部，又由此而入吉、黑。清朝明知禁令之无益，亦就默认其解除。而此时外患渐亟，并觉得东三省有充实的必要，就更有官自开放，招人前往垦殖的事情了。辽东西久为中国郡县；就吉、黑两省，也很适宜于农耕；所以这三省，拓殖的成绩，最为优良。满语、满文几于不复存在。一切风俗，亦和内地无异。据最近的调查，三省的居民，十五分的十四，都是汉人。这都是前人辛苦经营的成绩呀！次之就要算内蒙了。

只有"移民实边"，不可"限民虚边"

关东三省，是清朝的老家。（其实也算不得他的老家，因为辽东西本来是中国的郡县）他入关以后，还想把他保守着。（倘使老家给汉人占据起来，他就无家可归，真正在中原做了客帝了）而东三省的形势，和蒙古的关系，又很为密切的。所以想把这两处，通统封锁起来。关东三省中，只有少数的"民地"。此外就都是"旗地"和"官地"，汉人出关耕垦，是有禁的。蒙古亦有每丁的私有地，和各旗公共之地。都不准汉人前往垦种，就汉人前往蒙古经商的，也要领了票据，然后可往。且不得在蒙古住满一年。不准在蒙地造屋。他的意思，无非怕汉蒙联合，要想把汉蒙隔绝了，满蒙却联结一气，以制汉人，然而这种违反自然趋势的命令，到底敌不过汉族天然膨胀之力。当康熙时，山东的人民，已经陆续的向关东移住了。这种封锁的政策，虽然不能阻止汉人的自然移殖，毕竟把汉人的移殖，阻止得缓了许多。现在蒙满之地，还是弥望荒凉，都是这种封锁政策的罪恶。倘使当初不存一"联合满蒙，以制汉人"的谬见，早早把满蒙开放，设法奖励汉人的移殖，到现在，就不敢说和内地一样，怕总比现在的情形，充实的加倍不止。决不会有后来抱着满蒙这么一大片的地方，反忧其"瓠落而无所容"的患害。不但如此，汉官昏愦，到底也比什么将军副都统等清楚些。（就使官都昏愦，幕

里也总有明白的人）倘使早早招徕汉人，设置州县，沿边的
情形，也总要比较明白。像前五四、五二两年（一八五八、
一八六〇）[1]，一举而割掉几千万方里的地方的事情，怕不会
有罢？总而言之，从古以来，只听见"移民实边"，没听见
"限民虚边"。（《白话本国史》第四册，第58、59—60页）

回藏的开拓

新疆方面，汉人移殖的较少；西藏、青海更少。然这两方
面，靠了宗教的力量，实在同化了许多复杂的民族。回族在现
在，只是一个宗教上的名词。所谓汉回，除信仰回教以外，其余
一切，与汉人无异。就是别种民族，如缠回等，亦因其信仰回
教，而风俗渐趋于同一了。青藏方面亦然，以该地方地势的崎
岖，民族的复杂，非藉喇嘛教的力量，断不能像现在的大略趋
于一致的。西洋各国因争教而致分裂，我们则信仰自由，各种宗
教，互相尊重，因此而收到团结联合的效果，这真是民族的"度
量相越"了。

西南的开拓

西南方面，历代的开拓，亦是到近代才竟其全功的。湖南
和贵州的东部，属于洞庭流系，为苗族的根据地。其中唯湘江流
域，开拓最早。澧、沅、资三水流域，则是从隋唐到清朝，逐渐
开辟的。贵州于一四一三年列为布政司（明成祖永乐十一年），
其东南部的苗疆，则到清朝雍正年间强制执行"改土归流"的政
策（"改土归流"为雍正四年云南巡抚兼总督鄂尔泰奏请用此策
以平苗疆。所谓改土归流，就是改土司为流官的意思）才算成

---

① 这里的"前"是民国纪元的"前"，不是公元前的"前"。

功。广西一省，明代用兵最多。雍正改流时，开辟亦不少。云南当明时，还全省都是土官，就正印是流官，亦必以土官为之副。后来逐渐改流，亦是到清朝雍正年间大定的。四川西北境的大小金川，清乾隆时，抗命最烈，前后用兵五年，糜饷七千万，然后平定。一时虽然劳费，却也获长治久安之功。总而言之：西南一带，现在只是地利有待于开辟，以民族论，可说是没有问题了。

西南的改土归流

清朝对于川、滇、黔、桂诸省的用兵，虽然事在疆域之内，然和西南诸省的开拓，实在大有关系。原来西南诸省，都系苗、傜、倮罗诸族所据。虽然，自秦汉以降，久列于版图，而散居其地的种落，终未能完全同化。元时，其酋长来降的，都授以土司之职，承袭必得朝命。有犯顺、虐民，或自相攻击的，则废其酋长，代以中国所派遣的官吏，是之谓改流。虽然逐渐改流的很多，毕竟不能不烦兵力。此等用兵，虽一时不免劳费，然在西南诸省的统治和开发上，总可算有莫大利益。(《复兴高级中学教科书 本国史》下册，第35页)

第三十八章 清初之外交与中叶之政治

　　西人的东来，远在明朝中叶，其时除广东一隅外，以全国论，可谓不曾受到什么影响，到清朝就不然了。最初在国交上发生关系的，就要数到中、俄的划界交涉。侵略国的思想，是爱好平和之国所梦想不到的。假如中国而有了西伯利亚的广土，亦不过视为穷北苦寒之地，置诸羁縻之列。所以黑龙江两岸，远较西伯利亚为膏腴，尚且不能实力经营。若说如俄国，立国本在欧洲，却越此万里荒凉之地，以求海口于太平洋，这是万想不到的事。所以近世中国受列强的侵削，历史上国情的不同，实在是其最重要的根源。清朝的势力，在表面上，到乾隆时为极盛，然而盛极必衰，其危机也就潜伏于这时候的。

中俄交涉

　　西人的东来，远在明朝中叶，其时除广东一隅外，以全国论，可谓不曾受到什么影响，到清朝就不然了。最初在国交上发生关系的，就要数到中、俄的划界交涉。蒙古西征以后，俄人本隶属于其所分封的钦察汗。到十五世纪，俄人渐强，而钦察汗后裔，互相争斗，俄人遂脱蒙古羁绊而自立。其时哥萨克族（Cossacks，即哈萨克Kazak的音讹，此种人自亚入欧，住在俄罗斯南部草原）归附俄人，替他向东侵略西伯利亚。

国情不同是近世受侵削之根源

侵略国的思想，是爱好平和之国所梦想不到的。假如中国而有了西伯利亚的广土（中国当汉、唐盛时，西伯利亚南部诸国，亦都曾朝贡服属。在唐时，并曾置羁縻府州），亦不过视为穷北苦寒之地，置诸羁縻之列——所以黑龙江两岸，远较西伯利亚为膏腴，尚且不能实力经营。若说如俄国，立国本在欧洲，却越此万里荒凉之地，以求海口于太平洋，这是万想不到的事。然而近世的帝国主义，则竟有如此的。所以近世中国受列强的侵削，历史上国情的不同，实在是其最重要的根源。（《复兴高级中学教科书 本国史》下册，第65页）

清朝入关时，俄人的远征队，已达到黑龙江边。在江外造了尼布楚、雅克萨两城。此等远征队，专事剽掠，黑龙江流域的居民大为不安。清圣祖屡次致书俄将，请其约束，都无效。一六八五年，乃命黑龙江都统出兵，攻毁雅克萨城。俄人又修理驻守，清兵亦再进兵围攻。会圣祖前托荷兰商人致书俄皇，此时得其覆书，请先解围，然后两国各派使臣，会商疆界。圣祖乃将围兵撤退，公元一六八九年，两国使臣，相会于尼布楚〔中国使臣为索额图，俄使为费耀多罗（Fedor A. Golovin）〕，俄人要求划黑龙江为界，中国则要求以外兴安岭为界。彼此相持，势将决裂，此时俄人在东方的兵力，还不够和中国为敌。俄使护从的兵，也较中国使臣为单薄，乃照中国的意思，西以额尔古讷河；东自格尔必齐河以东；以外兴安岭为界。岭南诸川，流入黑龙江的，都属中国，是为《尼布楚条约》。约定后，在北京设俄罗斯馆，许俄国派学生到中国来，学习满、汉文字，后又许俄商三年到北京贸易一次，免其税项。

《尼布楚条约》定后未几，而准噶尔之事起，外蒙全归向中国，于是又发生蒙俄界务问题。此事于公元一七二七年，订《恰克图条约》解决。自沙宾达巴哈以东，都行订定。（就是现在的蒙、俄疆界。中、俄界约，唯这一段，订定后没有变动）以恰克图为通商地点。到高宗时，就停北京贸易，专在恰克图。

广东通商交涉

广东方面的通商，中国人认澳门为各国居留之地，而事实上，为葡人所把持，各国都感不便，而以英国为尤甚。台湾郑氏灭亡后，清朝曾开四处海口通商，然事实上，各国贸易，皆在广州。此时广东的对外贸易，为公行所专，外人颇受剥削［公行，亦称洋行。其时的洋行，是由华人设立的。五口通商以后，才由外人设立而雇用中国人做买办。和内地的牙行一般，因与外洋商人往来，故称洋行，最著的为十三洋行。当时外商营业的居所，名为商馆（Factory），限定只得与公行交易，税项由他估定，还有官吏所收的"规礼"，公行所抽的"行用"，亦要一并加上，行用初时颇轻，后来逐渐加重到好几倍］，英人住在广州商馆里，受种种拘束，尤不自由（如不准携眷；不准坐轿；出外游玩，限于逢三、八日等）。英人乃于公元一七九二、一八一六两年，两次派遣使臣到中国来，要求改良通商章程，都不得结果。［公元一七九二年，英使为马甘尼（Macartney），近译亦作马戛尔尼。公元一八一六年所派为阿姆哈司（Amherst）。前一次，适值高宗八旬万寿，中国人强指其为祝寿来的，赏以礼物筵宴，于其所要求的事，则赐给英吉利国王敕谕两道，一概驳斥不准。后一次因国书衣装落后，仁宗召见，英使以疾辞，仁宗疑其傲慢，将其押解回广东］先是英国在中国的贸易，亦为东印度公司所专。公元一八三四年，乃将其专利权取消。公司

一六八五年清朝所开四海口

粤海关	闽海关	浙海关	江海关
澳门	漳州	宁波	云台山

的代理人，中国谓之"大班"，英国派贸易监督官前来，中国官吏，仍当他是大班，不肯和他平等交际，后来英人又改派义律为领事［Charles Elliot，此为甲必丹义律。后来鸦片战争时，合伯麦（G.Bremer）统兵前来的，为加至义律，近译亦作为乔治义律（George Elliot）］，和中国交涉，亦不得要领，义律乃报告本国政府，说要得中国平等待遇，非用兵力不可，两国的战机，就潜伏了。

澳门问题的由来

明朝在广州，本来设有市舶司。其初外国船来通商的，都停泊在海洋之中，就船贸易。公元一五三五年，指挥使黄庆，才许他们在澳门居住。是为西人在陆地得有根据之始。后来葡萄牙人，就渐渐的筑城置戍，据为已有了。当时曾有人请把他们驱逐出去，仍在海洋中就船交易。广东官吏筹议说："香山内地，官军环海而守；彼日食所需，咸仰于我，一怀异志，立可制其死命。移泊外洋，大海茫茫，转难制驭。"遂作罢。这话在当日，原是合乎情势的。但是到后来，情势变迁，澳门就竟给葡萄牙人占据去了。葡萄牙人占据澳门后，初尚按年交纳地租，到公元一八四九年，那时候，已经是清朝的道光末年，在五口通商之后了。葡人借口其头目被杀，就抗不交租。后来清朝和欧、美各国，多数立约通商，独葡约因澳门问题，不能成立。其时还有"由中国偿还葡人筑路、建屋之费，把澳门收回"之议，未能有成。时鸦片久已用洋药之名，抽收税厘，而从香港、澳门偷运入境的，非常之多。中国要求英国人缉私。英国人说："澳门如不缉私，香港亦难照办。"中国不得已，于公元一八七七年，和葡人订立条约，许其"永居，管理澳门"，而葡人允许助中国人缉私，竟成割让澳门以交换查缉私烟之局了，这是何等痛心的事？澳门既割弃后，界址又未能画定。（《初中标准教本 本国史》第三册，第3、9—10页）

传教的情形

利玛窦等初来传教时，一切顺从中国的风俗，拜孔子，拜祖宗，都在所不禁（他们的解释说："中国人拜孔子，是敬仰其人格；拜祖宗，是报恩的意思；都没有求福免祸之见，不能算崇拜偶像。"），后来别派教士，有向教皇攻击他的。教皇遣使到中国来禁止。清圣祖大怒，将其使逐归澳门，命葡萄牙人拘禁。（教皇所派使Tournon，旧译作多罗，新译作铎罗。被葡人监察甚严，忧愤而死）然教皇仍不肯将其禁令取消，于是在华传教的教士不能再容忍中国人的风俗，彼此隔碍就渐深。到一七一七年，清朝就禁止天主教传布。教士除在京效力的外，一概逐归澳门。（后因澳门地小不能容，许居广州天主堂，而禁止出外行走）各地方的天主堂，都改为公廨。

清中叶的内政

清朝的势力，在表面上，到乾隆时为极盛，然而盛极必衰，其危机也就潜伏于这时候的。高宗是一个好大喜功的人，他件件事情，都要摹仿圣祖，而没有他的聪明勤力，凡事都喜欢装饰表面。又好奢侈，六次南巡，沿途供帐，所费甚巨。中岁后任用和珅，贪赃枉法，为古今所无，官吏都不得不贿赂他，于是上司诛求下属，下属剥削百姓，吏治大坏，社会就骚然不安了。

一七九五年，高宗传位于仁宗。明年，白莲教徒，就以"官逼民反"为词，起事于湖北，蔓延四川、河南、陕西、甘肃等省。攻剿十年，才算全平。同时，东南有"艇盗"，闽、浙、广东，大受其害。到公元一八〇九年才平定。而一八一三年，北方又有天理教之变。教首李文成、林清，至结连内监，袭入宫禁，其党亦叛于山东、河南。宣宗时，回疆又有张格尔之变。张格尔，就是天山南路教主的后裔，清平天山南路时，逃到浩罕去的。至是借其兵入寇，陷南路数城。这许多叛变，虽然都经戡定，然而人心摇动的情形，就可以见得了。

清朝的财政，是当康熙时代，就有余蓄的。乾隆最盛时，曾达七千余万两，嘉庆以后，内外多故，就开始患贫。至于兵力，则当吴三桂起事时，满兵已不足用。"绿营"亦徒有其名，川楚教匪的勘定，实在是得力于乡勇的。以如此腐败的政治，而要当西人方兴之焰，自然要败坏决裂了。

中国历代财政之窳敝

凡百政事，总是有了钱，才能够举办的。所以财政实为庶政的命脉。要想积极地整顿政治，理财之法，是不能不讲的。中国的政治，既是放任主义，所以其财政亦极窳敝。全国最重要的赋税是地丁。地即田税，丁乃身税，本指力役而言。责民应役，其弊甚多，乃改为折纳钱而免其役。而所谓折纳钱者，又不是真向应役的人征收，而是将全县丁额，设法摊派于有田之家，谓之丁随粮行。名为丁税，其实还是田税。清朝所谓编审，就是将丁税之额，设法改派一番，和清查户口，了不相干。所以各县丁税，略有定额，并不会随人口而增加。清圣祖明知其然，乃于康熙五十一年下诏：令后此滋生人丁，永不加赋。新生人丁，概不出赋，而旧有丁赋之额，仍要维持，就不得不将丁银摊入地粮了。至此，地丁两税，乃正式合并为一。所以昔时租税的基本部分，全为农民所负担，其伸缩之力极小。财政困难时，加赋往往召乱。但不加赋，又无以应付事情，这亦是从前政治难于措置的一端。(《中国近世史前编》，见《中国近代史八种》，第154—155页)

第三十九章　鸦片战争

　　鸦片战争，是中西正式冲突的开始。这是积了种种的障碍，到此爆发的；所谓禁烟，倒不过是一个导火线。种种的经过，都是不谙外情当然的结果。中国当承平时，政治是放任的，兵备是废弛的。林则徐查办烟案，兵怨之，夷怨之，私贩怨之，莠民亦怨之，反恐逆夷不胜。英兵所至，到处官逃民散，论者称其为入无人之境，社会的情形，积重如此，又岂一日所能转变？中国人和外国人交涉，是自尊自大惯了的，也是暗昧惯了的。从此以后，中国在外交界上，就完全另换了一番新局面了。所可惜的，当时别种方面，虽然屈从英国人，禁烟一事，仍旧可以提出的。而当时议约诸人，于此竟一字不提。倒像英国的战争，专为强销鸦片而来；中国既然战败，就不得不承认他贩卖鸦片似的。

鸦片的输入

　　鸦片战争，是中西正式冲突的开始。这是积了种种的障碍，到此爆发的；所谓禁烟，倒不过是一个导火线。鸦片在唐德宗贞元时，已由大食商人输入中国。[宋初所修《开宝本草》，也有其名（开宝，宋太祖年号，公元九六八至九七五）]但是从前只作药用。明末，烟草输入，吸食的人渐多，其中有一种，是以鸦片和烟草同熬的，谓之鸦片烟。那时代吸烟草也有禁令，后来就解除了。鸦片烟则迄未弛禁，然吸者亦不绝。明神宗万历年间，鸦片初由葡萄牙人输入，每年不过几千箱。十八世纪中叶，英人独占印度，印度的恒河流域，是鸦片产地，输入遂逐渐增多，后来竟近三万箱。那时候的中西贸易，输出以丝、茶为大宗，输入以呢、布、钟表为大宗，出入本略可相抵。鸦片输入激增后，进出口不能平衡，乃不得不将现银输出。银是清朝时候用作货币的，既然银条外流，内地银荒日甚，于是银价上涨，货值日跌。经济界颇受影响。（当时赋税都系收钱，换成银两解上去，钱贱银贵，征收的官吏，就要赔累。盐商卖盐交课亦然）而吸烟的人，志气颓唐，身体衰弱，尤为民族一大危机。于是禁烟之议起。

禁烟问题的两派

中国是时，没有这许多出口货与之相抵，只得输出银两，银是清代用为货币的，官吏征收钱粮，盐商卖盐，所收的都是铜钱，及其解交国库，则都须换成银两。银钱相易，前此都有赢余，此时则不克赔累，影响于财政颇巨。于是严禁之议复起。私运为大利之所在，能否用快刀斩乱麻的手段，一切禁绝，颇成问题。而对外方面，通商上的症结深了，能否一切不顾，专办禁烟，亦成问题。做《中西纪事》的夏燮，眼光是很旧的，然而他论禁烟之事，亦说不宜同时断绝通商。且说晁错策七国，削之反速而祸小，不削反迟而祸大，当时情事，适当其反。西人万里而来，不过图利，若使其有利可得，战祸或竟可消弭于无形。可见当时战事，烧烟其名，争通商之利其实，为众所共知。所以当时太常寺少卿许乃济一奏，颇主缓和。主开禁收税，但只准以货物交易，不许用银，官员、士子、兵丁禁吸，余不问，且许栽种。然积弊须以渐除，固是一理，要用迅雷疾风的手段，加以震慑扫荡，然后爬罗剔抉的工作，乃得继之而进行，亦是一理。林则徐在当时，大约是主张后者的，至于对外的关系，则非当时所知，总以为前此办理的不善，由于官吏的畏葸不负责任。于是严

厉的行动，就开始了。(《中国近世史前编》，见《中国近代史
八种》，第174—175页)

林则徐的禁烟

一八三八年，宣宗将禁烟问题，命臣下详议，多数主张严
禁。湖广总督林则徐，奏语尤为激烈。(则徐有"烟不禁绝，国
日贫，民日弱，数十年后，岂唯无可筹之饷，抑且无可用之兵"
诸警语)宣宗即命他到广东去查办。明年，则徐迫令英人缴出鸦
片二万另二百八十三箱(每箱一百二十斤)，把他悉数烧毁。下
令各国商船：进口的要具"夹带鸦片，船货没官，人即正法"的
甘结。各国都照具了，独有英国不肯。义律命英商退往澳门，则
徐断其接济。义律遂以兵船封锁广州，然未得政府的允许，究不
能和中国开战，乃又请他国斡旋愿具"夹带鸦片，船货充公"的
结，但请删"人即正法"四字，则徐亦不许。

> **虽林则徐对外仍是隔膜**
>
> 中英交战之时，英船尝三犯台湾。第一次在鸡笼，第二
> 次在大安港，都搁浅。当姚莹等捕获英人时，廷寄命其将该
> 国地方，周围几许？所属之国，共有若干？其最为强大，不
> 受该国约束者，共有若干人？英吉利至回疆各部，有无旱路
> 可通？平素有无往来？俄罗斯是否接壤，有无贸易相通？逐
> 层密讯，译取明确供词，切实具奏。林则徐在广州时，奏称
> 震于英吉利之名者，以其船坚炮利而称其强，以其奢靡挥霍
> 而艳其富。不知该夷兵船笨重，吃水深数丈，仅能取胜外洋，
> 至口内则运掉不灵，一遇水浅沙胶，万难转动。是以货船进
> 口，亦必以重资请土人导引，而兵船更不待言矣。从前律劳
> 卑冒昧，一进虎门，旋即惊吓破胆，回澳身死，是其明证。
> 且夷人除枪炮以外，击刺步伐，俱非所娴，而其腿足缠束紧

密，屈伸皆所不便，若至岸上，便无能为，是其强非不可制也。又其陛辞时，奏称内地茶叶、大黄，禁不出口，已足制诸夷之命。至广州，又奏茶叶、大黄两项，臣等悉心访察，实为外夷所必需。其隔膜至于如此，岂在短时期中，能有知己知彼之望？（《中国近世史前编》，见《中国近代史八种》，第178、179页）

中英的开战

公元一八四〇年，英国国会通过了用兵。于是英人派兵二万余前来，攻击广东沿海，不克。改攻厦门，旋亦弃去。北陷舟山，又到大沽投英国首相致中国的信。信中提出六项要求。其时督抚怕多事，宣宗遂派琦善在广东查办，林则徐时已授为两广总督，革职，遣戍新疆。琦善既至，和英人磋议。英人要求割让香港，琦善不敢许。英人就进兵攻陷海口炮台。琦善不得已，允许了他。清朝闻英人进兵，大怒，将琦善革职，另派大臣督兵进剿。英国亦嫌交涉软弱，撤去旧员，改换新将。[第一次带兵来的，见第三十八章"广东通商交涉"注文，后来所换的为璞鼎查（Henry Pottinger）]清兵到广东，进攻不胜，英兵至，再陷厦门、舟山，进破宁波、乍浦。又撤兵入长江，陷上海、镇江，直逼南京，清朝无可如何，乃派耆英等和英人议和，订立《南京条约》。

社会情形积重难返

中国当承平时，政治是放任的，兵备是废弛的。当时广东按察使王廷兰写给刘韵珂的信，说各处调到的兵，纷扰喧哄，毫无纪律，互斗杀人，校场中积尸不知凡几。甚至夷兵抢夺十三行，官兵杂入其中，肩挑背负，千百成群，竟行逼去，点兵册中，从不闻清查一二。又说：林则徐查办烟案，兵怨之，夷怨之，私贩怨之，莠民亦怨之，反恐逆夷不胜，前辙不能覆蹈。刘韵珂写给人家的信，亦说除寻常受雇，持刀放火各犯外，其为逆主谋，以及荷戈相从者，何止万人？英兵所至，到处官逃民散，论者称其为入无人之境，而非如入无人之境，社会的情形，积重如此，又岂一日所能转变？（《中国近世史前编》，见《中国近代史八种》，第179页）

南京条约

《南京条约》，大致是照英国人的要求订定的。其中重要的条款是：（一）开广州、厦门、福州、宁波、上海五口通商。准英商携眷居住，英国派领事驻扎。（二）割让香港。（三）偿还烟价六百万元。商欠三百万元，并赔军费一千二百万元。（四）英人得与华人任意交易，无庸拘定行商。（五）进出口税则，秉公议定。英货既完进口税后，由中国商人，运入内地，只可照原税酌加几成。（六）中、英官吏，以平等的礼节往来。这是专为打破前此口岸任意开闭，英人在陆上无根据地，税额繁苛，不许英官和中国平行之局的。

自尊自大是外交失败的根源

中国人和外国人交涉，是自尊自大惯了的，也是暗昧惯了的。打破他这种迷梦的第一声，便是五口通商之役。这一次的交涉，弄得情见势绌；种种可笑，种种可恨，种种可恼；从此以后，中国在外交界上，就完全另换了一番新局面了。这种事情，其原因，自然不在短时间内。若要推本穷原论起来，怕真个"更仆难尽"。这虽是短时间的事情，却是积聚了数千年的思想而成的。真不啻把几千年来对外的举动，缩小了演个倒影出来。读者只要善于会心，也就可以知道中国外交失败的根源在什么地方了。（《白话本国史》第四册，第11—12页）

南京条约的善后

《南京条约》，订明英兵占据定海和鼓浪屿，俟赔款交清，五口开放后，方行撤退。中国乃派耆英往广东，与英人筹议善后问题。此时问题的症结，为广东的英领事要入城，而华人固执一七九三年"西洋各国商人不得擅入省城"的上谕，加以拒绝。民气既不能压抑，英人又无可通融，耆英深以为苦。一八四六年，五口都已开放，赔款亦已付清，耆英请英人撤兵，英人又要求他订立舟山群岛不得割让他国之约，而耆英亦要求英人，将入城问题，延缓两年，英人也答应了。耆英遂急求内调而去，留下一个纷扰的根株。中、英条约定后，各国都相继东来，美、法、瑞典都和我国立有条约。唯俄人要在海路通商，仍给中国拒绝。

战败仍可禁烟

五口通商一役，种种的经过，都是不谙外情当然的结果，无足深论。所可惜的，当时别种方面，虽然屈从英国人，禁烟一事，仍旧可以提出的。当义律到天津投书的时候，津海道陆建瀛，就主张把禁烟一层，先和他谈判。而当时议约诸人，于此竟一字不提。倒像英国的战争，专为强销鸦片而来；中国既然战败，就不得不承认他贩卖鸦片似的。于是中国对于鸦片，既无弛禁的明文；而实际上反任英人任意运销，变做无税的物品。直到前五三年（一八五九），《天津条约》订结之后，才掩耳盗铃的，把他改个名目，唤做洋药，征收关税。（《白话本国史》第四册，第18页）

第四十章　太平天国

从秦汉以后，中国历史上，有一公例：承平了数十百年，生齿渐渐的繁起来；一部分人的生活，渐渐的奢侈起来；那贫富也就渐渐的不均起来；这种现象，一天甚似一天就要酿成大乱为止。嘉、道以后，内乱时起，外患迭乘；清朝的威望，扫地以尽；革命的种子，就有萌芽的机会了。民族主义鲜明的旗帜，无过于（宋儒）尊王攘夷之论。尊王攘夷，孔门相传，确有此义。然所以尊王，原是想一匡天下；而所以要一匡天下，则免于被发左衽，就是其中一个最重要的原因。后来顾亭林先生分别"有亡国，有亡天下"。其所谓国，实指王室而言。所谓天下，似指国家，然中国人于国家的观念，向来不甚晶莹，亭林所云天下，与其说是指国家，无宁说是指民族。所以中国的民族主义实至宋而后形成。

民族主义的勃兴

当明室灭亡之时，有志于革命的人，见事无可为，乃想将民族主义的根苗，流传后代，于是有会党的组织。（见邹鲁《中国国民党史稿》第一篇第一章）在粤江流域的为三合会，在长江流域的为哥老会，都以反清复明为口号。从桂王败亡，台湾破灭以后，看似汉族全被征服，其实革命种子，仍潜伏于社会之中。嘉、道以后，内乱时起，外患迭乘；清朝的威望，扫地以尽；革命的种子，就有萌芽的机会了。

民族主义至宋后形成

民族主义鲜明的旗帜，无过于（宋儒的）尊王攘夷之论。尊王是晚唐五代以来藩镇跋扈裂冠毁冕的结果。攘夷则是燕云十六州割弃，终北宋之世不能恢复，更加以女真猾夏的结果。这四个字原是从《春秋经》里来的。尊王攘夷，孔门相传，确有此义。然所以尊王，原是想一匡天下；而所以要一匡天下，则免于被发左衽，就是其中一个最重要的原因。所以周天子尚在，而孟子力劝齐梁之君以图王业，可见孟子是没有扶翼周室之心的。如此看来，攘夷之义实更重于尊王。后来顾亭林先生分别"有亡国，有亡天下"，"国之兴亡，肉食者谋之；天下兴亡，匹夫之贱，与有责焉"。其所谓国，实指王室而言。所谓天下，似指国家，然中国人于国家的观念，向来不甚晶莹，亭林所云天下，与其说是指国家，无宁说是指民族。此义初非亭林所自创，自宋儒的言论推之，是当然要得出这样的结论的，所以中国的民族主义实至宋而后形成。（《中国民族精神发展之我见》，原刊《学林》1940年12月第2期）

太平军的起事

太平天国天王洪秀全，广东花县人。生于一八一二年，[①]恰在民国纪元之前百年。他少有大志，为要运动下级社会，不得不借助于宗教，广东和外人接触早，对于基督教，认识较多。他乃采取其说，自创一教，称为上帝教。自称天父的次子，称基督为天兄。和同县冯云山，到广西桂平、武宣一带传布。这一带地方的人民，风气朴实，性质勇敢，信他的人很多。恰好广西大饥，盗匪遍地。人民办团练自卫，土著与客民，又相龃龉，他就乘

---

① 有说生于一八一四年。

机，以一八五〇年，起事于桂平的金田村。

太平军起事的背景

从秦汉以后，中国历史上，有一公例：承平了数十百年，生齿渐渐的繁起来；一部分人的生活，渐渐的奢侈起来；那贫富也就渐渐的不均起来；这种现象，一天甚似一天就要酿成大乱为止。大乱过后，可以平定数十百年，往后就又是如此了。这是由于生产方法和生产社会的组织，始终没有变更的缘故。清朝从乾隆以后，也恰好到这时代了。虽然有川楚教匪……乱事，社会的心理，还没有厌乱。借宗教煽诱愚俗，也是历代都有的。从西人东渐以后，黄河、长江两流域，都还没大受他的影响。独广东和他接触最早，受他的影响最多。兼且上流社会中人，和固有的文化，关系较深，受外教的影响较难，下流社会却较容易。合此种种，就造成了洪杨的乱事了。（《白话本国史》第四册，第24页）

太平天国的兴亡

洪秀全起事之后，袭据永安，建号为太平天国，自称天王。同起诸人都封王，东王杨秀清，南王冯云山，西王萧朝贵，北王韦昌辉，翼王石达开。清将向荣，把大兵围困他，太平军突围而出，入湖南，出岳州，下武汉，沿江东下，直抵南京，称其地为天京。时在一八五三年。向荣率大兵，随太平军之后，至天京城外孝陵卫扎营，是为"江南大营"。清朝又派琦善一支兵，屯驻防扬州，是为"江北大营"。太平军殊不在意。并派林凤祥、李开芳率兵出安徽北伐，胡以晃、赖文英沿江西上。后来北伐的兵，因势孤，从河南、山西，入直隶，退据山东，给清兵消灭。西上的，却攻下安庆、九江，再取武汉，甚为得势。

太平军之军略失策

太平军在军略上的失策：（一）未能于初起时全军北上，与清人争一旦之命。（二）在南方又未立定规模。（三）初起时藉长江的便利，未久即下天京，后来水师之利反为清人所有。至其军队，初起时确甚优良。广西军人，强悍善战，其纪律颇严，并无奸淫杀掠之事，所以人民颇为欢迎。清张德坚撰《贼情汇纂》称："贼至则争先迎之，官军至皆罢市。此等情形，比比皆然，而湖北为尤甚。"可见光复军兴时，箪食壶浆的盛况。此时太平军军队未甚多，其首领的骄奢淫佚亦未甚，所破州县，到处都有蓄积，取之已足敷用，人民亦有自动进贡以求免祸的，故其财政宽然有余，无事诛求。（《中国近世史前编》，见《中国近代史八种》，第219页）

此时清朝绿营、旗兵，都毫无用处，而曾国藩在湖南练成湘军，成为太平军的劲敌。一出来，就攻陷武汉，进陷九江。派兵从水陆两路，进取安徽。先是太平军中又有内讧。杨秀清专权，天王使韦昌辉把他杀掉，旋又使秀清余党，杀掉昌辉。石达开别为一军，剽掠湖南、两广，后来给清军消灭于四川。冯云山、萧朝贵先已战死。天王深居简出，不亲政事，太平天国中，遂现出中枢无主的景象。军纪日坏，将士的暮气亦日深，幸得英王陈玉成，破湘军于三河集，忠王李秀成，派兵分扰赣、浙，击破江南大营，进取苏、松，太平军的气势又一振。然而大厦非一木所能支，清朝以曾国藩督两江，指挥诸将，国藩分兵定赣、浙。又遣李鸿章募淮军，以攻苏、松，湘军以全力下安庆，水陆两军，沿江东下，天京遂于一八六四年失陷。天王先服毒殉国，子福瑱，殉国于江西，余党亦先后败灭。太平天国共计十五年；势力所到之地，达十六省；内地十八省，只有陕、甘两省未到。事虽无成，亦可以算得壮烈了。

太平天国失败原因

太平军初起时，以区区岭南的穷寇，乘间北出，不一年而攻取江宁，震动全国；后来兵锋所至，蹂躏了一十六省（除陕、甘二省）。攻破了六百多城，其中不可谓无才。他初起的时候，发布"奉天讨胡"的檄文，也总应当得几分汉人的同情。又这时候，外人方厌恶满洲政府的顽固，对于太平军，也颇有表同情的。太平军要想成功，实在不是没有机会。但是当时民族的自觉，势力颇小。而君臣之义，却颇有势力。曾国藩生平，带这种色彩，颇为浓厚。大概他们看了这种阶级社会里头的道德，是维持社会所必需。当时的人的思想，自只如此。后来的人，抱民族主义的，说他为什么要做满洲的奴隶？已经可笑了。抱政治思想的，又说他为什么不把满洲政府推翻，好把政治彻底改良？这更陷于时代错误。推翻王室，改良政治，这件事，在大家都抱着君主思想的时代，谈何容易办到。况且曾国藩等，何尝知道彻底改良政治来。以练兵造船为自强，正是这班中兴名将的政策。太平天国的政治，都带有西教的色彩，尤易为一般人所疾视。而且他初起兵时，军纪严肃，军中的重要人物，也都是朝气。后来始起诸王，互相屠戮。洪秀全也渐渐荒淫。一切军事政事，都出于他的兄弟仁福、仁达之手，日益腐败。奸淫抢掠的事情，也一天天多了，自然人民就反对他。这是太平军所以失败的原因。（《白话本国史》第四册，第27页）

太平天国事变的影响

太平天国的兴亡，虽不过十五年间，但其影响却不小。政制社会的改革：太平信奉基督教理，谓人皆上帝子女，故称男皆曰兄弟，女皆曰姊妹，一律平等。改新历，行公田，禁止卖娼蓄妾。排斥释道，废庙宇偶像，重定儒书，此为不能抓住民心之处。上海为外人居留地，上海响应太平时，外人宣言中立，租界行政权渐归外人，为公共租界之起源。经此事变后，满汉畛域消除。汉大臣多任内外大官，得有势力，清室大权，渐渐推移。

北方的捻乱

太平天国同时，北方又有捻党。那是无甚主义的，不过只算是流寇。捻党初横行于河南、山东、安徽三省之间。太平天国既亡，余党和他相合，声势骤盛。清朝派僧格林沁去打他，败死于曹州。乃改派曾国藩，国藩创"长围圈制"之法，于运河、贾鲁河沿岸筑长墙，到底给他突破，分为东、西两股，东捻首领任柱、赖文光入苏、鲁，西捻首领张总愚①走陕西。李鸿章代曾国藩，倒守运河，把东捻逼到海边平定。左宗棠剿西捻，西捻回窜直隶，李鸿章和他合力，把捻党包围在黄、运、徒骇河三河之间打平。这事在一八六七、六八两年。

西北西南的回乱

同时西北、西南，又有回乱。云南回民杜文秀，以一八五五年②据大理，尽占迤西一带，迤东也有起而创乱的。到一八七二年，才给岑毓英用回将马如龙打平。西北回乱，起于一八六二年，直到捻匪定后，左宗棠方才回兵剿办，其时陕、甘几全成匪区，天山南北路，亦为浩罕将阿古柏帕夏所据（阿古柏是浩罕的将，浩罕使他随着张格尔的儿子东来的。后来张格尔的儿子，为其所废。此时天山北路，先有回酋妥得璘起兵，进取南路。又有

---

① 即张宗禹。
② 一说一八五六年。

汉人徐学功，起兵自卫，阿古柏和徐学功联合，攻破妥得璘。徐学功亦内附。于是天山南北路为俄所据外，余尽入其手），想在其地建立一个回教国。英、俄、土耳其都和他通使，英人怕俄人南下，危及印度，尤其要扶助他。左宗棠先平定陕、甘，英人仍为阿古柏求封册。朝议因用兵劳费，也有主张封他的，宗棠力持不可，于一八七五年进兵，至一八七八年，把南北路都平定，然伊犁先已为俄人所占，到底酿成重大的交涉。

亚洲西北部的局势

历史上的匈奴、蒙古，都是从亚洲西北部，侵入欧洲的。却从俄罗斯兴起，而亚洲西北部，反受其侵略。历史上的印度，是常受西亚高原侵略的。却从英吉利侵入印度，而西亚高原，亦反受其侵略。而且英人的东侵从海，俄人的东侵从陆，本来是各不相谋的。乃英人从印度西北出，俄人从两海之间东南下，而印度固斯山一带，就做了两国势力的交点。这也可谓极历史上的奇观了。当英人侵入印度，俄人侵入两海之间的时候，也正是清朝平定天山南北路和征服西藏之时。三国的势力，恰成一三角式的样子。乃英俄两国的势力步步扩充。而中国的实力，则实在不能越葱岭一步，就弄成后来日蹙百里的局面了。中国到这时候，也知道西北的形势紧急了。前二八年（一八八四），就把新疆改为行省。（《白话本国史》第四册，第32、34页）

第四十一章　英法联军与中俄交涉

　　天下事情，本来只有强权，哪里有什么公理？何况平心而论，我们中国弄错的地方也很多，这"糊涂"两个字，我们从政府起到百姓止，实在是辞不掉的。僧格林沁在天津设防，把英、法两国的兵船打坏了，英、法两国的公使，只得退出去逃到上海。谁知道当时的中国政府，见打了一个小胜仗，便得意非常，把去年所订的条约废掉了，叫他们另外派人来，到上海重议。这么一来，把有理又变做无理了。《尼布楚条约》，中国看似胜利，然而自此以后，对于东北方，并没有加意经营；而俄人却步步进取，经过一世纪半之后，强弱自然要易位了。所以边疆的不保，是坏在平时边备的废弛，并不能专怪哪一个人。

广东交涉的纠纷

　　公元一八五八和一八六〇年，南方内乱正炽，北方又有英法联军和中、俄交涉，遂使外力的侵入，更深一层。先是耆英去后，徐广缙为两广总督，叶名琛为巡抚，两个人，都是有些虚悙之气的。时粤人自办团练，要想抵抗外人。英人要求入城，徐广缙自己到他船上去阻止，英国人想把他扣留起来。团丁同时齐集两岸，呼声震天。英人怕肇大祸，乃将徐广缙放还。并另订广东通商专约，把不入城列入约中。事闻，清朝大加奖励，广东人更形得意。后来徐广缙去职，叶名琛代为总督，对于外人，更持傲慢不理的态度。然实不知外情，亦无实力防备。一八五六年，中国水师，在挂英国旗的亚罗号船上，搜捕海盗。（当时香港政府许华船向其注册，这一只船，实在是注册业已满期的，英人借口中国搜捕海盗之际，侮辱其国旗，向叶名琛索还所拘捕的人，叶名琛即行送还，英人又不受，说要解决入城问题，遂径行进攻省城，以为迫胁）英领事巴夏礼（Harry Parkes），借此启衅，攻陷省城。然并无本国政府的命令，旋又退出，又因印度士兵起了叛变，而粤人以为英人惧战易与，烧毁各国商馆，反成为巴夏礼请本国政府用兵的口实。

英法联军的东来

此时英想联络法、俄、美一致行动，而美、俄都只愿改订商约；法则因拿破仑第三野心难戢，适逢广西西林县，又杀掉一个法国教士，法国亦想借此示威。于是四国各派使臣，英、法则以军队相随，攻陷广州，把叶名琛虏去，后来死在印度。英、法兵又北上，陷大沽炮台。清朝不得已，派大臣在天津，和英、法、美三国，各订条约，是为一八五八年的《天津条约》。明年，英、法使臣来换约，中国方在大沽口修理防务，命其改走北塘，不听，强行闯入，为中国兵击败，逃到上海。

木必自腐，而后虫生

古人说得好："木必自腐，而后虫生之。"况且天下事情，本来只有强权，哪里有什么公理？何况平心而论，我们中国弄错的地方也很多，这"糊涂"两个字，我们从政府起到百姓止，实在是辞不掉的呢。这一次的条约，言明一年之后到中国的天津来彼此交换。这时候，英国的政府颇有些有意挑衅。咸丰八年（一八五八）五月，到了大沽口，便要硬走白河口到天津。这时候，正值中国的僧格林沁在天津设防，便照会他们改从北塘口，走蓟运河里进去。英、法的使臣不听，带了兵舰硬从白河里闯进来，中国的炮台上便开炮打他，把英、法两国的兵船打坏了四只。两国上岸的兵士，不是打死，便给中国人擒住了，一个也没有回去。英、法两国的公使，只得退出去逃到上海。这一次的事情，本是英、法两国错的。要是当时的政府据着理同他们交涉，英、法两国也未必有什么说。谁知道当时的中国政府又是糊涂的，见打了一个小胜仗，便得意非常。下了一道上谕，说什么"英夷狂悖无礼，此次痛加剿杀，应知中国兵威，未可轻犯"的话。把去年所订的条约废掉了，叫他们另外派人来，到上海重议。这么一来，把有理又变做无理了。（《国耻小史》，中华书局1917年版，第3、29、30、31页）

又明年，英、法兵再至，攻陷大沽，清朝再派亲王讲和。而亲王误信人言，说英人暗藏兵器，要想在会场上"劫我"。军官僧格林沁，竟把巴夏礼捉起，送往北京刑部牢里监禁。英、法兵进攻，清兵大败，文宗逃往热河，英、法兵胁开京城，把圆明园烧毁，才由文宗之弟恭亲王奕䜣，和两国另订条约，是为一八六〇年的《北京条约》。

圆明园之毁，无足深惜

圆明园为清世宗在藩邸时赐园。即位后，亦于其中听政。累朝继续经营，法人称其建筑之精，珍奇之富，为欧洲之所无。一旦化为劫灰，实为我国有关文化的建筑古物，遭受损失之始。此后战事之所破坏，古董商人之所贩卖，以及各地愚民因外人收买之所毁损，更不知凡几。此次抗战以来，沦陷区域整批的毁坏、抢劫、盗窃，更其无从说起了。几世几年的菁英，一朝化为乌有，言之岂不可痛？但须知：（一）文化的进退，视乎其社会的情状，是否安和，物质所表现的文明，实在其次。（二）即舍此弗论，以现在文化的状态，虽有宝物，亦必不能终守。此岂独今日为然？亦岂独中国为然？
（三）所谓有关文化的建筑品物，一方面固然代表学术技艺，
一方面也代表奢侈的生活。后者固绝不足取，即前者，就已
往的社会论，并不过一部分人能参与此等工作，大多数人，
都是被摒于其外的。今后社会的组织果能改变，合全社会人
而从事于此，已往的成绩又何足道？所以有关文化的建筑品
物等，能保存固当尽力保存，如其失之，亦无足深惜。敢以
此为国民进一解。（《中国近世史前编》，见《中国近代史八
种》，第188页）

天津北京条约

天津、北京两条约，包含（一）赔款（英千二百万两，法
六百万两）外，（二）许外国派使驻扎北京，是为中国中央政府和
外人直接交涉之始。（三）沿海添开口岸，并及长江。于是内河
航行权，就与人共之了。[《天津英约》，沿海开牛庄、登州、台
湾、潮州、琼州，沿江自汉口而下，开放三口（后开汉口、九江、
镇江）。《法约》多淡水、江宁而无牛庄。《北京英约》又增开天
津]（四）领事裁判权。（五）关税协定。（六）传教。前此仅以上
谕解禁，许在海口设教堂，至此则明认外人到内地去传教，并可
租买土地，建造房屋了。[领事裁判、关税、传教各协议，均在道
光江宁、咸丰天津各条约中。道光二十二年（公元一八四二年）
《宁约》①第十款，议定英货纳税例。咸丰八年（公元一八五八年）
《津约》第二十六款，定货物每值百两税五两。又是年《中英通商
善后章程》②第一项，定税则未载之货，估价值百抽五。以上皆关
于关税者也。《津约》第十六款，英人犯事，归英惩办。但道光

---

① 即《南京条约》。
② 即《中英通商章程善后条约》。

二十四年《中法条约》第二十七款，业已规定有领事裁判权。此关于法权者也。天津《英约》第八款即为保教。天津《法约》第十款，法人可以购地建礼拜堂、书院、学堂。第十三款，保护天主教士、教民，并在内地传教。此关于传教者也]

中俄划界交涉

自《尼布楚条约》订立以来，俄人对于东方，仍逐渐侵占；中国则以为边荒之地，不甚注意经营；黑龙江以北之地，遂多为俄所据。一八五○年，俄人要求新疆通商，中国许开伊犁和塔城。一八五七年，又在天津订立条约，许其在海口通商。（当时中国本不许俄国在海口通商。此时想借俄国的力量，牵制英、法，所以许其海口通商，和他订约，反在英、法、美之前）然俄人要求变更《尼布楚条约》，则中国仍加坚拒。一八五八年，俄人乘中国多事，迫胁黑龙江将军奕山，订立《瑷珲条约》，尽割黑龙江以北之地，而将乌苏里江以东，作为两国共管。一八六○年的英、法和议，俄使曾居间调停，事后又借此要功，迫中国再订《北京条约》。将乌苏里江以东，亦作为割让。西北疆界，从沙宾达巴哈以西，都规定大概，订明另行派员会勘。新疆再开喀什噶尔，又许俄人从恰克图经库伦、张家口到京，零星货物亦得发卖。旋又订立《通商章程》，陆路税则，较海口三分减一。两国边界百里内，都为无税区域。（此条看似彼此一律，但中、俄接界之处，都是中国境内繁盛，而俄国荒凉，所以中国实在是吃亏的。此事可参看拙撰《白话本国史》第四编下第一章第六节）蒙古设官之处，都准俄人前往贸易。诸约不但东北割地，广大可惊；就蒙古、新疆，也几于藩篱尽撤了。

边备废弛的恶果

凡事不进则退。《尼布楚条约》，中国看似胜利，然而自此以后，对于东北方，并没有加意经营；而俄人却步步进取，经过一世纪半之后，强弱自然要易位了。《瑷珲条约》约成后，侍讲殷兆镛，劾奕山"以黑龙江外之地，拱手让人，寸磔不足蔽辜"。然奕山在当日，亦曾竭力争执。而俄人以开战相胁，这时候的情形，恰和结《尼布楚条约》时相反，倘使开战，中国是万无幸胜之理的，徒然弄得牵涉更广。所以边疆的不保，是坏在平时边备的废弛，并不能专怪哪一个人。（《复兴高级中学教科书 本国史》下册，第65、67页）

中俄伊犁交涉

《北京条约》定后，西北边界，是逐段派员会勘的，又都略有损失，而伊犁将军所属，界约并未及订成而回乱作，伊犁为俄所据。中国向其诘问，俄人说"乱定即还"。及乱定再向追索，

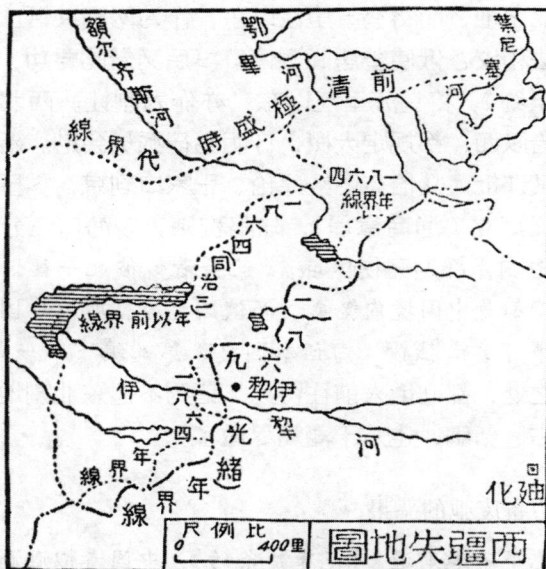

则又要求偿还代守的兵费。中国派崇厚往俄，崇厚是不懂事的，仅收回伊犁空城，而丧失的权利，广大无限。中国将崇厚下狱，中、俄几至决裂。后乃彼此让步，派曾纪泽往俄重议，将伊犁南境要隘，多索回了些。原约蒙古、新疆都为无税区域，新约仅新疆暂不纳税。原约许俄人在多处设领，新约仅肃州、土鲁番两处。而将蒙古贸易，扩充至不设官之处。此约定于一八八一年。明年，中国遂改新疆为行省。

第四十二章　中法战争和西南藩属的丧失

中国历代，所谓藩属，是外国仰慕中国的文明，自愿来通朝贡；或者君主好大喜功，喜欢招徕外国人来朝贡，以为名高，朝聘往来，向守厚往薄来主义。在国计民生，无甚实益。所以历代的政论家，多以弊中国、事四夷为戒。当帝国主义侵略的时代，有一藩属，介居其间，则本国的领土不和侵略者直接，形势要缓和许多。所以保护藩属，实在是国防和外交上的要义。然中国之对待藩属，仍系遵循旧法。为中国计，当是时，唯有采用联邦之法，于军事、财政、经济、交通、外交荦荦大端，操诸中央之手，而其余则一听其自由。无如此等新政治，非中国秉政者所知。

越南的衰乱

藩属就是我的属国，而又可以做我的藩篱的意思，藩属沦亡，内地就要危险了。安南旧阮，自给新阮灭掉后，遁居海岛。因法教士的介绍，求援于法；又借助于暹罗，将新阮灭掉。立国顺化，受封于中国，为越南国王。当越南求援于法时，曾和法国立有草约，许事成之后，割化南岛为赂，后来草约没有签字，约中所载的义务，法国亦没有履行；越南亦就没有割地，这自然是不错的。但是与法交涉之间，殊多缪辀，南部遂为法国所占，这事还在中国订立《天津条约》之时。后来太平天国灭亡，余党又逃入越南北部，旧阮初兴，对于北部，实力本来顾不到，至此遂更形混乱。

无甚实益的藩属在近代却至为重要

藩就是藩篱的意思。中国历代，所谓藩属，是外国仰慕中国的文明，自愿来通朝贡；或者专制时代，君主好大喜功，喜欢招徕外国人来朝贡，以为名高，朝聘往来，向守厚往薄来主义。从不干涉人家的内政，或者榨取什么经济上的利益。在国计民生上，是无甚实益的。所以历代的政论家，多以弊中国、事四夷为戒。然当帝国主义侵略的时代，有一藩属，介居其间，则本国的领土不和侵略者直接，形势要缓和许多。所以当此时代，保护藩属，实在是国防和外交上的要义。然而中国却不能然，藩属逐渐沦亡，本国的边境也就危险了。（《复兴高级中学教科书 本国史》下册，第84页）

中法战争和越南丧失

当云南回乱时，中国曾托法商购运军火，法人因此知航行红河，可通云南，又想侵占越南北部。越人联合太平军余党刘义（后来内附，改名刘永福，所领军号黑旗军），把他打败。中国亦命云南、广西出兵，法人乃设计攻顺化，胁越南立被保护之约。中国提出抗议，法国置诸不理。时中国兵出云南、广西的都不利，乃由李鸿章在天津，与法使订约。中国承认法、越条约，而法允不索兵费，旋因撤兵期误会，两军冲突，法国又要求偿金。中、法遂开战，时在一八八五年。法兵袭击马江，破坏我国的海军，又陷澎湖、基隆，封锁宁波、海口。然我陆军出云南、广西的都胜利，台湾淡水坚守，法军亦不能下。是时法新败于德，元气未复；战既不利，舆论哗然，主战的内阁，因之而倒。倘使我更坚持，或者条件还可有利些，然我国亦未能利用机会，仍放弃越南成和，不过法人没有要索赔款罢了。

缅甸和暹罗的丧失

英国和缅甸，是久有冲突的。一八二六年，就割其阿剌干和地那悉林；一八五一年，又割白古。缅人自此没有南出的海口，屡图恢复，终无成功。法、越交涉紧急之时，法人又诱缅甸立密约，许代监禁其争位的王族，而缅甸人则割地以为报酬。英人大惊，趁中法交战之时，发兵把缅甸灭掉。法人既并越南，借口暹罗湄公河左岸之地，曾属越南，向其索取，暹人不能拒。英人和法协议，以湄公河为两国势力范围界限，湄南河流域为中立之地。暹罗因两国的均势，得以幸存，然亦不是我的属国了。

> ### 疆界的糊涂不清
>
> 中国的边界，向来是全不清楚的。当初和英国议界时，曾要求腾越所属汉龙、天马、虎踞、铁壁四关。汉龙、天马，本无问题。虎踞、铁壁，照云南省的地图，亦均在中国界内。英人以为必不致误，遂许照原界分画，后来实行查勘，才知道二关久为缅占（据薛福成原奏，其时英所守界，越虎踞而东，已数十里；越铁壁亦六七十里），英人遂不肯归还。而汉龙、天马，虽许归还，汉龙又不知所在，于此约中订明"由勘界官查勘；若勘得在英国界的，可否归还中国，再行审量"，岂非笑柄？而此约所定之界，于北纬二十五度三十五分以北，又未能分画，订明俟将来再定，遂为后来英人占据片马的根本。（《复兴高级中学教科书 本国史》下册，第89—90页）

哲孟雄不丹的丧失

西藏南边之国，亦久为英人所觊觎，当公元一八一六年时，廓尔喀因受英国迫胁，曾求救于中国，清仁宗茫然不省。（见

《东华录》嘉庆二十一年。廓尔喀言受披楞压迫，披楞即不列颠的异译。仁宗降谕说："尔国来禀之意，不过要求天朝帮助，天朝于边外部落，彼此相争，从无发兵偏助一国之事。尔国与披楞，或和或战，即或竟投诚披楞，天朝总置不问。但届至贡期，仍当按例进贡。傥至期不来，即当发兵进剿。"真可谓昏愦糊涂，而又颜之厚了）廓尔喀遂兼附于英，不过终清之世，仍守其五年一贡之例而已。哲孟雄则当公元一八三九年时，英人即租得其大吉岭之地，后来又取得其铁路敷设之权；自此西藏的藩篱就渐撤。不丹于公元一八六五年，为英军所败，乞和。到公元一八九〇年，中国和英人订结《藏印条约》[①]，承认哲孟雄归英保护。公元一九一〇年，不丹亦夷为英的保护国，西南的藩属，就几于全失了。

西南的危机

藩属既已丧失，本国的形势，就渐行赤露。《法越条约》[②]，中国许开边界两处通商，后来广西开了龙州，云南开了蒙自、河口。先是英人要求派员入藏探测，中国不能拒，允许了他，而其所派之员，行至腾冲边界被杀，英人指为大员主使，交涉几至决裂，于是有公元一八七六年的《芝罘条约》[③]。在西江沿岸，开放商埠，并许英人航行西江，而派员入藏一节，仍订入约中。直到公元一八八六年，中国订约[④]，承认缅甸属英，才将他取消。其中缅界约[⑤]，则直到一八九四年方订立，仍仅规定北纬二十五度三十五分以南，自此以北，疆界迄未勘定，遂为英兵侵占片马、

---

① 即《中英会议藏印条约》。
② 即1885年《中法会订越南条约》。
③ 又称《烟台条约》《滇案条约》。
④ 即《中英缅甸条约》。
⑤ 即中英《续议滇缅界务商务条约》。

江心坡、班洪等地的张本。又此约订明孟连、江洪不得割让，而一八九五年的《商务界务专条》①，却把江洪之地，割让了一部分给法国，并许越南铁路，接展至中国。于是英人向我诘责。一八九七年，又立《中缅条约》附款②，许缅甸铁路，和云南铁路相接。西南的形势，就更形危急了。

变藩属为联邦

中国历代之征服外国，看似出于君主之野心，实则思患预防之意多，开疆拓土之意少，所谓守在四夷也。历代管理外国，不外（一）就其通路，加以保护，如汉于西域设都护，以护南北两道是也。（二）择其要点，设官驻兵，以诸属部加

---

① 即中法《续议商务专条附章》《续议界务专条附章》。
② 即中英《续议滇缅界务商务条约附款》。

以管理，使不至渐形桀骜，寖开犯顺之端，又或互相联合，或独立并吞，驯至富强终成坐大。如唐于属地设都护府是也。此皆所以防此等外藩侵犯中国，而非防更有强敌侵犯此等藩属，至近代，则情势迥异矣。然中国之对待藩属，仍系遵循旧法。当是时，欲图改革，亦有难焉者，何也？中国之实力不足，则不能御敌，欲求实力充足，必有所经营布置，而欲有所经营布置，则或非属部所乐，转易引起内讧矣。为中国计，当是时，唯有采用联邦之法，于军事、财政、经济、交通、外交荦荦大端，操诸中央之手，而其余则一听其自由，（一）所求者简，则中央易于为力。（二）变动不大，则藩属不至反对。（三）告以我之措置，又凡事与之和衷协商，则藩属必欣然从我矣。无如此等新政治，非中国秉政者所知。（《中国近百年史概论》，写于1942至1943年间，见《中国近代史八种》，第246页）

第四十三章　中日战争与外力之压迫

　　欢迎西学，而畏恶西教；西人挟兵力以求通商，则深闭固拒，以致危辱；到外力的压迫深了，才幡然改图，以求和新世界适应；这是欧人东略以后，东洋诸国所同抱的态度；而日本因缘凑合，变法维新，成功的最快。中、日两国，历史上的关系，极为深切，当西力东侵之际，本有合作御侮的可能。但日人则褊狭性成，专务侵略，自始即不希望和中国合作，遂转成为东方的侵掠者。中日战后，中国的积弱，暴露于天下，而外力的压迫，遂纷纷而起。中国人受了一个大大的刺激，变法的动机，就勃发而不可遏了。

朝鲜日本的盛衰

　　日本千年以来，幕府专权，国土分裂，本在乱极思治的时候，因西洋各国，强迫通商，激起国人"尊王攘夷"之论。幕府倒，封建废，借王权的力量以维新，就是所谓"明治维新"，正当清同治七年，由此而渐进于宪政政制的正轨。

日本因变法而成侵略国

　　欢迎西学，而畏恶西教；西人挟兵力以求通商，则深闭固拒，以致危辱；到外力的压迫深了，才幡然改图，以求和新世界适应；这是欧人东略以后，东洋诸国所同抱的态度；而日本因缘凑合，变法维新，成功的最快，遂转成为东方的侵掠者。（《复兴高级中学教科书　本国史》下册，第93页）

中日初期的交涉

日本和中国订约，事在一八七一年。[①]当时因我国与西洋各国，都是全国开放的，对于日本则仅限于通商口岸，所以我国和日本所订的约，也和西洋各国有异。（一）领事裁判权，彼此都有。（二）关税都照税则完纳；要税则所无的，才值百抽五。（三）亦无所谓传教。这是日本人很不满意的。这一年有琉球诸人遭风飘到台湾，为生番所杀。琉球是两属于中、日之间的，中国却并不知道，日本向我诘问，我国说："琉球是我藩属，琉球人被杀，与你何涉？"又说："生番是化外之民，不能负责。"日本遂自行发兵到台湾去攻生番。我国亦调兵渡海，日人颇为胆怯，乃由中国给死者家属以抚恤；并偿还其修路、造屋之费而罢。但日人觊觎琉球，有加无已。公元一八七九年，日本就把琉球灭掉。我国和他交涉，始终无效。

日本自始即打侵略的主意

中、日两国，同立国于东方，在历史上的关系，极为深切，当西力东侵之际，本有合作御侮的可能。但这时候，中国人对外情太觉隔阂，一切都不免以猜疑的态度出之，而日人则褊狭性成，专务侵略，自始即不希望和中国合作。中、日的订立条约，事在一八七一年。领判权彼此皆有。进口货物，按照海关税则完纳，税则未定的，则直百抽五，亦彼此所同。内地通商，则明定禁止。在中国当日，未始不想借此为基本，树立一改良条约之基，然未能将此意开诚布公，和日本说明。日本则本不想和中国合作，而自始即打侵略的主意，于是心怀不忿。至一八七四年，因台湾生番杀害日本漂流的人民，径自派兵前往攻击。一八七九年，又灭琉球。交

---

① 即1871年《中日修好条规》《中日通商章程》。

涉屡有葛藤，而衰微不振的朝鲜，适为日本踏上大陆的第一步，遂成为中、日两国权利冲突的焦点。一八九四年，日人预备充足，蓄意挑衅，卒至以兵戎相见。（《吕著中国通史》下册，第539—540页）

日本的窥伺朝鲜

公元一八七六年，日本和朝鲜订约，[①]认朝鲜为自主国，后来清廷发觉，才命朝鲜又和美、英、法、德次第订约，均申明为我属国，然《日约》未能追改。公元一八八二年，朝鲜国王李熙的本生父昰应，和王妃闵氏争权，作乱。中国派兵代为勘定，自此中国兵就留驻朝鲜京城。公元一八八四年，朝鲜党人作乱，又为我国所镇定。明年，日本遣使来，和我订约：彼此都撤兵，如欲派兵，必须互相知照。中、日对朝鲜，就立于同等地位了。

> ### 朝鲜人好结党相争
>
> 朝鲜李氏的开国，略和明朝同时。攘斥胡元，输入中国的文化，一时国势，颇蒸蒸日上。不幸，朝鲜人虽学到了中国人的好处，也沾染了宋、明时代中国人的习气，士大夫好结党相争；又外戚专权，历时甚久，政治遂大腐败。（《初中标准教本 本国史》第三册，第106页）

中日战争

一八九四年，朝鲜东南部又有乱事，求救于我，我国派兵前往，未至而乱已平。日本亦派兵云集京畿，我国要求他撤退，日

---

① 即1876年《日朝修好条规》，又称《丙子修好条规》，后世通称《江华条约》或《江华岛条约》。

中日战争形势图

本不听，又击沉我国运兵的轮船，两国遂开战。我国陆军败于平壤，海军败于大东沟，日兵遂渡鸭绿江逼摩天岭，别一军进旅顺，营口、海城亦相继陷落。其海军又北陷威海卫，南陷澎湖，中国不得已派李鸿章到日本议和。

马关条约

和议初开时，日人的要求很为苛酷，旋因李鸿章为刺客所伤，各国舆论哗然，日人才许停战。旋议定条约：（一）中国认朝鲜独立。（二）赔款二万万两。（三）割辽东半岛和台湾、澎湖。（四）照欧、美现行约章，和日人改订商约，这是日本求之多年而不得的。而（五）开放长江上流的沙市、重庆和运河沿岸的苏州、杭州。（六）日人得在通商口岸，从事制造，货品课税及租栈，得享有一切豁免优权。则又是欧美各国，所求之而未能得的了。约既定，俄、德、法劝告日本，勿割辽东；日人乃增索赔款三千万两，而将辽东还我。台湾人自立民主国，和日本抵抗，到底因势孤援绝，为日人所灭。

中日战后外力的压迫

中日战后，中国的积弱，暴露于天下，而外力的压迫，遂纷纷而起。俄人以干涉还辽之故，于公元一八九六年，诱我与订《密约》，许其筑造东省铁路。次年德国人强占胶州湾，迫我订租借九十九年的条约，并得胶济、胶沂济铁路的敷设权，及开采沿铁路线三十里内的矿山。同年俄人又租借旅顺、大连湾，以二十五年为期，并得从东省铁路，添筑一支线，达于旅、大。英国则借口均势，于公元一八九八年，租借威海卫，租期与旅、大相同。又租借九龙半岛，租期和胶州湾相同。同年法国亦租借广州湾，租期和胶州湾相同。而法于两广、云南，日于福建，英于长江流域各省，又都要求我不得割让他国。这就是外人所谓"势力范围"，各于其中，攘夺筑路、开矿的权利；瓜分之论，一时大炽。

美国在中国，是没有什么特殊权利的，其国务卿海约翰（John Hay，或译赫伊），乃照会英、法、德、意、俄、日六国，提出"门户开放，领土保全"主义，这就是所谓"均势"。（照会的条件有三：一、各国对于中国已得的权利，彼此不相干涉。二、各国势力范围内各港，对于别国的商品，都遵照中国现行海关税率课税，由中国征收。三、各国势力范围内各港，对他国船舶，所课入口税，不得较其本国的船舶为高；铁路运费亦然，这是所以保存各国对我国条约上的权利的。要条约有效力，必须领土不变更，所以既谈门户开放，必然连带及于领土保全）从此以后，我国的局势，就随着外人瓜分和均势的议论，而忽松忽紧了。

对外认识一大变

从戊戌以前，中国人对外的认识，可分为四期：

（一）教士的译著书籍，是从明朝就起的。然而除掉天文、算学之外，竟毫不能得中国人的注意。便看见了，也不信他。譬如纪昀修《四库总目》，对于艾儒略的《职方外纪》，提要上就疑心他是说的假话，世界实在没有这么大。这是毫无认识的时代。

（二）到五口通商之后，而中国人始一警醒。于是有魏源所著的《海国图志》，江上蹇叟所著的《中西纪事》等出来。对于外国的情形，稍稍认识。然而这时代，所抱着的，还是闭关的思想；所讲求的，还是把守口岸，不给洋人攻破等等法子。这是第二个时代。

（三）太平军的平定，在清朝一方面，实在借用一部分的外国兵力的。中兴诸将，亲眼看见过外国兵的，知道中国的兵力，确非其敌。于是乱平之后，就要注意于练兵。设船政局、制造局，开同文馆，广方言馆，选派幼童留学美国，以至兴办铁路、汽船、电报等事，都是如此。这是第三个时代。

（四）这种办法的弱点，经中法之战而暴露出来，中日战后，更其尽情暴露。当时自然有一班比中兴名将时代较后，和外国接触较深，知道他的内情较真实的人，但是这种人，在中国社会上，不易为人所认识。到中日之战，中国人受了一个大大的刺激，而当时主张变法的康有为、梁启超等，又是长于旧学，在中国社会上，比较的容易被人认识的人。变法的动机，就勃发而不可遏了。（《白话本国史》第四册，第52、53、54页）

第四十四章　维新运动之始末

中国自秦汉统一之后，治法无大变更。到清末，已经二千多年了，各方面的积弊，都很深了。便是没有外人来侵略，也是应当改革的。从西力东侵以后，中国人所遭遇到的，是一个旷古未有的局面，决非任何旧方法所能对付。值旷古未有的变局，自必有非常的手段，然后足以应付之，此等手段，其（一）起自中等阶级，以旧有的文化为根柢的，是为戊戌维新。其（二）以流传于下级社会中固有的革命思想为渊源，采取西洋文化，而建立成一种方案的，则为辛亥革命。然则士大夫阶级的改革路线失败，而起于草野者卒成；从中国的旧观点出发的手段失败，而顺应世界大势者卒成，我们可以说："这可以觇世变了。"

维新的酝酿

维新运动，是适应环境的要求而生的。当鸦片战争时代，举国上下，几于茫然不知世界的情势，一味为盲目的排外，就到英法联军时，也还是如此。中国新机的开发，是从湘、淮军中一班人物起的。他们任事久，经验多了；又目击西人兵力的强盛〔当太平军陷苏州时，清朝官吏，避居上海，初募印度人防守，由西人统带；后乃改募华兵，仍由洋将训练统率，是为常胜军。英人戈登（Gordon）率之随淮军作战。所以湘、淮军诸将，实在是和西人共过事的〕；知道故步自封，不能自立于今日的世界，才渐次趋向于改革。然他们的改革，直接的是军事；间接的是制造和交通，还不外乎为军事起见。（如改练洋操；购铁甲船；设制造局，造船厂；筑铁路，设电报等）这种改革，自然还是不够应付的，再进一步，就要想把全国的政事，彻底改革一下了。这便是维新运动的动机。

中国近代的改革

一个社会和一个人一样，总靠新陈代谢的作用旺盛，才得健康。但是总不能无老废物的堆积。中国自秦汉统一之后，治法可以说是无大变更。到清末，已经二千多年了，各方面的积弊，都很深了。便是没有外人来侵略，我们种种治化，也是应当改革的。所以我们近代的改革，必待外力的刺激，做一个诱因。

中国受外力刺激而起反应的第一步，便是盲目的排斥，这可谓自宋以来，尊王攘夷思想的余波。排斥的目的，已经非是，其手段就更可笑了。海通以后，最守旧的人，属于这一派。拳匪乱时，守旧大臣的意见，仍属此派。其第二步，则是中兴时代湘淮军中一派人物。大臣如曾国藩、李鸿章，出于其幕府中的，则如薛福成、黎庶昌之类。此派知道闭关绝市是办不到的。既已入于列国并立之世，则交际之道不可不讲，内政亦不得不为相当的改革。但是他们所想仿效他人的，根本上不离乎兵事。因为要练兵，所以要学他们的技艺；因为要学他们的技艺，所以要学他们的学术；因此而要学他们的语文。如此，所办的新政虽多，总不出乎兵事和制造两类。当这世界更新，一切治法，宜从根本上变革的时候，这种办法，自然是无济于事的。再进一步，便要改革及于政治了。

但是从根本上改革，这句话谈何容易？中日之战，以偌大的中国，而败于向所轻视的日本，这实在是一个大打击。经这一个打击，中国人的迷梦，该要醒了，于是维新运动以起。（《复兴高级中学教科书 本国史》下册，第105—106页）

咸、同、光的朝局

然而以当时的朝局论，则是很难望其振作的。前清文宗末年，宗室中载垣、端华、肃顺三个人，颇为专权。文宗死于热河，穆宗立，年幼，三人等自称赞襄政务大臣。穆宗生母慈禧太后，和恭亲王奕訢密谋，于回京之日，把他们三个人杀掉，慈禧太后和文宗的皇后慈安太后同时垂帘听政；而实权全在慈禧太后。（钮钴禄氏，徽号慈安，谥孝贞，当时谓之母后皇太后。叶赫那拉氏，徽号慈禧，谥孝钦，当时谓之圣母皇太后。俗以其所居称钮钴禄氏为东宫皇太后，叶赫那拉氏为西宫皇太后；简称东太后、西太后）这时候，满人腐败，已达极点，肃顺是主张任用汉人的，慈禧亦能守其政策，所以湘、淮军诸将得以效力于外，把内难削平。然自此以后，慈禧就骄奢起来了，而其性质又甚专权。穆宗死，无子，强立德宗，年方四岁（清朝当高宗时，曾定立嗣不能逾越世次之例，穆宗无子，本该在其侄辈中选立，而德宗的母亲，是慈禧太后的妹妹，所以慈禧独断立他），慈禧太后和慈安太后再临朝。慈安死，慈禧更无忌惮。德宗大婚亲政后，依旧事事要干预，德宗是颇有志于改革的，而为其所制，志不得行，就酿成戊戌政变之祸了。

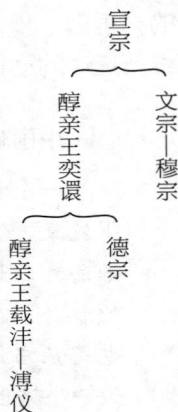

宣宗
文宗—穆宗
醇亲王奕譞
德宗
醇亲王载沣—溥仪

旧手段不足应付新局面

从西力东侵以后，中国人所遭遇到的，是一个旷古未有的局面，决非任何旧方法所能对付。孝钦皇后，自亦有其相当的才具，然她的思想，是很陈旧的。试看她晚年的言论，还时时流露出道、咸时代人的思想来可知。大约她自入宫以后，就和外边隔绝了，时局的真相如何，她是不得而知的。

她的思想，比较所谓中兴名臣，还要落后许多。当时应付太平天国，应付捻、回，所用的，都是旧手段，她是足以应付的。内乱既定之后，要进而发愤自强，以御外患，就非她所能及了。不但如此，即当时所谓中兴名臣，要应付这时候的时局，也远觉不够。他们不过任事久了，经验丰富些，知道当时的一种迂阔之论不足用，他们亦觉得中国所遭遇的，非复历史上所有的旧局面，但他们所感觉得的，只是军事。因军事而牵及于制造，因制造而牵及于学术，如此而已。后来的人所说的："西人自有其立国之本，非仅在械器之末。"断非这时候的人所能见得到的，这亦无怪其然。中兴诸将，地丑德齐，他们多数是读书人，既有些顾虑君臣的名义，又有些顾虑到身家、名誉，不敢不急流勇退。士大夫的风气，在清时本是近于阘茸而好利的。湘军的中坚人物，一时曾以坚贞任事的精神为倡。然少数人的提倡，挽回不过积重的风气。（《吕著中国通史》下册，第536—537页）

戊戌维新及政变

中日之战，中国以大国而败于小国；而且割地赔款，创巨痛深；于是人心奋发，风气渐变。康有为设强学会于北京，虽然被封禁了，其弟子梁启超，又设《时务报》于上海，鼓吹变法，风行一时。康有为是很早就上书请变法的。其中有一次得达，德宗深以为然。

士大夫的改革终是无成

自西力东侵，而中国人遭遇到旷古未有的变局。值旷古未有的变局，自必有非常的手段，然后足以应付之，此等手段，自非本来执掌政权的阶级所有，然则新机从何处发生呢？其（一）起自中等阶级，以旧有的文化为根柢的，是为戊戌维新。其（二）以流传于下级社会中固有的革命思想为渊源，采取西洋文化，而建立成一种方案的，则为辛亥革命。戊戌变法，康有为是其原动力。康有为的学问，是承袭清代经学家今文之学的余绪，而又融合佛学及宋、明理学而成的。（康有为）生当清代威力已衰，政令不复有力之时，到处都以讲学为事。他的门下，亦确有一班英多磊落之才。所以康有为的学问及行为，可以说是中国旧文化的复活。（《吕著中国通史》下册，第542页）

康、梁、章的学问，都是从士大夫阶级产生的，孙中山的民族主义，则实从太平天国的余波迤演而来，可谓出自平民阶级。康、梁、章的改革手段，都以中国的旧见解为基本的，虽然康长素变法之见，多得之于国外的观感。孙中山的民权、民生两主义，则其见解，都是植基于外国学问上的，虽然到后来亦将其和中国旧说相贯通。然则士大夫阶级的改革路线失败，而起于草野者卒成；从中国的旧观点出发的手段失败，而顺应世界大势者卒成，我们可以说："这可以觇世变了。"（《从章太炎说到康长素梁任公》）

公元一八九八年夏，德宗就擢用有为等，下诏定国是，励行新法。这一年，是戊戌，自四月至八月中，变法之会相继诏示。守旧大臣，群诉于慈禧太后，请其阻止。后乃自颐和园回宫，说康有为等要谋围颐和园，不利于她，复行垂帘听政。康有为、梁启超走海外；有为弟广仁等都被杀，时人谓之"六君子"（六君子，是康广仁、杨深秀、杨锐、林旭、刘光第、谭嗣同）。德宗自是被幽于南海的瀛台，一切新政，尽行推翻，是为"戊戌政变"。

专制政体的危害

专制政体，把全国的事情，都交给一个人做主。于是这

一个人的智愚仁暴，就能使全国的人民，大受其影响。而君
位继承之法，又和家族中的承继，并为一谈。于是家庭间的
争夺，亦往往影响于国事。这是历代都是如此的，到晚清仍
是其适例。专制君主的权力，在法律上是无制限的，在事实
上则不尽然。历代有志改革的君主，为旧势力所包围，以致
遭废弑幽禁之祸的，正自不乏。这期间，由于意见的不同者
半，由于保存权位之私者亦半。(《复兴高级中学教科书　本国
史》下册，第78、107页)

政变后的情形

新政虽然推翻，人心却不能复旧了。太后深恶康有为、梁启
超，要想拘捕他，而外人以其为国事犯，加以保护。太后要想废
掉德宗，立端郡王载漪之子溥儁为大阿哥以觇人心，而各国公
使，表示反对。太后说德宗有病，则海外华侨，和上海新党，都
电请圣安，以表示拥戴。太后要拿办他们，又不能得。于是新旧
乖迕，内外猜疑，义和团的事变，乘之而起；而立宪革命的气
势，亦渐次旺盛了。

第四十五章　八国联军之役

中国自和外国交涉以来，种种的吃亏，有些不忿，想要振作图强，原也是人情。然而图强的方法，却就很难说了。"蹈常袭故"之世，"读书明理"的人，尚且想不出一个适当的法子来，何况一班毫无知识的人？民本思想，在中国历史上，也由来很久。不过在实际上，限制君权以成立宪，或除去君主而成共和，则不曾想得到办法。一旦和西洋人接触，看到他的政治组织，合于中国人固有的理想，自然易于激动。故庚子以后，立宪、革命两种思想就大盛。清朝并没有实行君主立宪的诚意，敷衍搪塞，所行的政治，又事事足以激起人民的反对，庚子以后，更其急转直下，而革命之祸，就因之激起了。

义和团的起源

义和团是八卦教中的一派，和白莲教同源的。自西人东来传教，中国积受欺陵，人心未免忿恨；而教民倚势横行，教士又加以庇护，辞讼不得其平，尤为人民切肤之痛。一般社会心理，以为西洋人所长，唯在枪炮；土著齐心，即可将少数客籍打退；这种观念，亦与日俱深。加以平话、戏剧、荒诞不经的教育，遂有练神拳可御枪炮的怪说。而民间的秘密团体，本以反清复明为宗旨的，亦就一变而为扶清灭洋了。

义和团兴起的社会心理

中国自和外国交涉以来，种种的吃亏，自然是不待言而可知的了。有些不忿，想要振作图强，原也是人情。然而图强的方法，却就很难说了。"蹈常袭故"之世，"读书明理"的人，尚且想不出一个适当的法子来，何况处前此未有的变局，再加以搢拳勒臂的，又是一班毫无知识的人？专制之世，人民毫无外交上的常识，是不足怪的。却又有一种误解，很以一哄的"群众运动"为可靠。像煞交涉的吃亏，是官吏甘心卖国，有意退让的。倘使照群众运动的心理，一哄着说："打打打！""来来来！"外国人就一定退避三舍的了。这种心理，不但下流社会如此，就号称读书明理的人，也多半如此。（在庚子以前，怕竟是全国大多数的心理）所以总说官怕外国人，外国人怕百姓。这便是相信义和团的根源。（《白话本国史》第四册，第55—56页）

义和团的扰乱及联军入京

义和团盛于一九〇〇年，其初起于山东。巡抚袁世凯痛加剿办，其众遂流入直隶。此时中枢大臣，还有极其迂谬，全不晓事的；亲贵中又有想废德宗而立溥儁的人，利于乱中行事（见恽毓鼎《崇陵传信录》，中华书局《中国近百年史资料》本）。慈禧太后因洋人庇护康、梁，亦生仇恨，乃亦加以奖励，其众遂大盛，京、津之间，到处设坛练拳。拆铁路、毁电线；烧教堂，杀教士；甚至见着洋服和用洋货的人，都加以杀戮；秩序大乱。而德国公使和日本书记官都被戕。[德使克林德（Ketteler），日书记官杉山彬。后议和条约中，定派亲王大臣赴德、日，表示惋惜之意]迂谬的亲贵大臣，又令驻京的甘军，合着他去攻公使馆，幸有暗中令甘军缓攻的，使馆才得不破。亲贵又伪造西人的要求条件，激怒太后，对各国同时宣战；而不知英、美、德、法、奥、意、俄、日八国的联军已到，大沽先已失陷了。（与各国宣战的上谕，在庚子五月二十五日，大沽口的失陷，在二十一日）

当时的拳民，亦有相当的勇气。[当联军未来之前，英国提督西摩（Seymour）带着各国海军陆战队，进京援救，为义和团所阻。孙中山《三民主义》民权第五讲载西摩的话，说："当时义和团的勇气，如果他们所用，是新式枪炮，联军一定全军覆没。他们总是用大刀肉体，和联军相搏，虽然伤亡枕藉，还是前仆后继，其勇锐之气，再令人惊奇佩服。"] 然既无训练，又专恃血肉之躯，自不足以当大敌。联军一到，就都溃散了。专靠一个聂士成，力战抗敌，到底因众寡不敌阵亡，联军进逼，德宗及太后走太原，旋又走西安。联军的兵锋，东到山海关，西到保定。

东南的互保和东三省失陷

倘使当时外省的督抚，亦像中央政府一般，轻举妄动，则战祸的蔓延，势必及于全国。幸而东南各督抚，不奉乱命，和各国领事立互保之约。（当时两江总督为刘坤一，两广为李鸿章，湖广为张之洞。三人会商，饬上海道和各国领事立约：租界归各国保护，内地归各督抚保护。闽浙总督许应骙、山东巡抚袁世凯，亦取一致态度）然黑龙江省，遵奉伪谕，攻入俄境，俄人从旅顺和阿穆尔省两路出兵，攻陷三省要地，挟奉天将军，以号令所属，三省遂几同沦陷。

辛丑和约

京城既陷，清朝乃再派李鸿章和各国讲和。各国要挟清朝，惩办排外的亲贵大臣，然后开议，议未竟而李鸿章死，代以王文韶。明年，和约成。其中要点：（一）划定使馆区域专由外人管理，禁止华人居住。（二）拆毁大沽口及从北京到海口路上的炮台。（三）许各国驻兵于一定地点，以保护北京到海口的交通。（四）赔款四万五千万两。年息四厘，分三十九年还清。还要按市价易成金款，于是按其实，就连九万万都不止了。

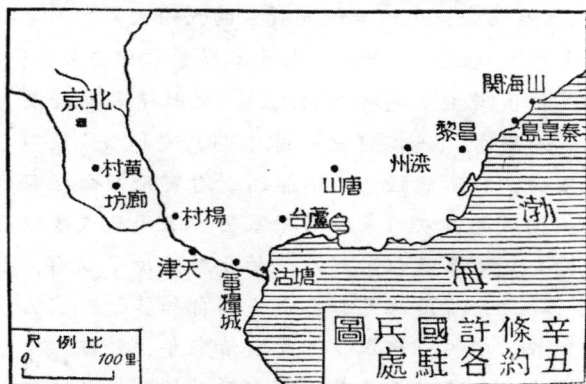

辛丑条约各国驻兵处图

乱后的形势

和议定后，太后和德宗还京，实权仍在太后之手。排外失败，一变而为媚外，时时和各公使夫人等相联络，那更可笑了。撞下滔天大祸，贻累国民，未免有点说不过去。知道舆论主张维新，乃又伪行新政，以为掩饰之计，又谁不能窥其虚伪？人民到此，对清朝就绝望，而立宪的议论，革命的气势，就要日盛一日了。

立宪与革命思想的更替

民本思想，在中国历史上，也由来很久。中国人看着皇帝，本来当他是公仆，好就承认他，不好就可以把他赶掉；这种道理，差不多是人人承认的。不过在实际上，限制君权以成立宪，或除去君主而成共和，则不曾想得到办法罢了。一旦和西洋人接触，看到他的政治组织，合于中国人固有的理想，自然易于激动。因此故，庚子以后，立宪、革命两种思想就大盛。清朝人自然是赞成立宪的，但是其初，还没有爽爽快快就答应人民立宪，直到日俄之战，俄国败了；于是"日以立宪而强，俄以专制而败"的议论大盛，乃有派五大臣出洋考察宪政之举。以中国人民本思想蓄积之久，一朝觉悟，原不是区区君主立宪所能满足的。况且清朝也并没有实行君主立宪的诚意。（却又不是一味专制，硬和人民反对；不过是毫无实力，既不能强，又不能弱；看舆论倾向在哪一面，就把些不彻底的办法，来敷衍搪塞罢了）而从戊戌以后，所行的政治，又事事足以激起人民的反对，庚子以后，更其急转直下。一班亲贵愚昧无知，上头不自知其毫无实力，而还想把持朝权。中央一班人，鉴于前清末年，外权颇重，不知道是由于中央政府的无能为，积渐而致的，不是顷刻可变。要想中央集权，却又不知集权之法，误以压制施之人民。而革命之祸，就因之激起了。（《白话本国史》第四册，第72、73、74页）

第四十六章　日俄战争与东北移民

　　俄国强占东三省，是各国都不愿意的，而尤其不愿意的是日本。一九〇四年，就和俄国开战。日俄战后，日本将所得东省铁路的支线，改名南满洲铁路；并将所得租借地，改称关东州，为关东都督府。东北的形势变为日南俄北，分划势力范围，不准他国插足了。日俄之战，又有影响于我国之内政者，则立宪之论是也。是役也，日胜而俄败，而日之政体为立宪，俄之政体为专制。我国民方渴望立宪，遂以政体之异，为其致胜负之最大原因。其说确实与否且勿论。而日、俄之战，实与我国主张立宪者以极大之奋兴。公元一九〇七年，中国亦知东三省形势的危急，将其地改建为行省，努力于开荒拓垦事宜。

俄国占据东三省

　　当各国和约，在京开议时，俄人借口东三省事件有特别关系，要求另议，于是向中国肆行要挟；而各国又警告中国不得和俄国另立密约；中国乃处于左右为难的地位。后来各国和约，大致磋商就绪，俄人迫于公议，乃和中国订约，分三期撤兵。从庚子年九月十五起，每半年为一期，第一期撤盛京以西南的兵，第二期撤奉天省里其余地方和吉林省的兵。第三期撤黑龙江的兵。第一期照办了；第二期就不但未撤，反有增加；第三期更不必说了。

日俄战争

　　俄国强占东三省，是各国都不愿意的，而尤其不愿意的，自然是日本。日本这时，国力还非俄国之敌。一九〇二年，日、英订结同盟，以共同对敌俄国南侵。然尚未敢贸然和俄国开衅，乃向俄国提出"满、韩交换"的办法，而俄人对于东三省，丝毫不容日本过问；对于朝鲜，亦不肯放弃。日人迫于无可如何，一九〇四年，就和俄国开战。中国反宣告中立，划辽河以东为战区。日本当宣战之前，业已袭败俄舰于旅顺及仁川。俄舰均蛰伏不能活动，日人遂得纵横海上。于是日人以第一军渡鸭绿江，逼摩天岭。第二军攻金州，第三军攻旅顺。后来又组织第四军，和一、二两军相合，攻下辽阳。俄国精锐的兵，多在西方，运输较难。（因西伯利亚铁路甚长，又系单轨，运输需时日。而海路又因英日同盟关系，俄舰只能绕好望角来，所以迟缓）辽阳陷后，西方的精锐才渐集，反攻不克，而为时已迫冬季，乃彼此休战，而日人于其间，以全力攻下旅顺。明年，日军三十四万，俄军四十三万，大战七日，俄兵败退。日兵陷奉天，北据开原、铁岭。俄人调波罗的海舰队东来，又被日人在对马海峡袭击。乃由美国调停，在该国的朴资茅斯岛议和。

俄败日胜之原因

　　战之胜败在兵，而其胜败之原因，则不在于兵也。关于此点，当时海内外议论甚多。今归纳之，得如下之三事。（一）日本于此战，迫不得已，俄国则否。（二）则日本之政治，较俄国为整饬。（三）则日本战士之效命，非俄国所及。[1]抗军相加，迫不得已者胜，似矣。然从古亡国败家相随属，当其败亡之时，孰非处于迫不获已之境？为国民者，亦

---

[1]　此处的第二点原文为第三点，第三点原文为第二点。

孰愿其国之亡？然而终已不救，则知徒有志愿而无实力，终无济于事也。日人则不然。当封建之时，有所谓武士道者，其为人则重然诺，轻生死，抑强扶弱，忠实奉令。又以立国适值天幸，千余年来，未尝被外敌征服；其皇室亦迄未更易，故其忠君爱国之念极强。夫祸福倚伏，事至难言。日人今后，此等偏狭爱国之心，愚鲁忠君之念，或且为其前途之障碍，亦未可知。然在当日，则固足以一战矣。(《日俄战争》，商务印书馆1928年版，第125、126、127页)

日俄和议

此时日本兵力、财力，都很竭蹶，求和的心，反较俄人为切。所以和约的条件，日本是吃亏的。俄人仅（一）放弃朝鲜；（二）将旅顺、大连湾转租与日本；（三）东省铁路支线，自长春以南，亦割归日本；（四）并割库页岛的南半；而赔款则丝毫未得。当日俄议和时，中国曾声明："关涉中国的条件，不得中国承认，不能有效。"就《日俄条约》，也说（二）、（三）两条，要得中国承认的。然而事实上何能不承认？于是由中国和日本订结《会议东三省事宜条约》。除承认（二）、（三）两项外；并开放商埠多处（凤凰城、辽阳、新民、铁岭、通江子、法库门、长春、吉林、哈尔滨、宁古塔、三姓、齐齐哈尔、海拉尔、瑷珲、满洲里）；又许日人将军用的安奉铁路，改筑为普通铁路。

日俄战后东北的形势

日、俄战后，日本将所得东省铁路的支线，改名南满洲铁路。并将所得租借地，改称关东州，为关东都督府。中国要借英款建造新法铁路；又想借英、美款项，建造锦爱铁路，都遭日本反对。日本却又获得新奉和吉长线两路的建造权。后来又要求将吉长延长到朝鲜的会宁，称为吉会铁路。吉林延吉厅，有韩人越垦，称其地为间岛。日人即指为韩地，派官驻扎，经再三交涉，然后撤去。美人提议"满洲铁路中立"。其办法：系由各国共同借款与中国，将东三省铁路赎回；在借款未还清时，禁止政治上、军事上的使用。日、俄二国，共同反对。旋订《新协约》，声明"维持满洲现状，现状被迫时，两国得互相商议"。于是变为日南俄北，分划势力范围，不准他国插足的形势了。

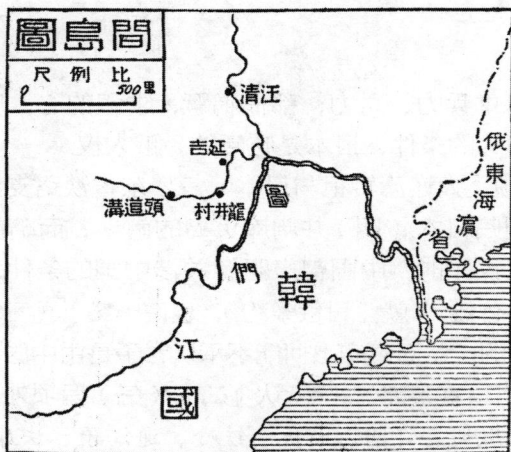

中、韩向以图们江为界。江北延吉县境，韩民多有越垦的，名其地曰间岛，日、俄战后，韩国归日保护，日人指为韩地，派驻理事官，再三交涉，至一九〇九年，乃以其地归我，而我国开延吉等四处为商埠。

日俄战争对内政之影响

日、俄之战，又有影响于我国之内政者，则立宪之论是也。是役也，日胜而俄败，而日之政体为立宪，俄之政体为专制。我国民方渴望立宪，遂以政体之异，为其致胜负之最大原因。其说确实与否且勿论。而日、俄之战，实与我国主

张立宪者以极大之奋兴，要求立宪者以有力之口实，则无疑
之事实也。于是清廷不能拒，乃有派五大臣出洋考察宪政之
举，光绪三十一年（一九〇五）六月。其后遂下诏预备立宪。
行之不得其道，卒致酿成革命焉。我国政体之改变，原因虽
多，而日、俄战争亦为悬崖转石中，加以助力之一事，则众
所公认也。（《日俄战争》，第108页）

中日间岛交涉

中国和朝鲜，是以鸭绿江和图们江为界。二水同发
源于长白山，而长白山一带，清人视为发祥之地，加以封
锁，遂成为荒凉寂寞之区。隔江的韩人，渐有渡江开垦的。
一八八五和一八八七两年，清朝派员和朝鲜会勘边界。在图
们江沿岸，设立界碑。将越垦的朝鲜人，编入民籍。并禁此
后再行越界。朝鲜亦经承认。然其后仍有越垦的。延吉县东
南夹江地方（亦称通江），朝鲜人呼为间岛。朝鲜属日本保护
后，日人遂强指延吉一带，均为间岛，派官驻扎其地。交涉
再三，乃于一九〇九年，订立《图们江中韩界务条款》。日
人认图们江北为中国之地，把派出的理事官撤退。中国则开
龙井村、局子街（即延吉县）、头道沟、百草沟（今汪清县）
为商埠。许朝鲜人仍在江北耕种。并许吉长铁路，将来展接
至朝鲜的会宁。（《初中标准教本 本国史》第四册，第49—
50页）

中国的移民

中国亦知东三省形势的危急。公元一九〇七年，将其地改建
为行省，努力于开荒拓垦事宜，并开拓到蒙古东部。辽河、洮儿
河流域，新设县治不少。吉、黑两省，亦渐见繁盛。据近来的调
查：十九世纪末年，东三省只有人口七百万；一九一一年，增

至一千八百万；一九三一年，增至三千万。现在东三省的居民，十五个人中，有十四个是汉人。（二十一年国际联盟调查团《报告书》的话）

第四十七章　清代之政治制度与末年之宪政运动

　　清朝的官制，是大体沿袭明朝，亦以内阁为相职。唯雍
正时，因对西北用兵，特设军机处，后来就没有裁撤。重要
的奏章，都直达军机处，实际上，是军机处亲而内阁疏了。
外官：明时废元行省，改设布政、按察两司，而区域则略沿
元代行省之旧。清朝于两司之上设督抚。区域大则行政不易
细密；而上级官的威权，自然加增，下级官受其抑压，格外
不易展布；这是清代官制极坏之处。学校、科举合一，是明
朝的一个特色，而清朝也沿袭他。所考的四书义，体裁是要
逐段相对的，"谓之八股"。所考的东西虽多，其实只注重八
股。而八股到后来，另成为一种文字，就连"四书"都不懂，
也是可以做的。这是从前科举之士，学识浅陋的原因。

清代之官制

　　清朝的官制，是大体沿袭明朝，而又加以改变的。明太祖废
宰相，天子自领六部，后世殿、阁学士，遂渐握宰相的实权，谓
之内阁，清朝亦以内阁为相职。唯雍正时，因对西北用兵，特设
军机处，后来就没有裁撤。重要的奏章，都直达军机处，廷寄亦
由军机处发出；事后才知照内阁，在实际上，是军机处亲而内阁
疏了。六部之外，清朝又有理藩院，以管理蒙、回、藏的事情，
名为院，设官亦与六部相同。六部长官，都满、汉并置。咸丰末
年，因天津、北京两条约，设总理各国事务衙门，委派王大臣任
其职。前代的御史台，明代称为都察院，有左、右都、副御史，

和监察御史，又有巡按御史，代天子巡守。清朝设有巡按御史，右都、副御史，为总督、巡抚的兼衔。

外官：明时废元行省，改设布政、按察两司，而区域则略沿元代行省之旧。清朝于两司之上设督抚。两司的官，分驻在外面的，就是所谓道，又若自成为一级，于是（一）督抚，（二）司，（三）道，（四）府，（五）县，几乎成为五级了。（中国官治的最下一级唤做县，从秦朝到现在没有改。县以上的一级唤郡，郡以上的一级唤做州，隋唐时把州郡并为一级，唐于州郡之上设道。宋改道为路，又把大郡升为府，府州之名，遂相错杂。元于行省之下置路府军州。明清于道之下，只有府州，州分两级，领县的为直隶州，与府同级。不领县的为散州，与县同级。同知、通判，另有驻地的，清朝谓之厅，亦有散厅和直隶厅的区别。直隶厅除四川叙永厅外，没有领县的）区域大则行政不易细密；而上级官的威权，自然加增，下级官受其抑压，格外不易展布；这是清代官制极坏之处。奉天省，清朝视为陪京，于其地设府尹及户、礼、兵、刑、工五部。还有锦州一府，是沿袭未废的。此外就只有将军、副都统等治兵之官了。蒙、回、藏之地，也只以将军、副都统、办事大臣等驻防的官驻扎。（中法战后，曾改台湾为行省。后来失掉，新疆、关东，后来亦都改省制。唯蒙、藏、青海始终没有改省）

官俸至近代而大薄

官俸，历代虽厚薄不同，而要以近代之薄为最甚。古代大夫以上，各有封地。家之贫富，视其封地之大小、善恶，与官职的高下无关。无封地的，给之禄以代耕，是即所谓官俸。古代官俸，多用谷物，货币盛行以后，则钱谷并给。又有实物之给，又有给以公田的。明初尚有此制，不知何时废坠，专以银为官俸。而银价折合甚高。清朝又沿袭其制。于是官吏多苦贫穷。内官如部曹等，靠印结等费以自活，外官则靠火耗及陋规。上级官不亲民的，则诛求于下属。京官又靠外官的馈赠。总而言之，都是非法。然以近代官俸之薄，非此断无以自给的。而有等机关，收取此等非法的款项，实亦以其一部分支给行政费用，并非全入私囊。所以官俸的问题，极为复杂。清世宗时，曾因官俸之薄，加给养廉银，然仍不足支持。(《吕著中国通史》上册，第118—119页)

清朝的科举

学校、科举合一，是明朝的一个特色，而清朝也沿袭他。明制：各府、县都设学，京城则设国子监。府、县学生，升入国子监的，谓之监生。监生和府、县学生，都可以应科举。科举隔三年一开，先在本省考试，中式的谓之举人。进京，由礼部考试，中式的再加殿试，谓之进士。监生，除应科举中式外，亦可有入仕之途，不过差一些，府、县学生却没有；而非学生也不能应科举。所以《明史》说：明制是"学校储才，以待科举"的。清朝的制度，和明朝大致相同。

明清科举之弊

明清的科举制度，有可评论者两端。其(一)学校科目，历代都是两件事。明朝令应科目的必由学校，原是看重学校的意思。然其结果，反弄得入学校的，都以应科举为目的，学校变成科举的附属品。入学校的目的，既然专在应科举，而应科举的本事，又不必定要在学校里学；则学校当然可以不入。到后来，学校遂成虚设。生员并不真正入学，教官也无事可做。其(二)唐宋时代的科举，设科很多。应这时代的科举，一人懂得一件事就行了。这是可能的事情。从王荆公变法之后，罢"诸科"而独存"进士"，强天下的人而出于一途，已经不合理了。然而这时候，进士所试的只是经义、论、策。经义所试的，是本经、兼经。一人不过要通得一两经，比较上还是可能的事情。到明清两朝，则应科举的人：（一）于经之中，既须兼通"四书""五经"。（二）明朝要试论、判、诏、诰、表，清朝要试试帖诗，这是唐宋时"制科"和"诗赋进士科"所试的事情，一人又要兼通。（三）三场的策，前代也有个范围的（大抵时务策居多）。明清两朝，则又加之以经子，更其要无所不通。这种科举，就不是人所能应的了。法律是不能违反自然的。强人家做不能做的事情，其结果，就连能做的，人家也索性不做。所以明清两朝的科举，其结果，变成只看几篇"四书"文，其余的都一概不管；就"四书"文也变成另外一种东西，会做"四书"文的人，连"四书"也不必懂得的。于是应科举的人，就都变做一物不知的。人才败坏，达于极点了。（《白话本国史》第四册，第85—86页）

所考的四书义，体裁是要逐段相对的，"谓之八股"。[不是一句句对，而是一段段对的。最正规的格式，是分做八段四对（但其前后仍有不对的起结），所以谓之八股]其体式，为明太祖和刘基所创。五经义，和策、论等，都不重视，只要没有违犯格式的地方就算了。所考的东西虽多，其实只注重八股。而八股到后来，另成为一种文字，就连"四书"都不懂，也是可以做的。这是从前科举之士，学识浅陋的原因。（戊戌维新时，曾废八股，改试论、策、经义。政变后复旧，辛丑回銮后又改。后遂废科举，专行学校教育）

"八股"的由来

这种奇怪的文体，也有个发生的原故。因为考试时候，务求动试官之目。然应考的人多，取录的人少。出了题目，限定体裁，无论怎样高才博学的人，也不敢说我这一篇文章，一定比人家做得好。而又定要动试官之目，就只有两种法子：（一）是把文章做得奇奇怪怪，叫试官看了，吃其一吓，不敢不取。（二）是把文章做得很长，也是吓一吓试官的意思。这两种毛病，是宋朝以来就极盛的。要限制这种弊病，就于文章的格式上，硬想出种种法子：第一种办法，就是所以预防（一）的弊病。第二种办法，则是所以预防（二）的弊病的。因为要代古人说话，就是限定了，只准说某时代某一个人的话。其所说的话，就有了一定范围。自然不能十分奇怪，散文可以任意拉长（所谓"汗漫难知"），骈文却不容易。然而文体却弄得奇怪不堪了。（《白话本国史》第四册，第84—85页）

清朝的兵制

清朝的兵制，入关以前有八旗（初止正黄，正白，正红，正蓝。后有镶黄，镶白，镶红，镶蓝，共八旗。这时候，汉人、蒙古人，都和满人合在一块编制。后来分出，称为蒙古八旗，汉军八旗，合满洲八旗，实在有二十四旗了），入关以后，收编的汉兵，谓之绿营。乾隆以前，大概出征用八旗，平内乱用绿营。嘉庆以后，八旗、绿营，都不足用，于是有勇营（湘、淮军亦称勇营）。咸同以后，才有改练洋操的。末年又要实行征兵制度，就各州县挑选有身家的壮丁，入伍训练，为常备兵。三年退为续备，又三年退为后备，共九年，而脱军籍。现在的一师，当时谓之一镇，想练陆军三十六镇，没有练成，就灭亡了。水军：本有内河、外海两种。承平既久，都有名无实。曾国藩练长江水师，和太平军角逐，当时称为精锐。然讲到新式的战争，还是无用的。咸同以后，乃购买铁甲船，又设造船厂、水师学堂，创造新式海军。法、日战争，两次丧败；港湾又都给外国租借去；就几于不能成军了。

清朝之兵力

以兵力论，则中国承平时代，只可谓之无兵，何者？凡事必有用，人乃能聚精会神以赴之。若其为用渺不可知其在何时，未有不以怠玩出之，而寖至于腐败者也。此为心理作用，受时势之支配，无可如何之事。历代注重军政，若宋、明之世者，其兵力虽云腐败，兵额尚能勉强维持。清代则文恬武嬉，兵额多缺，而为武员侵蚀其饷。存者亦不操练，一以武员之怠荒，一以兵饷太薄，为兵者不得不兼营他业以自治，更无操练之余暇也。近代火器发明，实非人力所能敌，亦为兵事上一大变。兵事如此，边防自更废弛，对于藩属之控制，亦自更粗疏矣。又中国近代，富力与西洋各国相差太远，社会经济落伍，赋税之瘠薄随之。清代经常收入，恒不过四千数百万，即其末造，亦不过七八千万，尚安能有所举措耶？（《中国近百年史概说》，见《中国近代史八种》，第236页）

清朝的刑法

中国历代的法律，都是大体相沿的，已见本书第二十章。法律仅规定大概，实用之时，不能不参考判例，这个历代都是如此。清朝将两者合编一处称为《律例》。（例是随时修纂的，把新的添进去，旧的删除）刑法亦历代相沿，唯明朝有所谓充军，系将犯罪的人，勒令当兵，实为最不合理的制度。清朝既不靠这法子取兵，却也沿袭其制（清朝的充军，实际上是较重的流刑），那就更为荒谬了。通商以后，外人借口中国法律不完备，刑罚残酷，于是有领事裁判权。清末，想将此权收回，仍将刑法加以修改（笞、杖改为罚金，徒、流改为工作）。预备立宪时，又改大理寺为大理院，以为最高审判机关，其下分设高等、地方、初等三级审判厅，检察厅，亦未能实行。

法律太简的弊端

中国历代的所谓法典，只有行政法、刑法两种。而这两种法典，只有唐、明、清三代编纂的较为整齐。法律要随时势为变迁。中国历代，变更法律的手续太难；又当其编纂之始，沿袭前代成文的地方太多，以致和事实不大适合，于是不得不补之以例。到后来，则又有所谓案。法学家的议论大抵谓"律主于简，例求其繁"，"非简不足以统宗，非繁不足资援引"，"律以定法，例以准情"。这也是无可如何之势。但是例太多了，有时"主者不能遍览"，人民更不能通晓，而幕友吏胥等，遂至因之以作弊。这正和汉朝时候，法文太简，什么"比"同"注释"等，都当作法律适用，弊窦相同。都由法律的分类，太觉简单，不曾分化得精密的原故。（《白话本国史》第四册，第89—90页）

清朝的赋税

明初，定"黄册""鱼鳞册"之法。黄册载各户人口及当差丁数，所有田地之数，据之以定赋役。鱼鳞册记土田字号、地形、地昧，及其属于何人，以便田地有所稽考，其法颇为精详。但到后来，两种册子，都失实了。人户丁口，及其所有田地之数，都不能得实，赋役就不能平均。历代的田赋，征收是有定额的。（加赋还是有定限的。浮收是事实问题）派人民当差，或折收实物、货币，则系量出为入，征收的数目和次数，都没有一定。所以役的病民，更甚于赋。役的负担，是兼论人丁和资产的。人的贫富不均，以丁的多少，定负担的轻重，本非公平之法。况且调查不易得实，资产除田地外，亦是不易调查的。于是征收之法，渐变为计算一年需用之数，并作一次征收，谓之"一条鞭"。负担之法，名为专论丁粮，实则不查其丁，但就有粮的人，硬派他负担丁税，谓之"丁随粮行"。（丁税既不按人丁征收，所以各地方略有定额，并不会随人口而增加的，清朝的免收新生人丁丁税，实在是落得慷慨。许多无识的人，相信他真是仁政，那就上他的当了）实际上，变为加田税而免其役了。所以到公元一七一二年时，清圣祖便下诏说：此后新生人丁，不再收赋，丁赋之数，即以该年为准。如此，新丁不收赋，旧丁是要死亡的，现有的丁税，不久就要无法征收了。所以世宗以后，就将丁银摊入地粮，加田赋而免丁税，是赋税上自然的趋势，历代都是照此方向进行的，至此而达于成功。

"永不加赋"的真相

（明）一条鞭之法总算一州县每一年所需用之数，按阖境的丁粮均摊。自此以外，不得再有征收。而其所谓丁者，并非实际的丁口，乃系通计一州县所有的丁额，摊派之于有田之家，谓之"丁随粮行"。明朝五年一均役，清朝三年一编审，后亦改为五年，所做的都系此项工作。质而言之，乃因每隔几年，贫富的情形变换了，于是将丁额改派一次，和调查丁口，全不相干。役法变迁至此，可谓已行免役之法，亦可谓实已加重田赋而免其役了。加赋偏于田亩，是不合理的。因为没有专令农民负担的理由。然加农民之田赋而免其役，较之唐宋后之役法，犹为此善于彼。因为役事无法分割，负担难得公平，改为征其钱而免其役，就不然了。况且有丁负担赋税的能力小，有产负担赋税的能力大，将向来有丁的负担，转移于有粮之家，也是比较合理的。这是税法上自然的进化。

一条鞭之法，起源于江西，后渐遍行于全国，其事在明神宗之世。从晚唐役法大坏至此，约历八百年左右，亦可谓之长久了。这是人类不能以理智支配事实，而听其自然迁流之弊。职是故，从前每州县的丁额，略有定数，不会增加。因为增丁就是增赋，当时推行，已觉困难；后来征收，更觉麻烦；做州县官的人，何苦无事讨事做？清圣祖明知其然，所以落得慷慨，下诏说：康熙五十年以后新生的人丁，永不加赋。到雍正时，就将丁银摊入地粮了。这是事势的自然，不论什么人，生在这时候，都会做的，并算不得什么仁政。从前的人，却一味歌功颂德。不但在清朝时候如此，民国时代，有些以遗老自居的人，也还是这样，这不是没有历史知识，就是别有用心了。(《吕著中国通史》上册，第154——155页)

"地丁"是全国农民的负担。此外江、浙、两湖、安徽、江西、河南、山东八省，又有"漕粮"。初征本色，后来亦改征折色。地丁、漕粮而外，重要的，要算关、盐两税。关分新、旧。旧关是明朝因为收为亩钞而设的，后来就没有撤废，所以又称"钞关"。新关是和外国通商之后，设立于水陆各口的。盐法，由有引的盐商承销（盐多引少，临时招商承销的，谓之"票盐"），各有一定区域，谓之"引地"。引地是看水陆运道，计营销之便而定的，每一区域中所销的盐数，则视其地的人口多少而定，两者都不能没有变更，而引地引额，却不能随之而变，于是官盐贵而私销盛了。"厘金"起于太平军兴以后，设卡多而征收的方法不一律，更为恶税。（厘金是钦差帮办军务雷以诚在江北创行的。沿途设卡，凡商人货物过境的，照物价抽收几厘，故名厘金。嗣后各省仿行，至民国国民政府成立后，始行裁撤）

清末的宪政运动

清朝的政治制度，大体都是沿袭前代的，只好处闭关独立之世，不足以应付新局面。至于实际的政治，则当咸、同之间，清朝实已不能自立，全靠一班汉人，帮他的忙，才能削平内乱，号称"中兴"。这一班中兴将帅，本也是应付旧局面则有余，应付新局面则不足的；而清朝的中央政府，又极腐败；如此，国事自然要日趋于败坏了。戊戌维新，是清朝一个振兴的机会，不但未能有成，反因此而引起义和团之乱，人民对清政府就绝望，而立宪、革命的运动就日盛。立宪之论，起于拳乱以后。到日、俄战争，日以立宪政体而胜，俄以专制政体而败，就更替主张立宪的人，增加了一种口实。清朝鉴于民气之盛，也就假意敷衍。于公元一九〇六年，下预备立宪之诏。公元一九〇八年，又定以九年，为实行之期。这一年冬天，德宗和孝钦后，先后死了，溥仪继立。其父载沣摄政。一班亲贵握权，朝政更形腐败，人民多请愿即行立宪。清朝勉强许将预备期限，缩短三年。再有请愿的，就都遭驱逐。又因铁路国有之事，和人民大起冲突，革命军乘机而起，清朝就要入于末运了。

第四十八章　清代之文化与社会状况

　　明末学术，有两方面：一是经世致用，一是读书考古。清朝处于异族专制之下，有许多社会上、政治上的问题，都不敢谈；士大夫也有些动极思静了；于是经世致用之学，渐即销沉，而专发达了读书考古的一派。清朝所谓考据之学。古代不明白的事，经他们考据明白的很多。他们要求正确的古书，所以尽力于辨伪，尽力于校勘，尽力于辑佚，业经亡失、错误、窜乱的古书，经他们整理好的亦不少。清代是一个动极思静的时代，所以其风气，是比较沉闷的。到后来，所以始终没有慷慨激昂，以国事为己任的人，以致建立不出一个中坚社会来，实由于此。总而言之，近代的读书人，是不甚留意于政治和社会的事务的。所以海通以来，处从古未有的变局，而这一个阶级反应的力量并不大，若在宋明之世，士子慷慨好言天下事之时，则处士横议，早已风起云涌了。此等风气，实在到现在，还是受其弊的。

学风的转变

　　明末诸儒的学术，本有两方面：一是经世致用，一是读书考古。清朝处于异族专制之下，有许多社会上、政治上的问题，都不敢谈；而且从宋到明，士大夫喜欢闹意气，争党见，这时候，也有些动极思静了；于是经世致用之学，渐即销沉，而专发达了读书考古的一派。

清朝的士风

士人本有领导他阶级的责任，中国士人最能尽此责任的，要算理学昌明时代，因为理学家以天下为己任，而他们所谓治天下，并不是专做政治上的事情，改良社会，在他们看得是很要紧的。他们在乡里之间，往往能提倡兴修水利，举办社仓等公益事业。又或能改良冠婚丧祭之礼，行之于家，以为民模范。做官的，亦多能留意于此等教养之政。他们所提倡的，为非为是，姑置勿论，要之不是与社会绝缘的。入清代以后，理学衰落，全国高才的人，集中其心力的是考据。考据之学，是与社会无关系的。次之，则有少数真通古典主义文学的人，其为数较多的，则有略知文字，会做几篇文章，几首诗，写几个字，画几笔画的人。其和社会无关系，亦与科举之士相等。总而言之，近代的读书人，是不甚留意于政治和社会的事务的。所以海通以来，处从古未有的变局，而这一个阶级反应的力量并不大，若在宋明之世，士子慷慨好言天下事之时，则处士横议，早已风起云涌了。（《中国近世史前编》，见《中国近代史八种》，第157—158页）

清代的考据学

清朝所谓考据之学，是以经学为中心的。因为要读经，所以要留意古代的训诂名物、典章制度。古代不明白的事，经他们考据明白的很多。他们要求正确的古书，所以尽力于辨伪，尽力于校勘，尽力于辑佚，业经亡失、错误、窜乱的古书，经他们整理好的亦不少。他们的大本营虽在经，然用这一种精密的手段，应用于子、史等书，成绩也是很好的。清朝对于经学，是宗汉而祧宋的，所以其学亦称为"汉学"。但是汉学之中，仍有区别。清初如顾炎武等，还是兼采汉、宋，择善而从的，不过偏重于汉罢了。专以发挥汉人之说为主的，在乾、嘉两朝，实为汉学极盛时代。惠栋、戴震、钱大昕，为此时巨子。嘉庆年间，开始有人从汉学中，分别"今文""古文"之说，道、咸以后，主张今文，排斥古文的风气渐盛。汉朝的今文家，本是主张经世致用的，所以清学到末期，经世致用的精神，也就有些复活了。

史事何以要考证？

大抵原始的史料，总是从见闻而来的，传闻的不足信，人人能言之，其实亲见者亦何尝可信？人的观察本来容易错误的。即使不误，而所见的事情稍纵即逝，到记载的时候，总是根据记忆写出来的，而记忆的易误，又是显而易见的。况且所看见的，总是许多断片，其能成为一件事情，总是以意联属起来的，这已经掺入很大的主观的成分。何况还有没看见或忘掉的地方，不免以意补缀呢？这还是得之于见的，其得之于闻的，则传述者又把这些错误一一加入。传述多一次，则其错误增加一次。事情经过多次传述，就无意间把不近情理的情节删除或改动，而把有趣味的情节扩大起来。看似愈传述愈详尽，愈精彩，实则其不可信的成分愈多。这还是无意的，还有有意的作伪。那便是：（一）伪造假的事实，（二）抹杀真的事实，（三）无所为而出于游戏性质的。以上所述，实在还都是粗浅的，若论其精微的，则凭你一意求真，还是不能免于不确实，虽然你已小心到十二分。因为人的心理，总有一个方向，总不能接受和这方向相反的事情。所以又有许多真确而有价值的事情，为你所视而不见，听而不闻了。心理上这种细微的偏见，是没有彻底免除的可能的；就要洗伐到相当的程度，也很不容易。史事的不足信如此，无怪史学家说"历史只是大家同意的故事"了。史学家为求真起见，在这上面，就得费掉很大的工夫。(《历史研究法》，第56—57页）

清代的义理辞章之学

宋学在清代，也仍保守其相当的分野。人们对于讲考据的人，而称其学为考据之学；尊奉宋儒的人，称其学为义理之学；至于做文章的人，则称为辞章之学；俨然成为学术界上的三大派别。义理和辞章之学，声光都远不如考据之盛，这是风气使然。以古文著名的桐城派，创于方苞，成于姚鼐，都是安徽桐城县人。主张义理、考据、辞章三者不可缺一，立论颇为持平。以他自己的立场论，则在汉、宋之间，是偏于宋的；而其所长，则尤在辞章。在宋时，浙东一派学术，本是注重史学的。此风经明、清两代，还能保存。会稽章学诚，史学上的见解，尤称卓绝，和现代的新史学，相通之处颇多。清代的学术界，可以说是理性发达，感情沉寂的时代，所以其文艺，和历代比较起来，无甚特色。桐城派号称古文正宗，不过是学的唐、宋人，此外也不过或学周、秦，或学汉、魏；诗亦是如此，非学唐，即学宋。词则中叶的常州派，嫌元、明的轻佻成薄，而要学唐、五代、宋；书法则邓完白、包世臣嫌历代相传的帖，渐渐失真，而要取法北碑；都有复古的倾向；然亦不过摹仿古人罢了。

清代的社会状况

因为清代是一个动极思静的时代，所以其风气，是比较沉闷的。清朝的管彤曾说："明之时，大臣专权；今则阁、部、督、抚，率不过奉行诏命。明之时，言官争竞；今则给事，御史，皆不得大有论列。明之时，士多讲学；今则聚徒结社者，渺焉无闻。明之时，士持清议；今则一使事科举，而场屋策士之文，及时政者皆不录。"（见管彤撰《拟言风俗书》）把明、清风气，两两比较，可谓穷形尽相了。清朝到后来，所以始终没有慷慨激昂，以国事为己任的人，以致建立不出一个中坚社会来，实由于此。此等风气，实在到现在，还是受其弊的。以上是指士大夫说。至于人民，则历朝开国之初，大抵当大乱之后，风气总要勤俭朴实些。一再传后，生活渐觉宽裕，贫富的不均，亦即随之而甚。明清时代，各省还有"贱民"，在最低阶级，为"良民"所不齿的。如山西的"乐籍"，广东的"蜑户"，浙江的"丐户"，清朝曾免去乐籍、丐户，使为良民。但如蜑户等，虽经解放，仍旧守其故俗。

传统政治与社会的特点

（一）当时中国的政治，是消极性的，在闭关时代，可以苟安，以应付近世列国并立的局面则不足。（二）当时中国的人民和国家的关系是疏阔的，社会的规则都靠相沿的习惯维持，所以中国人民无其爱国观念，要到真有外族侵入时，才能奋起而与国家一致。（三）中国社会的风俗习惯，都是中国社会的生活情形所规定的，入近世期以后，生活情形变，风俗习惯亦不得不变。但中国疆域广大，各地方的生活，所受新的影响不一致，所以其变的迟速，亦不能一致，而积习既深，变起来自然也有相当的困难。（《中国近世史前编》，见《中国近代史八种》，第161页）

第四十九章　清代之经济状况

　　中国的经济状况，清朝是一个大转变的时期。鸦片战争以前，中国实在还保守其闭关独立之旧。此时的农人，是各安耕耨。工业大都是家庭副业。商人亦不过较之农工，赢利略多，生活略见宽裕而已。到五口通商以后，情形就大变了，外国的货物，源源输入，家庭工业和手工业，逐渐为其所破坏，又收买我国的原料而去。我国对于新式事业，虽亦略有兴办。亦因资本微末，技术幼稚，不能和外厂竞争，遏止外货的输入。中国财政，向来持量入为出主义；所以进款虽少，收支是足以相抵的。即当叔季之世，横征暴敛则有之，却无所谓借债。其恃借债以救急，实在从近代同西洋各国交通后起。

闭关时代之经济状况

　　中国的经济状况，清朝是一个大转变的时期。鸦片战争以前，外人虽已来华通商，然输出入的数目并不大；输入的也不是什么必需品；所以当这时代，中国实在还保守其闭关独立之旧。此时的农人，是各安耕耨。他们的收入并不大，然而他们的支出，也是很节省的。工业：除较困难的，要从师学习，独立而成为一艺外，其余大都是家庭副业。出品并不甚多，营销的区域，也不很远。天产品亦系如此。所以当时的商人，除盐商由国家保护其专利，获利最厚外，只有典当、钱庄、票号等，资本较大，获利较丰。此外，亦不过较之农工，赢利略多，生活略见宽裕而已，并没有什么可以致大富的人。总之，生产方法不改变，社会的经济情形，是不会大变的。

传统社会的农工商

中国的人民，百分之八十是农民，农民的知识，大概是从经验得来的。其种植的方法，颇有足称。但各地方的情形，亦不一律，这是因地利之不同，历史之有异，如遭兵荒而技术因之退步等，所以其情形如此。但以大体论，中国的农民是困苦的。这因（一）水利的不修，森林的滥伐，时而不免于天灾。（二）因田主及高利贷的剥削，商人的操纵。（三）沃土的人口，易于增加。所种的田，因分析而面积变小。所以农民的生活，大多数在困苦之中。设遇天灾人祸，即遭流离死亡之惨，亦或成为乱源。工业：大抵是手工。有极精巧的，然真正全国闻名的工业品并不多。即使有，其销场实亦仍限于一区域中。流行全国的，数实有限。此因制造的规模不大，产量不多，又运输费贵，受购买力的限制之故。普通用品，大抵各有营销的区域。工人无甚智识，一切都照老样子做，所以改良进步颇迟；而各地方的出品，形式亦不一律。商人在闭关时代，可谓最活跃的阶级，这因为社会的经济，既进于分工合作，即非交换不能生存。而生产者要找消费者，消费者要找生产者极难，商人居其间，却尽可找有利的条件买进，又可尽找有利的条件卖出。他买进的条件，是只要生产者肯忍痛卖。卖出的条件，是只要消费者能勉力买，所以他给与生产者的，在原则上，只有最低限度。取诸消费者的，在原则上，却达于最高限度。又且他们手中，握有较多的流动资本。所以商人与非商人的交易，商人总是处于有利地位的。中国的商业，虽有相当的发达，但受交通及货币、度量衡等制度发达不甚完美的影响，所以国内商业，还饶有发展的余地。商人经营的天才，亦有足称。但欲以之与现代资本

雄厚、组织精密的外国商人为敌，自然是不够的。加以他们
（一）向来是习于国内商业的，对于国外商业的经营，不甚习
熟。（二）资本又不够雄厚。（三）外国机器制品输入，在中国
饶有展拓之地，即居间亦有厚利可图。所以海通以来，遂发
达而成为买办阶级。（《中国近世史前编》，见《中国近代史八
种》，第155—157页）

五口通商后的经济状况

到五口通商以后，情形就大变了，外国的货物，源源输
入，家庭工业和手工业，逐渐为其所破坏，又收买我国的原料
而去。于是中国的农人，也有为外国的制造家而生产的，经济
上彼此的联结，就渐渐密切了。资本主义，是除掉低廉的原料
以外，还要求低廉的劳力的；而劳力也总是向工资高的地方
而移动。于是华工纷纷出洋谋生，遂成为外国的资本和商品输
入，而中国的劳力输出的现象，其初是很受外国欢迎的，后来
又为其工人所妒，到处遭遇禁阻，于是中国人谋生的路更窄
了。（排斥华工，起于美国，其事在一八七九年，后来南洋亦
有继起的）

清末的经济状况

资本主义，发达到一定的地步，是要将资本输出的。既要将
资本输出，就要谋其所输出的资本的安全；就不免要干涉后进
国的政治。于是资本主义，和传统的武力主义相结合，而成为帝
国主义了。我国一通商，而沿海和内河的航权，即随之而俱去。
（一）航业遂成为外人投资的中心。（二）又外国的银行，分设于
通商口岸，亦能操纵我的金融。（《天津条约》定时，实际上，外
船早在沿海自由航行了）至中日战后，则（三）通商口岸，既得

设厂；（四）又得投资于我国的路矿；（五）而各种借款，又多含有政治意味；于是我国的轻工业、重工业，都受到外力的压迫；就是政治，也不免要受其牵制了。

我国对于新式事业，虽亦略有兴办。然如制造局和船政局，只是为军事起见。开平煤矿，大权旁落于英人。汉冶萍煤铁矿厂，因欠外债而深受日人的束缚。一个招商局，既不足和外轮竞争，铁路又多借外债。官私所办的纺织事业，亦因资本微末，技术幼稚，不能和外厂竞争，遏止外货的输入。再加以屡次战败，赔款之额，超过全年收入数倍（清朝光绪年间，全国的岁入，是七千万两。所以中、日之战的赔款，是当时岁入的三倍。庚子赔款四万五千万两，易成金款，实际上要加倍，那就十倍不止了。中国的借外债，是起于左宗棠征新疆时的。然自中日之战以前，所借甚少，且都随即还清），非借外债，无以资挹注；而借外债则既要负担利息、折扣，还要负担镑亏。国际收支，遂日趋于逆势，除掉华侨汇归的款项外，非靠外人投资，不能弥补；而外国资本，就竟以我国为尾闾了。

清末的借款

中国财政，向来持量入为出主义；所以进款虽少，收支是足以相抵的。即当叔季之世，横征暴敛则有之，却无所谓借债。预借租调等，还只算是征敛。其恃借债以救急，实在从近代同西洋各国交通后起。然而这不过济一时之急；在大原则上，收支还是相合的。其负担实在超出于财政能力之上，而靠借款以为弥缝，则从甲午、庚子两战役后起。然仍是为应付赔款起见，在内政上，仍持量入为出主义。至一变而为量出为入主义，而又不能整顿收入，乃靠借债以举办内政，则从胜清末叶的办新政起。这时候的危险，在于借口借债以兴利，其实所借的债，能否应付所兴的利的本息，茫无把握。傥使借债甚多，而所兴的利，毫无成效，便要一旦陷于破产的悲境了。至于一国的大柄，倒持在特权阶级手里。他要花钱，便不得不花。而国家的大局如何，前途如何，再无一人肯加以考虑。(《白话本国史》第四册，第128页)

第五十章　本期结论

　　从清室灭亡之日，追溯西人东来之初，为时约四百年，是中国历史起一个大变动的时代。这四百年中的变动，比上一期的二千年，还要来得厉害；而尤以五口通商后的七十年为剧烈。这七十年之中，向来以天朝自居的，至此不得不纡尊降贵，和外国讲平等的交际。向来以为中国的学问，是尽善尽美的，至此而有许多地方，不能应付。总而言之：是环境变动剧烈，而我们的见解，一时来不及转变。见解的转变，本来要有相当的时间，七十年的时间不算长；以中国之大，旧文化根底的深厚，受了几十年的刺激，居然能有维新运动，立宪运动，甚至于革命运动，去求适应，也并不能算慢。不过方面太多了，不容易对付，所以到如今，还在艰难困苦之中奋斗。

环境的变动

　　本期是中国历史起一个大变动的时代。从清室灭亡之日，追溯西人东来之初，为时约四百年。这四百年中的变动，比上一期的二千年，还要来得厉害；而尤以五口通商后的七十年为剧烈。在这七十年以前，内而政治、风俗，外而对外的方针和手段，都还是前一期的旧观。到这七十年之中，就大变了，向来以天朝自居的，至此不得不纡尊降贵，和外国讲平等的交际。向来以为中国的学问，是尽善尽美的，至此而有许多地方，不能应付。对外则屡战屡败，而莫知其由。看了外国人所制的东西，只是觉得奇巧，而也莫名其妙。当鸦片战争之后，外力初突破闭关的局面时，真有这种惶惑无主之概。

中国文化的三大期

中国的文化，可以划分为三大时期：即（一）中国文化独立发展时期。（二）中国文化受印度影响时期。（三）中国文化受欧洲影响时期。近几百年来，欧洲人因为生产的方法改变了，使经济的情形大为改变。其结果，连社会的组织，亦受其影响，而引起大改革的动机。其影响亦及于中国。中国在受印度影响的时代，因其影响专于学术思想方面，和民族国家的盛衰兴亡，没有什么直接的紧迫的关系。到现在，就大不相同了。交通是无法可以阻止的。既和异国异族相交通，决没有法子使环境不改变，环境既改变，非改变控制的方法，断无以求兴盛而避衰亡。所以在所谓近世期中，我们实有改变其文化的必要。而我国在受着此新影响之后，亦时时在改变之中，迄于今而犹未已。（《中国近世史前编》，见《中国近代史八种》，第146、147页）

适应的困难

所以这七十年中的失败，总而言之，可以说是环境骤变，而我国民族，还未能与之适应。譬如对外，中国向来是以不勤远略为宗旨的，因为从前既无殖民政策，除攻势的防御外，勤远略确是劳民伤财。然而外力侵削之秋，还牢守这种主义，藩属就要丧失，边疆也要危险了。又如经济，中国向来是以节俭为训条，安贫为美德的。在机械没有发明，生产能力有个定限的时代，自然也只得如此。然当外国货物源源输入，人民贪其"价廉物美"不得不买的时候，就非此等空言，所能抵拒外货，遏止"入超"了。诸如此类，不一而足。总而言之：是环境变动剧烈，而我们的见解，一时来不及转变。见解的转变，本来要有相当的时间，七十年的时间不算长；以中国之大，旧文化根底的深厚，受了几十年的刺激，居然能有维新运动，立宪运动，甚至于革命运动，去求适应，也并不能算慢。不过方面太多了，不容易对付，所以到如今，还在艰难困苦之中奋斗。

社会改革之难

世界所以有大事，正和我们的屋子，住了一年要大扫除一次一样。灰尘垃圾，都是平时堆积下来的。堆积了一年，扫除自然费力了。谁能使他不堆积起来呢？天天扫除，使其绝不堆积，或者也并非办法，谁能按着堆积的情形，决定扫除的次数，并把他排列在适当的日期，使扫除亦成为生活的节奏呢？屋子住了一年要扫除，是没人反对的，而且大多数人认为必要。社会上堆积着千万年的灰尘垃圾，却赞成扫除的人少，反对扫除的人多，甚而至于把灰尘垃圾，视为宝物，死命的加以保存。世界之所以多事，岂不以此？（《两年诗话》，原刊《文艺春秋丛刊》之一《两年》，1944年10月10日出版）

社会是时时需要改革的，然其改革却极不易。所希望的目的，未曾达到，因改革而来的苦痛，倒不知凡几了，人们当此之际，就要嚣然不宁。苦于社会的体段太大了，其利害复杂而难明。还有一班私利害和公利害相违反的人，不惜创为歪曲之论。于是手段和目的，牵混为一。目的本来好的，因其手段的不好，而连带被攻击；替目的辩护的人，明知其手段的不好，亦必一并加以辩护；遂至是非淆乱，越说越不清楚了。（《从章太炎说到康长素梁任公》）

第四编　现代史

第五十一章　孙中山先生与革命运动

凡事积之久则不能无弊。这个积弊，好像人身上的老废物一样，非把他排除掉，则不得健康。人类觉悟了，用合理的方法，把旧时的积弊，摧陷廓清，以期达于理想的境界，这个就唤做革命。但是因为地大人多，一时没有实现的方法。每到政治不良，人民困苦的时候，虽然大家也能起来把旧政府推翻，然而乱事粗定之后，就只得仍照老样子，把事权都交给一个人。于是因专制而来的弊害，一次次的复演着，而政治遂成为一进一退之局。这种因政体而来的祸害，我们在从前，虽然大家都认为无可如何之事，然而从海通以来，得外国的政体，以资观摩，少数才智之士，自然就要起疑问了。当戊戌变法时，国人所希望者，为以专制君主之力，变法图强。庚子后，国人对清廷之希望渐薄，民族、民权思想亦渐昌明。

革命的酝酿

中国革命的酝酿，潜藏得是很久的。清朝入关以后，汉人看似为其所压伏，实则革命的种子迄未尝绝。从西人东来以后，国人懔于民族的危机，愈见深切，因而发生许多反清的举动；至于"民贵君轻"之论，"不患寡而患不均"之说（"民为贵，社稷次之，君为轻"见《孟子·尽心下篇》。"不患寡而患不均"见《论语·季氏》），孔孟早发之于二千年以前，所以西洋的民主政体、社会学说，我们均极易契合。民族、民权、民生主义，在人人心坎中，久已潜伏着了。不过没有适宜的环境，不能发荣滋长出来；没有领袖的指导，其运动也不易入于正轨罢了。

革命思想勃兴之原因

当戊戌变法时，国人所希望者，为以专制君主之力，变法图强。庚子后，国人对清廷之希望渐薄。民族、民权思想亦渐昌明。激烈者主张革命，缓和者遂主张君主立宪。清廷迫于舆论，乃有派五大臣出洋考察宪政之举。然清廷实无立宪诚意，加以溥仪幼稚，摄政昏庸，皇族专权，朝政益紊。反欲压制舆论，妄图集权。革命之势，遂日益蓬勃。革命思想之勃兴原因：（一）由民族主义。北族入主中国，虽其治法大体沿中国之旧，然于民族主义，终欠光晶；而欧人东侵，又有以激起中国人之民族思想。（二）由民权主义。民视民听，本已郁积于数千年之前；明末，得黄梨洲等为之提倡；加以欧西现代政治之观感。（三）由民生主义。因欧人之经济侵略，逐渐加紧，人民感于生计之困苦，渐觉有改革之必要。凡此皆时势所迫，勃兴之原因。（《高中复习丛书 本国史》，第167、168页）

孙中山先生

孙中山先生，广东香山县人（现在改为中山县，就是因纪念孙先生改名的），名文，字逸仙，中山是他的自号。他生于公元一八六六年，就是前清同治五年。他少有大志，怀抱民族、民权思想。公元一八八五年，中法战事起，先生鉴于政府的腐败，就决定颠覆清廷，创建民国的宗旨。公元一八九二年，在澳门创立兴中会，由少数的同志，联结会党，运动当地防营，以为革命的准备。会党虽以反清为宗旨，团结实甚散漫，当地驻军的思想更是腐旧不堪，所以成效很少。公元一八九五年，先生在广州谋起义，因运输军火事泄，不克。先生乃经檀香山赴美洲，和其地的会党连络（太平天国灭亡后，余党逃亡海外的很多，檀香山、美洲一带更盛），又赴欧洲。此时清朝已知先生为革命首领，其驻英公使，把先生计诱到使馆里，拘禁起来，想解送回国；先生感动了使馆里的侍役，把消息泄漏出去，英国舆论大哗，先生乃得释放。此即所谓伦敦蒙难。先生在欧洲数年，考察其国势民情，觉得单讲民族、民权，还不能"进世界于大同，畀斯民以乐利"，乃重加民生主义一说。合民族、民权、民生而完成其三民主义。

同盟会成立

义和团乱起，先生分遣同志，谋袭广州、惠州，都不克。此时风气渐开，出洋留学的人渐多，尤群聚于日本；其中也颇有怀抱革命思想的。一九〇五年，先生乃亲赴日本，改兴中会为同盟会。入会的人，很为踊跃。革命团体，到此才有中流以上的人士参加。有了这辈人参加，则可以文字运动；主义的传布，更易迅速而普遍；而且指挥组织，也都有人才了。所以先生说："到这时候，我才相信革命事业，可以及身看见其成功。"

革命的心理动机

"民为贵，社稷次之，君为轻。""贼仁者谓之贼，贼义者谓之残，残贼之人，谓之一夫。闻诛一夫纣矣，未闻弑君也。"在纪元前四世纪时，就有人说过了。（《孟子·梁惠王下篇》和《尽心下篇》）但是因为地大人多，一时没有实现的方法。每到政治不良，人民困苦的时候，虽然大家也能起来把旧政府推翻，然而乱事粗定之后，就只得仍照老样子，把事权都交给一个人。于是因专制而来的弊害，一次次的复演着，而政治遂成为一进一退之局。这种因政体而来的祸害，我们在从前，虽然大家都认为无可如何之事，然而从海通以来，

得外国的政体，以资观摩，少数才智之士，自然就要起疑问
了。这是潜伏在人心上的动机。(《复兴高级中学教科书 本国
史》下册，第150—151页)

当时海内外的情势

先是康有为从出亡后，就在海外组织保皇党，以推翻慈禧太
后，使德宗重揽大权为目的。此时乃改而主张君主立宪，和同盟
会为对立的机关。海内的立宪运动，见本书第四十七章。然革命
运动，气势亦颇盛；其以笔舌鼓吹的，则有章炳麟著《訄书》，
邹容著《革命军》，都因此下狱，邹容竟死在狱中。谋以实力解
决的，则有刘道一等的起事于萍、醴(刘道一亦是同盟会会员，
但这一次举义，却不是同盟会发动的)，清朝调苏、赣、湘、鄂
四省的兵，才把他打平；又有安徽候补道徐锡麟枪杀巡抚恩铭，
据军械局谋起事，事虽无成，清朝已为之胆落了。

同盟会的革命运动

同盟会的革命运动，最壮烈的，要算一九○八年的河口之
役，和一九一一年黄花岗之役。前一役初起事于钦州，因军械不
足，退入越边，再从越边进兵，大败清军于河口，直迫蒙自，因
无援而退。后一役则运动广东的新军，谋在广州起事，而党人组
织敢死队，以为之领导。因事机泄漏，未能按照预定的计划行
事。党人攻督署，事后觅得尸体，丛葬于黄花岗的七十二人，海
内外闻讯震动。这时候，各地方的人心，日益倾向革命，新军也
多有受运动的。清室越发濒于危亡。

何谓革命

凡事积之久则不能无弊。这个积弊，好像人身上的老废

物一样，非把他排除掉，则不得健康。人类觉悟了，用合理的方法，把旧时的积弊，摧陷廓清，以期达于理想的境界，这个就唤做革命。(《复兴高级中学教科书 本国史》下册，第149页) 历代之革命，有自外而入者，有即行之于内者。行之于内者，又可分为二：(一) 本系在内之权臣，如王莽是。(二) 则在外之强臣或军人，入据中央政府，如曹操、刘裕是。大抵内重之世，革易多在中朝。外重或内外俱轻之世，则或起于外而倾覆旧政府；或先入据旧政府，造成内重之局，而后行革易之事焉。以王步虽改，朝市不惊论，则起于内者为优。然以除旧布新论，则起于外者，为力较大也。(《中国社会史》，第328页)

第五十二章　辛亥革命与中华民国之成立

　　中国国土大，边陲的举动，不容易影响全局。要能够振动全国，必得举事于腹心之地。但是登高一呼，亦必得四山响应，而其声势方壮。此种情势，亦是逐渐造成的。革命党的运动，固然是最大的原因。党人乃于十九日，即阳历的十月十日，起义于武昌。革命军既起，清朝的官吏，都逃走。（一九一一年）阳历十二月，孙中山先生从海外归国。二十九日，十七省代表，公举先生为中华民国临时大总统。通电改用阳历，以其后三日，为中华民国元年元月元日。清朝乃授权袁世凯，和民国议定皇室和满、蒙、回、藏优待条件，于二月十二日退位。从一六二二年明桂王被弑，清朝占据中国，共二百五十年而灭亡。

清末的形势

　　清朝从德宗和慈禧太后死后，格外失其重心。一九一一年，说是预备立宪组织责任内阁，而阁员十三人（当时内阁总、协理外，有外务、民政、陆军、海军、度支、学法、农工商、邮传、理藩十部，及军咨府。内阁总理庆亲王奕劻，是清末宗室中久握政权的），满族居其九；九人之中，皇族又居其五。人民称为"御用内阁"，不合立宪精神，请愿改组，遭清廷拒。又以铁路国有之事，与人民大起争执。其时国民鉴于外人攘夺我国的路权，实寓有瓜分危机，群谋收回自办。川汉、粤汉，都组有公司。（粤汉铁路，清末本借美国合兴公司的款项建筑，因该公司逾期未曾兴工，乃废约收回自办）而清廷忽将铁路干线，都收归国有。人民起而争执，川省尤烈。清朝的四川总督，一味用高压手段，将代表拘押，群众驱逐。省城人民，聚众请求释放；外县人民，亦有续至的；彼竟纵兵残杀。清朝还要派满员端方，带兵入川查办，人心大愤。

革命的导火线

中国国土大，边陲的举动，不容易影响全局。要能够振动全国，必得举事于腹心之地。但是登高一呼，亦必得四山响应，而其声势方壮。此种情势，亦是逐渐造成的。革命党的运动，固然是最大的原因，而清廷的失政，亦有以自促其灭亡。清廷到末造，是无甚真知灼见的，只是随着情势为转移。当时的舆论，颇有主张中央集权的。政府亦颇想设法挽回。但不知道集权要能办事，其举动依然是凌乱无序，不切实际，而反以压制之力，施之于爱国的人民，就激成川、鄂诸省的事变，而成为革命的导火线。（《复兴高级中学教科书本国史》下册，第157—158页）

革命军的起事

此时革命党人，鉴于屡次起事，都在边陲之地，不能震动全局，乃谋易地起义，武汉的新军，业已运动成熟，定于是年旧历中秋起事，旋改迟十日，未及期而事泄，清廷的湖广总督瑞澂，大肆搜杀。党人乃于十九日，即阳历的十月十日，起义于武昌。革命军既起，清朝的官吏，都逃走。革命军推黎元洪为中华民国军政府鄂军都督，收复汉口、汉阳。照会各国领事，各国都认我为交战团体。[按国际公法，列国承认一国革命军，既为"交战团体"（Belligerency），即为尔后承认为合法的革命政府之先声，关系甚重]清廷闻变大震，即派陆军大臣荫昌，率近畿陆军南下。这"近畿陆军"，原来是袁世凯在直隶时所练。（辛丑和议定后，袁世凯任直隶总督，练新兵，共成六镇，后来第一、第三、第五、第六四镇，改归陆军部直辖，称为近畿陆军。世凯后入军机，溥仪立后，罢居彰德）荫昌无威望，不能指挥。清廷不得已，起用袁世凯督军。攻陷汉口、汉阳，然各省次第反正；停泊九江、镇江的海军亦响应。清廷以袁世凯为内阁总理，载沣旋罢摄政职，大权全入世凯之手。乃由英领事斡旋，两军停战，在上海议和。

中华民国成立

是年阳历十二月，孙中山先生从海外归国。二十九日，十七省代表（江苏、安徽、江西、浙江、福建、湖北、湖南、广东、广西、四川、云南、河南、山东、山西、陕西、直隶、奉天），公举先生为中华民国临时大总统。通电改用阳历，以其后三日，为中华民国元年元月元日，中山先生，即于是日在南京就职。中华民国于是成立。

清朝的灭亡

先是上海和议，议决开国民会议，解决国体问题。至是，清朝的代表，以和议失败，电清政府辞职。和议由袁世凯和中华民国的代表，直接电商。孙中山先生提出"如袁世凯赞成共和，则自己辞职，推荐袁世凯为临时大总统"的条件。袁世凯也接受了。其时清朝以吴禄贞为山西巡抚。禄贞屯兵石家庄，截留清朝运赴前敌的军火，虽然给清朝遣人暗杀，然满人中最持排汉主义的良弼，也给革命党人炸死。滦州的军队，既表示赞成共和；前敌将领，又有要带队回京，向亲贵剖陈利害的。清朝乃授权袁世凯，和民国议定皇室和满、蒙、回、藏优待条件，于二月十二日退位。从一六二二年明桂王被弑，清朝占据中国，共二百五十年而灭亡。

清室之优待条件

清室之退位也，民国与订《优待条件》。其中第一款，许其存尊号，民国以外国君主之礼待之。第二款，与以岁费四百万。第三款，许其暂居宫禁，日后移居颐和园。第四款，许其奉祀宗庙陵寝，民国为之保护。第五款，民国许代完德宗崇陵工程。第六款，宫内执事人员，许其留用。唯以后不得再阉人。第七款，民国许保护清室私产。于清皇族，亦许仍其世爵，公私权同于民国国民，而不服兵役，且保护其私产。于旗民，许为代筹生计。未筹定前，八旗兵弁俸饷，照旧发给。亦可谓仁至义尽矣。乃清室仍居宫禁，迄不迁移。违背条件之事，尤不一而足。民国六年，又有复辟之役。京师既复，民国本应加以彻究。徒以是时执政柄者，为清室旧臣，自谓不忍于故君，遂忘服官民国应尽之责任。多数议员，醉心禄利，纵横捭阖，日争政权，但图苟全一己生命财产，不复计纲纪顺逆，无能督责政府者。(《中国社会史》，第343—344页)

临时政府北迁

清朝既亡，孙中山先生即向参议院辞职，并推荐袁世凯。参议院即举袁为临时大总统，派人欢迎其南下就职。袁氏不欲南来，故意暗唆兵变，不能离开，乃许临时政府移设北京。参议院亦随之而北迁。当民军起义之后，各省都督府，曾派出代表，组织联合会议，议决《临时政府组织大纲》。参议院即是据此而设立的。至此，乃由参议院将《临时政府组织大纲》修改为《临时约法》，并制定《国会组织法》《参众两院选举法》，据以选举、召集，于二年①四月八日开会。

都邑选择当首重社会风纪

　　都邑的选择，我是以为人事的关系，重于地理的。古人有治，首重风化。以今语言之，即国家之所注重者，不徒在政治、军事，而尤重视社会风纪，人民道德，此义论政之家，久已视为迂腐，然在今日国家职权扩大之时，似亦不可不加考虑。欲善风俗，必有其示范之地，以理以势言之，自以首都为最便，故京师昔称首善之区。自教化二字，国家全不负责以来，人口愈殷繁，财力愈雄厚之地，即其道德风纪愈坏，京师几成为首恶之地。人总是要受社会影响的，居淫靡之地，精神何能振作？所耗费既多，操守安得廉洁？吏治之不饬，道德和风纪之败坏，实为之厉阶。值此官僚政治为举世所诟病之秋，安可不为改弦更张之计？然欲图更化，旧都邑实不易着手，则首都所在，似以改营新都为宜。昔时论建都者，多注重于政治军事，而罕注重于化民成俗，有之者，则唯汉之翼奉，唐之朱朴，宋之陈亮。翼奉当汉元帝时，他对元帝说：文帝称为汉之贤君，亦以其时长安的规模，尚未奢广，故能成节俭之治，若在今日，亦"必不能成功名"，他主张迁都成周，复位制度，"与天下更始"。朱朴，当唐末亦说"文物资货，奢侈僭伪已极"，非迁都不可。陈亮当宋高宗时，上书说："钱塘终始五代，被兵最少，二百年之间，人物繁盛，固已甲于东南，而秦桧又从而备百司庶府，以讲礼乐于其中，士大夫又从而治园圃台榭，以乐其生；干戈之余，而钱塘遂为乐国矣。"窥其意，宴安鸩毒，实为不能恢复的大原因。三家之言，皆可谓深切著明，而陈亮之言，实尤为沉痛。（《南京为什么成为六朝朱明的旧都》，原刊1946年5月5日《正言报》）

---

① 即1913年。下文各处的"×年"，均为民国纪年，不再一一注明。

第五十三章　民国初年之外交

讲起民国初年的外交来，是很可痛心的，那便是俄蒙、英藏交涉，和大借款的成立。当前清末年，中国曾向英、美、法、德"四国银行团"，订借改革币制和东三省兴业借款。这是因为日、俄两国，在东北的势力，太膨胀了，所以想引进别国的经济，去抵制他们的。四国怕排除日、俄不妥，而"六国银行团"遂以成立。提出的借款条件，极为苛酷，颇有干涉我国财政之嫌，美国政府令该国的银行退出，六国团又变为五国。二次革命将起，袁世凯急于需款，遂向"五国银行团"借得英金二千五百万镑，是为"善后大借款"。本来兴业的借款，变为政治借款；本来想借英、美、法、德抵制日、俄的，变为五国联合以对我了。

俄蒙外交

讲起民国初年的外交来，是很可痛心的，那便是俄蒙、英藏交涉，和大借款的成立。当民国纪元之前两年，日、俄订立新协约[①]。据说别有密约，俄国承认日本并吞韩国，日本承认俄国在蒙、新方面的举动。果然，韩国于这一年为日本所并；而俄国于明年，亦就对清朝提出蒙、新方面的要求，并以最后通牒相胁迫。约未及订，而革命军起，清朝就更无暇及此了。清朝对于藩属，向来是取放任主义的，其末年，忽要试行干涉，而行之不得

---

① 1910年7月日俄签订第二次《日俄协定》和第二次《日俄密约》。

其法，遂至激起藩属的反对。因俄国的怂恿，遂乘辛亥革命的时候，公然宣告独立，驱逐驻蒙大臣，称大蒙古帝国日光皇帝。俄人和他订约许代他保守自治，而别订《商务专条》[①]，攫取农工商业，和交通、通信上广大的权利。民国成立，舆论颇有主张征蒙的，这自然是空话，如何办得到？仍由政府以外交方式，和俄人磋商，到二年，才订成所谓《声明文件》[②]。俄国承认中国对外蒙古的宗主权，中国承认外蒙古的自治权。所谓自治，就是中国不设官、不驻兵、不殖民。其范围，则以前清库伦办事大臣、乌里雅苏台将军、科布多参赞大臣的辖境为限。四年，根据此旨，订成《中俄蒙条约》[③]。其呼伦贝尔，亦因俄人的要求，改为特别区域。（中、俄订有条件：呼伦贝尔的收入，全作地方经费。军队只能以本地人组织；如有变乱，中国派兵代定，须知照俄国；并须事定即撤。中国人在呼伦贝尔仅有借地权）

英藏交涉

中国的开放西藏，起于公元一八九〇年的《藏印条约》。是约把当印藏交通要冲的哲孟雄认为英的保护国。[④]三年后（公元一八九三年）又订《藏印续约》[⑤]，强辟亚东关为商埠。而藏人不肯实行，俄人乘机染指，藏俄日亲。会日俄战起，英遂于一九〇四年进兵侵入拉萨。达赖喇嘛逃奔库伦，英人迫班禅立约：（一）开放江孜、噶大克。（二）非经英国许可，不得许他国派官和驻兵。（三）土地、道路，及其余财产，不得让与及抵押

---

① 即《俄蒙商务专约》。
② 即《中俄声明文件》。
③ 即《中俄蒙协约》。
④ 见本书第四十二章第267页。
⑤ 即《中英会议藏印条款》，又称《藏印议订附约》，为《中英会议藏印条约》的附约。

于外国或外国人。中英交涉再三，终因俄、德、美、意四国反对，于公元一九〇六年，再缔《修订藏印条约》[1]，承认前《藏印条约》为附约。只认中国对西藏有宗主权。其时清廷因驻藏大臣为藏人所戕害，以赵尔丰为川滇边务大臣，将川边土司改流。又派联豫为驻藏大臣。联豫和达赖不协，电调川兵入藏。达赖逃奔印度，自此，反和英国人一起了。革命军起，藏人驱逐华兵。达赖回藏，宣告独立，藏番并进攻川边，川、滇出兵恢复，英人又提出抗议。中国不得已，停止进兵。三年，中、英、藏三方代表，会议于印度的西摩拉，订成草约：英国承认中国对西藏的宗主权，中国承认外藏的自治权。所谓内外藏的界限，则将红蓝线画于所附的地图上，中国对此项界线，不肯承认，此问题遂至今为悬案。

西藏本无内外之分

如今的海藏高原，在地文地理上，可以分做四个区域。（一）后藏湖水区域。其地高而且平。（二）前藏川边倾斜地。雅鲁藏布江以东，巴颜哈喇山脉以南，大庆河以西，诸大川上游的纵谷。兼包四川、云南的一部。（三）黄河上游及青海流域。（四）雅鲁藏布江流域。喜马拉雅冈底斯两山脉之间。（二）（三）都是羌族栖息之地。（四）是吐蕃发祥之地。（一）就是藏族的居地了。原来康之与藏，本不能并为一谈。旧界系以江达以东为康，以西为藏。所以雍正四年会勘画界案内，于江达特置汉藏两官。清末改康为川边。其境域，亦系东起打箭炉，西至江达。然则姑无论西藏本无内外；即欲强分为内外，而所谓内外藏者，亦应统限于江达之西。乃英国人之所谓藏者，几于包括川边，分割青海；还要在其中画分内外，把外藏的范围，扩充得极大。陈贻范屡次交涉无效，只

---

[1]　即《中英续订藏印条约》。

得就英使原提出的草案所附地图的红蓝线，略加伸缩，竟于草约签字。(《白话本国史》第二册，第26—27页；第四册，第31页)

善后大借款

当前清末年，中国曾向英、美、法、德"四国银行团"，订借改革币制和东三省兴业借款，以各省新课盐税，和东三省烟酒生产、消费税为抵押。这是因为日、俄两国，在东北的势力，太膨胀了，所以想引进别国的经济，去抵制他们的。因革命军兴，其约遂未成立。民国既成，四国怕排除日、俄，毕竟不妥，又劝诱他们加入。日、俄提出借款不得用之满、蒙的条件，四国银行不许，交涉几次，乃决定将此问题，改由外交解决。而"六国银行团"遂以成立。对我提出的借款条件，极为苛酷，颇有干涉我国财政之嫌。美国政府不以为然，令该国的银行退出，于是六国团又变为五国。民国二年，二次革命将起，袁世凯急于需款，遂以关、盐余的全数为抵押，向"五国银行团"借得英金二千五百万镑。以四十七年为期，于北京盐务署设稽核所，用洋人为会办；各产盐地方设稽核分所，用洋人为协理。盐款非经总会办会同签字，不得提用。其用途则审计处设外债稽核室，以司稽核。是为"善后大借款"。本来兴业的借款，变为政治借款；本来想借英、美、法、德抵制日、俄的，变为五国联合以对我了。

满蒙五路建筑权问题

民国初年，还有一件重要的交涉，那就是所谓满、蒙五路的建筑权。当民国成立以后，国人颇关心于承认问题。外国中有好几国，是在正式国会成立之后承认的。有许多国，则在正式大总统选出之后承认。而日、英、俄三国，都附有条件。俄国要求外蒙古自治。英国要求外藏自治。日本则提出所谓开海、四洮、洮热、长洮、海吉五路的建筑权。这要求的提出，还和二次革命时张勋兵入南京，杀害日本人三名有关，但其提出恰在选举正式总统之前一日。中国政府也承认了。日本自此觊觎蒙古之心就更切。(《复兴高级中学教科书 本国史》下册，第173页)

第五十四章　军阀政治与内战

　　革命是要把一切旧势力，从根本上打倒，这是谈何容易的事？辛亥革命，不过四个月就告成功，自然不是真正的成功。但是政治既未上轨道，则藉为政争武器的，自然不是议会中的议席，而是实力。以实力论，自然北政府为强。革命尚未成功，国内到处充满着旧势力。于是孙中山先生另行组织中华革命党，以达到民权、民生主义，扫除专制政治，建设真正民国为目的。袁世凯本不是真心赞成共和的，所以推翻清室，无非想帝制自为，所以才被举为总统，而反动的迹象，就逐渐显著。凡事总免不了有反动的。中国行君主制度二千余年，突然改为共和，自不免有帝制的回光反照，然不过八十三日而取消，这也可见民意所在了。

二次革命

　　袁世凯本不是真心赞成共和的，所以推翻清室，无非想帝制自为，所以才被举为总统，而反动的迹象，就逐渐显著。孙中山先生知道政治一时不会上轨道，主张革命党人，都退居在野的地位，而当时的党人，不能服从首领的命令。同盟会改组为国民党，由秘密的革命团体，变为公开的政党；和接近政府的进步党对峙。因组织内阁及外交问题，和政府屡有龃龉。二年，国民党理事前农林总长宋教仁，在上海车站遇刺。搜查证据，和国务院秘书有关。民党益愤激。时安徽、江西、广东三省的都督，尚系民党，袁世凯乃将其免职。于是民党起讨袁军于湖口，安徽、湖南、福建、广东、上海、南京，先后响应，袁世凯早有布置，民党不久即失败。是为二次革命，亦称赣宁之役。

革命尚未成功

革命是要把一切旧势力，从根本上打倒的，这是谈何容易的事？辛亥革命，不过四个月就告成功，自然不是真正的成功了。但是政治既未上轨道，则藉为政争武器的，自然还不是议会中的议席，而是实力。以实力论，自然北政府为强。革命尚未成功，国内到处充满着旧势力。于是孙中山先生另行组织中华革命党，以三年七月八日成立于日本的东京。以达到民权、民生主义，扫除专制政治，建设真正民国为目的。时因清朝政府，业已推翻，故未提民族主义。其实行的方法，仍和从前所定相同。如分军法、约法、宪法三时期等。因鉴于前此党员多有自由行动的，党的纪律未免松弛，所以此次组织，以服从党魁命令为重要条件。（《复兴高级中学教科书 本国史》下册，第163、165、167页）

帝制运动和护国军

照《临时约法》规定，宪法由国会制定，大总统选举法，系宪法的一部分。二次革命之后，国会议先选总统，后制宪法。乃将大总统选举法提出，先行制定，据以选举。袁世凯遂被举为大总统。袁世凯被举之后，即解散国民党，取消国民党议员和候补人的资格。国会因之不足法定人数，袁世凯遂将其解散。并解散省议会，停办地方自治。旋开约法会议，将《临时约法》修改为《中华民国约法》（众称此为《新约法》，而《临时约法》为《旧约法》），将责任内阁制改为总统制。又设参政院，命其代行立法院职权。四年，北京有人发起筹安会，说是从学理上研究君主、民主，孰为适宜。通电各省军民长官，派员参与。旋有自称公民团的，请愿于参政院，要求变更国体。参政院建议，开国民会议解决。其结果，全体赞成君主立宪；并委托参政院，推戴袁世凯为皇帝。袁世凯即下令允许。而前云南都督蔡锷，起护国军于云南，通电宣布袁世凯政府伪造民意证据，率兵入四川。袁世凯派兵拒战，不利。贵州、两广、浙江、四川、湖南，先后响应。山东、陕西亦有反对帝制的兵。袁世凯不得已，于五年三月，下令将帝制取消。要求护国军停战。护国军要求袁世凯退位；并通电，恭承副总统黎元洪为大总统。彼此相持不决。六月，袁世凯病殁，一场帝制风波，才算了结。

有权位者难以觉悟

凡事总免不了有反动的。中国行君主制度二千余年，突然改为共和，自不免有帝制的回光反照，然不过八十三日而取消，这也可见民意所在了。一场帝制的风波，表面上总算过去了。然而暗中隐患，还潜伏着。原来天下大事，都生于人心。当袁氏帝制自为时，虽然怫逆民心，而中外有权力的人，却多持着观望的态度。所以护国军初起时，通电各省说："麾下若忍于旁观，尧①等亦何能相强？然长此相持，稍亘岁月，则鹬蚌之利，真归渔人，其豆相煎，空悲轹釜。言念及此，痛哭何云。而尧等与民国共存亡，麾下为独夫作鹰犬，科其罪责，必有攸归矣。"这真可谓语长心重了。然而谁肯觉悟？谈何容易觉悟？而其余各方面的人，也无甚觉悟。就近之酿成复辟之役，和护法之战，远之则伏下军阀混战的祸根了。（《复兴高级中学教科书 本国史》下册，第176、177—178页）

---

① 即唐继尧。

复辟之变

袁世凯既病殁，黎元洪入京继任，恢复《临时约法》和国会，国会再开。六年春，欧战已历三载。德国因形势不利，宣布无限制潜艇战争。我国提出抗议，不听，遂与德绝交。更谋对德宣战。国务总理段祺瑞，主持甚力；而黎总统怀疑。《对德宣战案》，提出于众议院，有自称公民团的，包围议院，要求必须通过；阁员又有辞职的。众议院说："阁员零落不全，宣战案应俟政府改组后再议。"时段祺瑞召集各督军、都统，在京开军事会议。各督军、都统，分呈总统、总理：指摘议员所定《宪法草案》不合，要求不能改正，即行解散。旋赴徐州开会。黎总统下令免段祺瑞职。各省纷纷，多和中央脱离关系。黎总统令安徽督军张勋入京，共商国是。张勋带兵到天津，要求黎总统解散国会，然后入京，七月一日，突拥废帝溥仪复辟。黎总统避入日本使馆，下令由副总统冯国璋代行职务，以段祺瑞为国务总理。段祺瑞誓师马厂，以十二日克复京城。

护法之役

京城既复，黎总统通电辞职。冯副总统入京，代行职务。当时国会解散时，广东、广西即宣告军民政务，暂行自主；重大政务，径行秉承元首；不受非法内阁干涉。及复辟之变既平，北方又有人主张："民国业经中断，当仿元年之例，召集参议院。"不肯恢复国会。于是两广、云、贵，和海军第一舰队，宣言拥护《约法》。国会开非常会议于广州。议决《军政府组织大纲》："在《临时约法》未恢复以前，以大元帅任行政权。"选举孙中山先生为大元帅。至七年，复将《组织大纲》修改："设政务总裁。组织政务会议；以各部长为政务员，组织政务院，赞襄政务会议，行使军政府的行政权。"举孙中山先生等七人为总裁，推岑春煊为主席。北方则召集参议院，修改《大总统选举法》，选举徐世昌为大总统，于七年七月十日就职。先是南北两军，尝冲突于湖南之境，及徐世昌就职后，下令停战议和，在上海开和平会议。至八年五月而决裂。

北方的混战

九年，北方驻防衡阳的第三师长吴佩孚，撤防北上。先是北政府于六年八月，布告对德、奥宣战，以段祺瑞为参战督办，编练"参战军"。欧战停后改为"边防军"，仍以段祺瑞为督办。至是，段祺瑞改边防军为"定国军"。两军冲突于近畿。定国军败。段祺瑞辞职。是为皖直之战。皖直战后，曹锟为直鲁豫巡阅使，吴佩孚为副使。王占元为两湖巡阅使，张作霖为东三省巡阅使，兼蒙疆经略使，节制热、察、绥边区。十年，湖南的兵攻入湖北，吴佩孚将其打退，因代王占元为两湖巡阅使。十一年奉军驻关内的，和直军冲突，奉军败退出关。是为直奉之战。直奉战后，东三省宣布独立，徐世昌辞职，曹锟等请黎元洪复位，取消六年解散国会之令，国会在北京再开。十二年，北京军警，包围总统府索饷，黎元洪走天津。十月，曹锟当选为总统。

唯山西最安稳

民国成立以后，内争之祸，也可谓很厉害了。最安稳的，要算山西。他从民国十四年以前，简直没有参加过战争。阎锡山提倡用民政治，定出六政、三事，以为施政的第一步。六政，谓：（一）水利，（二）蚕桑，（三）种树，（四）禁烟，（五）天足，（六）剪发。三事，谓：（一）造林，（二）种棉，（三）牧畜。教育、实业，都定有逐年进行的计划。又竭力提倡村自治。在当时，亦颇有相当的成绩。惜乎到后来，牵入战争漩涡，以前些微的成绩，也就不可得见了。

次之，倒还是新疆。从民国十七年杨增新被杀以前，大体也还算安稳。(《复兴高级中学教科书 本国史》下册，第200页)

陈炯明的叛变

先是陈炯明以粤军驻扎于福建的漳、泉。九年，军政府主席总裁及广东督军，通电取消军政府及自主。时中山先生在上海，通电否认。命炯明率军回粤，中山先生亦赴广州，重开国会。十年，国会议决《中华民国政府组织大纲》，选举中山先生为总统。于五月五日就职。这一年，粤军平定广西。中山先生设大本营于桂林，筹备北伐。明年，大本营移设韶关。因陈炯明怀异心，不接济军用，免陈官职。炯明走惠州，使其部下包围总统府，实行叛变。中山先生避难军舰，旋复到上海，陈炯明再入广州。这一年冬天，在广西的滇军和桂军讨陈，粤军亦有响应的。陈炯明再走惠州。明年，中山先生回粤，以大元帅名义，主持军政事务。

第五十五章　欧战后之外交

　　当欧战之初，我国宣告中立。日本则借口与英同盟，派军攻陷青岛。事后竟对我提出五号二十一条的要求，并以最后通牒相胁迫。八年一月，开和会于巴黎。山东问题，在和会中，交由英、法、美专门委员核议。卒因英法的袒日，依照日本的意思，将德国在山东的权利，让与日本。消息传到我国，舆情大为激昂。于是有所谓"五四运动"。五四运动的价值，倒不在于政治上，而在于文化上。到这时候，才专提出这两种主义来。因为认识了科学的价值，所以肯埋头研究学问的人渐多，不再抱浅薄的应用主义。因为尊重科学的方法，所以有许多旧材料，也要用新方法来整理。因为认识了民治的价值，而国家社会诸问题，亦非复少数人的专业。

二十一条的要求

　　欧战起于民国三年，至八年而告终。当欧战之初，我国宣告中立。日本则借口与英同盟，派军攻陷青岛。日军的攻青岛，是从龙口上陆的。我国不得已，划龙口和胶州湾接近的一带为战区。日军又越出范围，占据胶济铁路全线；并据青岛海关。事后我国要求撤去，日本竟于民国四年一月十八日，对我提出五号二十一条①的要求，并以最后通牒相胁迫。我国不得已，于五月

---

① 即通称的"二十一条"，内含一至五号共二十一项条款。原书此处有夹注，今移至下段改为附注。

九日，覆牒承认，旋订约二十五条。然日兵在胶济路的，仍未撤退。六年，又在青岛设行政署，并在济南、潍县设分署。七年，我国驻日公使，和日本订立《济顺高徐借款预备契约》[1]，附以照会，许胶济路所属确定后，由中日合办。日本乃允将胶济路军队，除留一部分于济南外，余均撤至青岛，并允将所设行政署撤废，我国覆文中，有"欣然同意"字样，遂为巴黎和会失败的一大原因。

二十一条的内容

二十一条的要求，分为五号。第一号：（一）承认日后日、德政府协定德国在山东权利、利益让与的处分。（二）山东并其沿海土地及各岛屿，不得租借割让。（三）许日本建造由烟台或龙口接连胶济的铁路。（四）自开山东各主要城市为商埠。应开地方，另行协定。第二号：（一）旅顺、大连湾、南满、安奉两铁路的租借期限，均展至九十九年。（二）日人在南满，得商租需用地亩，以三十年为限。（三）日人得在南满居住、往来、经营工商业。（四）日人得在南满开矿。（五）南满、东蒙许他国人建造铁路，或向他国人借款建造铁路，及以各项课税，向他国人抵借款项，均须先得日本同意。（六）南满、东蒙聘用政治、财政、军事、警察各顾问、教习，必须先向日政府商议。（七）从速改订吉长铁路借款合同。第三号：（一）汉冶萍公司附近矿山，未经该公司同意，不得准公司以外的人开采。第四号：（一）中国沿岸沿港湾及岛屿，概不得租借割让。第五号：（一）中国政府，聘用日本人为政治、财政、军事顾问。（二）日人在内地设立病院、寺院、学校，许其有土地所有权。（三）必要地方的警察，作为中、日合办，或聘用

---

[1]　即《济顺、高徐二铁路借款预备合同》。

多数日本人。（四）由日本采办所需半数以上的军械，或在中国设合办的军械厂，聘用日本技师，并采买日本材料。（五）接连武昌与九江、南昌的铁路，及南昌、杭州间，南昌、潮州间铁路的建造权，许与日本。（六）福建筹办路矿，整理海口（船厂在内），如需用外资，先向日本商议。（七）允许日人在中国传教。其最后通牒，将第五号中，除关于福建业行协定外，余撤回，俟后日再行协议。

巴黎和会

八年一月，欧战各国，开和会于巴黎。当我国参加欧战时，日本怕中国因参战而与协约国亲切，不利于彼继承德国在山东的权利之故，所以和英、法、俄、意订密约，以四国承认上项权利，为日本许中国参战的交换条件。至此，我国要求胶州湾由德国直接交还，日本则主张由德国交给他，再由他还我。因英、法已受密约拘束；我国的主张，遂至失败。消息传至北京，人心大愤，于是有"五四运动"。[五号二十一条要求，系由陆征祥、曹汝霖与日本公使磋商；后由陆征祥与日使订立条约；"欣然同意"的覆文，则由驻日公使章宗祥送交，故当时北京专门以上学校学生罢课，要求罢免曹、陆、章三人（曹、章及前驻日公使陆宗舆）。他处学校继之，商店亦罢市，政府乃于六月十日，将三人免职。时曹为交通部长，章为驻日公使，陆为造币厂总裁]

巴黎和会中的山东问题

当时山东问题，在和会中，交由英、法、美专门委员核议。卒因英法的袒日，依照日本的意思，将德国在山东的权利，让与日本。时中国代表，亦提出一让步案。"德人在山东权利，移让英、美、法、意、日；由英、美、法、意、日交还中国。中国偿日攻青岛兵费。其额，由英、美、法、意议定。"因英、法袒日，未能有效。唯美国委员，另递一节略于威尔逊，说："实行《中日条约》；或照《中德条约》，将德国所享权利，移转于日本；均不甚妥。不如照中国所提让步案。"但亦未能生效。中国代表提出保留案。声明中国可以在《和约》^①上签字，但关于山东条项，须保留另题——始而要求于《和约》内山东条项之下，声明保留，不许。继而要求于《和约》全文之后，声明保留，不许。改为《和约》之外，声明保留，不许。再改为不用保留字样，但声明而止，不许。最后要求临时分函声明，不能因签字有妨将来的提请重议，不许。代表电告政府，说："不料大会专横至此，若再隐忍签字，我国将更无外交之可言。"二十八日，《和约》签字，我国代表就没有出席。（《复兴高级中学教科书 本国史》下册，第191页）

五四运动及其价值

关于山东问题，我国要求由德国直接交还，而日本则主张德国无条件让与日本，相持不决。到四月二十四日，最高会议开会，招我国代表出席。威尔逊朗诵英、法两国和日本的《秘密换文》。又诵《中日条约》和《换文》的大要。问为什么有这条约？我国代表说："是出于强迫。"威尔逊又问："七年九月，欧战将停，日本决不能再压迫中国，为什么还有欣然同意的换文？"这消息传到我国，舆情大为激昂。于是有五月四日，北京专门以上学校学生停课，要求惩办曹汝霖、章宗祥、陆宗舆之举。风声所播，到处学校罢课，商店罢市，又有铁路工人将联合罢工之说。是之谓"五四运动"。（《复兴高级中学教科书 本国史》下册，

---

① 即《凡尔赛和约》。

第190页）

五四运动的价值，倒不在于政治上，而在于文化上。西洋近世的富强，看似由于工业的发达，军备的扩张，其实真正的根源，还在科学发达上。因科学发达，所以对于天然的认识真确，而其利用天然之力，亦即随之而加强。推科学的方法而施诸人事，对于社会的认识，也就真确；应付各种问题，自然也有计划、有条理、有组织、有效率了。至于社会的风习，中西固各有所长，而现在相形见绌的，则是他们为民治的，而我们非民治的。因为是民治的，所以人人能够自动，而其思想也极自由。民气自然发扬，民力自然充实。非民治的，就适与相反了。中国的改革，始而注重于制造、军事，既而注重于政治，可说是都没搔着痒处。到这时候，才专提出这两种主义来，而中国的文化，就要焕然改观了。因为认识了科学的价值，所以肯埋头研究学问的人渐多，不再抱浅薄的应用主义。因为尊重科学的方法，所以有许多旧材料，也要用新方法来整理。因为认识了民治的价值，所以学艺要求其普及于大众，于是提倡新文学，提倡语体文；又由教育部制定注音符号颁行；近来又颁布简体字；以求工具的简易。而国家社会诸问题，亦非复少数人的专业，要用宣传方法，"大吹大擂的，抬到众人面前"了（梁启超的话）。（《初中标准教本 本国史》第四册，第95页）

我国要求对《和约》中山东条件，加以保留，不许；要求不因签字故，妨害将来的提请重议，不许。我国遂未签字于《对德和约》。后来由大总统以命令布告对德战争终止。对于《奥约》[①]，则仍签字的。当议和之初，美国总统威尔逊氏（Woodrow Wilson），曾提出和平条件十四条，各国都认为议和的基本条件，

---

① 1919年对奥《圣日耳曼和约》。

其中有组织国际联合会①一条。后来《国际联合会规约》②，经各国同意，插入《和约》中，作为《和约》的一部，我国曾对《奥约》签字，故仍为国际联合会的一员。

华盛顿会议

十年，美国召集会议于华盛顿。与会的有中、英、法、意、荷、比、葡、日等国。会中所议，一为远东问题，一为限制军备问题。远东问题，成立《九国公约》③，承认罗德氏四原则。时我国代表，提出大纲十条，美代表罗德氏（Elihu Root）综括为此四原则。又订《九国间中国关税条约》④，许开关税会议（会议后由段政府召集，见第五十七章）。我国要求取消领事裁判权，各国亦许派员调查（会议后由段政府召集，见第五十七章）。又要求收回租借地，则英于威海卫，法于广州湾，均声明愿交还；唯英于九龙，日于旅顺、大连湾则均不肯放弃；《五号二十一条案》，亦经我国提出，日本准备取消第五号，并允交还青岛，由中国赎回胶济铁路。

罗德氏四原则 {
尊重中国的主权独立，和领土及行政的完整。

给中国以完全无碍的机会，以发展维持稳固的政府。

确立并维持工商业机会均等的原则。

不得利用现状，攫取特殊权利，并不得奖许有害友邦安全的举动。
}

---

① 国际联合会：即国际联盟。
② 即《国际联盟盟约》，简称《国联盟约》。
③ 全称《九国关于中国事件应适用各原则及政策之条约》。
④ 即1922年《九国间关于中国关税税则之条约》。

限制军备问题为成立《海军协议》[①]，限制英、美、日的主力舰，为五：五：三比率，其满期，在一九三六年底。又由英、美、日、法四国订一协约[②]，互认四国在太平洋所占岛屿、领土、属地之地位。英日同盟，即因此约而取消。

太平洋的新格局

欧战以前，日、俄、英、美、德、法，在太平洋上，本来都有势力的。欧战以后，德国在海外的属地，业已丧失净尽。俄国承大革命扰攘之余，法虽战胜而疲乏已极，亦都无力对外。在欧洲方面，只有英国向来是称霸海上的，而和东方的关系最为密切，所以虽当大战之后，对于太平洋的权利，还是不肯放弃。美国和日本，则是大战期间，都得有相当利益的。所以这时候，太平洋上，遂成为此三国争霸的世界。

讲起地位来，则日本是立国于太平洋之中的。自中日、日俄两战后，南割台湾，北有旅、大租借地和南满、安奉等铁路。又承俄国革命之时，加以侵略。而德属太平洋中赤道以北的岛屿，战后议和，又委任他统治。其在西太平洋的势力，可谓继长增高。所以这时候，美国要召集这个会，主要的意思，就是对付他。

民国十二年，英、美、法、意、日五国，又有《海军协定》。十九年，又有《海军公约》[③]。规定英、美、日三国海军的比例为五：五：三。虽然如此，日本在太平洋中形势，还较英、美为优胜。《海军协定》和《公约》的期限，都到一九三六年为止，所以大家都说：一九三六年是世界的危机，然而苟非中国强盛，谁能保证太平洋上风云的稳定。（《复兴

---

① 即1922年《华盛顿海军条约》，又名《五国关于限制海军军备条约》。下文《海军协定》同。
② 即1921年《关于太平洋区域岛屿属地和领地的条约》，简称《四国公约》。
③ 即1930年《伦敦海军条约》，又名《限制和削减海军军备条约》。

高级中学教科书 本国史》下册，第194—195、197页）

山东问题的解决

当《巴黎和约》签字后，日本认为胶州湾问题，业经解决，即照会我国，要求办理交收事宜。我国舆论，主张提出国际联合会。政府遂拒日人，未与直接交涉。华盛顿会议既开，乃由英、美调停，在会外交涉。英、美都派员旁听，其结果：胶济路由我发国库券赎回，以十五年为期。胶州湾由我国宣告开放。至二十一条问题，则由两院通过无效案。十二年，由政府照会日本，声明废弃。

德奥俄三国新约

欧战以后，我国对德、奥、俄三国所订条约，都是平等的。但俄约的权利，我国仍未能享受。德约在十年，奥约在十一年，都将关税协定领事裁判等不平等的条文取消，俄约则最迟延。先是俄国自六年革命以后，为各国所封锁，深愿得一国与之亲交，曾于八年九年，两次宣言，愿放弃旧俄政府，用侵略手段，在中国所取得的一切权利。中国因与协约国取一致态度，未能与俄进行交涉。外蒙从欧战以后，即失所倚赖；俄国革命以后，更备受骚扰。八年，乃吁请取消自治。呼伦贝尔的特别区域，亦随之而取消。九年十一月，白俄军陷库伦，我国未能收复。至十一年，乃为赤俄所陷。外蒙先已在恰克图设有政府，至此，遂移于库伦，推活佛为皇帝。后来活佛死，外蒙就不再立君了。其《中俄解决悬案大纲》[1]，则直到十三年才成立。协定：（一）俄国放弃帝俄时代所得的特许和特权。（二）取消领事裁判权。（三）和关

---

[1] 即1924年《中俄解决悬案大纲协定及声明书》。

税协定。（四）东省铁路许我赎回。（五）承认外蒙古为我国领土的一部分。协定签字后一个月，开会解决赎回东省铁路，外蒙撤兵问题。然此会迟至十四年八月始开，又因东三省独立，一切事无从议起。俄人乃别和奉天订成《奉俄协定》[①]，而中央对俄的交涉，始终未有结果。

---

① 1924年签订，全称《中华民国东三省自治政府与苏维埃社会联邦政府之协定》。

第五十六章　国民革命之经过

　　二次革命失败后，孙中山先生又组织中华革命党，后决定"以国民造党，以党建国，以党治国，然后还之国民"之义，乃将国民党改组。（国民党）以党治国之事，在中国可行与否，尚属疑问。盖中国之政治，必加督责、考核，定其功罪，明其赏罚而后可。由是政治之系统，自必当清楚。党之为物，不过用以发动社会之力量而已，行政大纲，则固有正式机关在也。党之根本存在之需要与否，则尚待问题解决后决定；苟认为无益，则可取消之，而代以严肃之官僚政治。

国民党的改组

　　二次革命失败后，孙中山先生又组织中华革命党，以三年七月成立。其本部设于日本的东京，以扫除专制政治，建设真正民国为目的。袁世凯死后，本部移于上海。八年，改为中国国民党。十二年，中山先生决定"以国民造党，以党建国，以党治国，然后还之国民"之义，乃将国民党改组。十三年一月，开第一次全国代表大会。发表《宣言书》及《建国大纲》。会中推中山先生为总理。并议决将大元帅府，改组为国民政府。

　　以党治国，是否可行？

　　（国民党）以党治国之事，在中国可行与否，尚属疑问。盖中国之政治，必加督责、考核，定其功罪，明其赏罚而后可。由是政治之系统，自必当清楚。党之为物，不过用以发

动社会之力量而已，行政大纲，则固有正式机关在也。国民
党初起时，纲纪颇佳，然于北伐后遂渐坏，其职权与行政机
关相混淆，或且掣肘；社会视之，亦无异于一类行政机关之
组织。至真为党效忠者已寡，因党而起之兵争，亦不过为地
盘势力而已。苟于实力问题解决后，此等党之纷争，可无问
题。而党之根本存在之需要与否，则尚待问题解决后决定；
苟认为无益，则可取消之，而代以严肃之官僚政治。(《本国
史（元至民国）》，第105页)

江浙直奉之战及段政府

是年九月，江浙、直奉战争复起，南方亦出兵北伐。孙传芳
自闽入浙，浙军败退，而冯玉祥、胡景翼、孙岳在北方组织国民
军，入北京。吴佩孚自海道南下，经长江至湖北，入豫南。奉军
入关，并南据江苏。冯玉祥、张作霖共推段祺瑞为临时执政。段
祺瑞邀孙中山先生北上，共商大计。中山先生主开国民会议，解
决时局。议未能行。（当时段执政亦拟先召集善后会议，以解决
时局纠纷；次召集国民代表会议，以解决根本问题。孙中山以其
两会议，人民团体，无一得与，故不赞成。中山所主张的国民会
议，系现代实业团体、商会、教育会、大学、各省学生联合会、
工会、农会、政党及反对曹、吴各军组成）十四年三月十二日，
中山先生卒于北京。段执政以张作霖为东北边防督办，冯玉祥为
西北边防督办。后又以冯玉祥督甘肃。直隶、山东、江苏、安徽
的督理（当时裁督军，管理各省军务的，都称"督理某省军务善
后事宜"），亦均奉军中人。是年十月，孙传芳自浙江入江苏。江
苏、安徽的奉军均退走，吴佩孚亦起兵于湖北，攻奉军于山东。
冯玉祥与奉军战于直隶。驻关内的奉军郭松龄，又回军出关，因
中途受阻碍败死于巨流河。直隶的奉军走山东，和山东的奉军，
合组为直鲁联军。吴佩孚旋与奉军合攻冯玉祥。十五年三月，冯

军退出北京，段执政走天津，直、奉二军，又合攻冯军于南口。冯军退向西北。

废督裁兵与联省自治

因为一切纷争，都起于军队太多和军人拥兵自重、争夺权利之故，于是有废督裁兵的呼声，并有联省自治的议论。联省自治之说，其由来也颇早。原来行省的区划，还沿自元朝。明、清两代的省区，虽然逐渐缩小，然而其区域，还是很大，犹足以当联邦国的一邦而有余。而自清末以来，已渐成外重之局。辛亥革命，亦是由各省响应的。民国成立以来，中央事权，迄未能真正统一。而以中国疆域的广大、交通的不便、政务的丛脞，一个中央政府，指挥统驭，也颇觉得为难。于是有创联省自治之议，希望各省各自整理其内部的。当民国八、九年间，也颇成为一部分有力的舆论。于是有起而实行的，省各自制宪法。其中以浙江省成立为最早，于十年九月九日公布。湖南省制宪最早，而公布较迟，事在十一年一月一日。既已公布省宪，自然用不着什么督军。于是浙江于布宪之日，即同时宣布废督。即未制省宪的省份，也有宣布废督的，如云南省是。事在九年六月一日。然而名为废督，而军队仍未能裁，即督军之实，亦仍旧存在，不过换一个总司令或督办善后军务等等的名目罢了。所以还是无济于事。(《复兴高级中学教科书 本国史》下册，第200—201页)

国民革命军的北伐

国民政府以十四年讨平东江，又平定广东全省，广西亦来归附。乃组国民革命军，十五年，以蒋中正为总司令，出兵北伐。时湖南军队，有归附国民政府的，亦有仍附北政府的。国民革命军先入湖南，击走其地的北军，遂入湖北，败北军于汀泗

桥，克武、汉。左军下荆、沙。右军入江西。至十一月而江西毕
定。留守东江的兵，亦定福建。国民革命军乃以湖南、湖北的兵
入河南；命福建的兵入浙江；在江西的兵，分为江左、江右两
军，沿江东下。十六年二月，江左、江右两军，和入浙江的军，
会于南京。时冯玉祥亦自甘肃经陕西出潼关。五月，与入河南的
兵，会于开封。这时候，国民革命军的兵势，已极顺利，而清党
事起，北伐因之停顿。直军曾以其间，攻占扬州、浦口，并渡江
据龙潭，为国民革命军所击退。十七年一月，蒋中正再起为北伐
军总司令。四月，连下兖州、泰安，五月一日，入济南，三日，
惨案作，日军据济南（日人于十六年，即以保侨为名，运兵到山

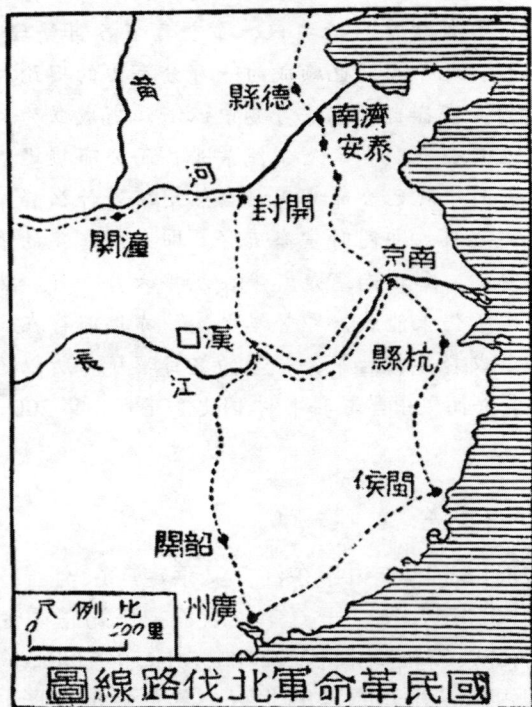

國民革命軍北伐路線圖

东，后因北伐停顿撤退，此时又调兵到济南。五月三日，和我无端开衅，将我徒手军民杀死无数，并闯交涉公署，杀死交涉员蔡公时，我军为避免枝节起见，大部退出济南，只留一团驻守，日兵又用大炮攻城。初十日，我军奉命退出。十一日，日兵遂入城占据。并将津浦路截断。胶济路沿线二十里内的行政机关，亦均被占据。直至十八年三月间，才定议撤兵，至六月间，才实行撤退）。我军乃绕道德县北伐。六月三日，张作霖出关，四日，至皇姑屯遇炸，至十二月而东三省通电服从国民政府，北伐之事，至此告成。

第五十七章　国民政府成立后之内政与外交

　　中国的自治制度，看似颓废，其实人民自治的能力，是最强的。不论什么事情，总是自己解决，倚赖官府的地方很少。这实在是社会改进唯一的道路。《建国大纲》以县为自治单位。一县自治完成时，人民即得行使选举、罢免、创制、复决四权，选举县长。一省的县都自治时，在该省即为宪政开始，省长亦由民选。全国过半数的省开始宪政时，就召开国民大会，制定宪法，选举政府，由国民政府将治权交还。国民政府奠都南京后，即发出废除不平等条约宣言。中国自海通以来，和外国所订的不平等条约，可谓极多，而其最甚的，则无过于关税税率的协定。关税自主，本系国家应有的权利，而一经丧失，更图恢复，其难如此。此可见外交之不可不慎，而民国创业的艰难，后人也不可不深念了。

训政的工作和宪政的预备

　　中山先生的革命方略，系军政、训政、宪政三时期。军政时期，由党取得政权。训政时期，代国民行使政权。宪政时期，则还政权于国民。在训政时期中，代人民行使政权的为国民党；行使治权的，为国民政府。国民政府，以十四年在广东组织成立。十六年四月，迁都南京。先是国民党改组时，共产党员曾申明以个人资格加入。然其后仍图在国民党中，扩充其党势，于是南京政府有清党之举。宁、汉之间，遂呈分裂之势。至是年七月中，武汉方面亦清党，才再合一。北伐于十七年完成。然十八、十九两年，两湖、两广，和河南、山东，仍有战事；党务亦有纠纷；幸皆渐告平定。

《国民政府组织法》，系十七年制定。五院的组织，逐渐告成。二十年，又制定《训政时期约法》。依《建国大纲》所定的程序，是要县的自治完成，省的宪政才开始，全国中有过半数的省，开始自治时，才得召集国民大会，议决宪法选举政府。然近年亦有主张提早召集国民大会的。二十四年，第五次全国代表大会宣言："国民大会，尽二十五年年内召集。"旋经第五届第一次中央全体委员会议决："《宪法草案》，于是年五月五日公布，国民大会，于十一月十二日开会。"

《建国大纲》中的自治制度

中国的自治制度，看似颓废，其实人民自治的能力，是最强的。不论什么事情，总是自己解决，倚赖官府的地方很少。这实在是社会改进唯一的道路。孙中山先生有鉴于此，所以也定以自治制度为政治的基础。《建国大纲》，本以县为自治单位。现行的制度：县以下分区，区以下分乡、镇，乡镇以下为闾、邻。（乡指村庄，镇指街市，大略在百户以上，不得超过千户。邻五家，闾二十五家）乡镇和区，各设公所，其长，均以人民自选为原则（未实行自治前，区长得由民政厅就考试合格人员中委任。乡、镇长由人民加倍选出，县长择一委任）；闾、邻长则纯由民选。一县自治完成时，人民即得行使选举、罢免、创制、复决四权，选举县长。一省的县都自治时，在该省即为宪政开始，省长亦由民选。全国有过半数的省开始宪政时，就要召开国民大会，制定宪法，选举政府，由国民政府将治权交还。（《初中标准教本　本国史》第四册，第99—100页）

条约的改订

废除不平等条约，为国民党重要的政纲。国民政府奠都南京后，即发出此项宣言。十七年，又照会各国，拟定改订的办法三条（旧约期满的，当然废除重订。未满期的，以相当手续，解除重订。已满期而未订新约的，另定临时办法）。嗣后改订的，已有许多国。至于公约，我国参加的亦很多，尤以十七年所签订的《非战公约》为重要。此约初发起于美、法二国间，后来扩大之而及于全世界，约中订明各缔约国所起纠纷，不问其原因及性质如何，概不得用和平以外的方法解决，批准的共有五十余国，日本亦是其中之一。

国民政府所订条约	
十七年	比利时，意大利，丹麦，葡萄牙，西班牙
十八年	波兰，希腊
十九年	捷克，法兰西（《越南通商专约》）
二十三年	土耳其

关税自主的交涉

我国关税改革之议，起于《辛丑和约》后和英、美、日、葡等国所订的商约。因赔款太重之故，许我于裁厘后，加抽入口税至百分之一二.五，出口税百分之七.五；并得加收出产、消场、出厂三税，以为裁厘的抵补。后来裁厘延未实行，加税亦遂成空话。华盛顿会议，我国提出关税自主案。然《九国间中国关税条约》，仍只许开一会议，筹划实行《中英商约》而已；其后此会由段政府于十四年召集。我国又提出关税自主。各国承认其原则，许我国定税率，于十八年一月一日施行，而我国政府宣告于同日裁厘。国民政府首与美国订立《关税条约》，申明前此各约中，关涉关税的条文作废，应用自主的原则，后来德、挪、荷、英、瑞、法六国的关税条约，先后订成。比、意、丹、葡、西五国的商约，亦有相同的规定。政府乃于十八年二月，将段政府所定七级税则，实际得各国承认的，先行公布。二十年一月，裁厘告成，乃废七级税，另行制定税则。关税自主，在形式上就算完全实现了。但是实际运用的毫无障碍，还是要看外交上全局的形势啊！（我国初废七级税时，所订税则，最得保护本国产业之意。其时唯中日间有关税协议，日货进口，课税有极轻的。二十二年五月，因关税协定，业经期满，乃加以订正。然二十三年七月间所颁布的新税则，反失掉保护之意，这就是受外交别一方面的牵掣呀）

外交事务不可不慎

中国自海通以来，和外国所订的不平等条约，可谓极多，而其最甚的，则无过于关税税率的协定。现在世界上，经济竞争，日烈一日。贸易上的自由主义，久成过去，各国都高筑关税壁垒，以保护本国的产业。独税率受限制的国，则不能然。所以旧式和新兴幼稚的产业，日受外力的侵略压迫，而无以自存。中国所以沦入次殖民地的地位，这是一个最大的原因。关税自主，本系国家应有的权利，而一经丧失，更图恢复，其难如此。此可见外交之不可不慎，而民国创业的艰难，后人也不可不深念了。（《复兴高级中学教科书 本国史》下册，第217、221页）

撤消领判权的交涉

撤消领判权的交涉，亦是起于辛丑后的商约的，外人许俟我法律和司法制度改良后实行。华盛顿会议，我国将此案提出，各国允派员调查后再议。其后此会亦由段政府于十五年召集。调查的结果，仍以缓议为言。国民政府所订条约，意、丹、葡、西均定十九年一月一日放弃，比约规定另订详细办法。各详细办法，尚未订定，而各国有过半数放弃，则比亦照办。五约均附有（一）内地杂居，和（二）彼此侨民捐税，不得有异于他国的条件。此案因东北事变，迄今未能施行。唯墨西哥于十八年十一月，自动申明将领判权放弃。二十六年，开第六届三中全会，中委张继、覃振等提议，谈判撤废领判权，已由国府饬主管机关照议进行。

租借地和租界的收回

租借地在华会中，英于威海卫，法于广州湾，均声明放弃，后来威海卫于十九年四月间交还，广州湾则法人尚在观望。租界：德、奥、俄在天津、汉口的租界，业因条约改订而收回。当十四年五月间，上海日人所设棉织厂停工，工人要求复工，日人遽开枪将工人枪杀，学生因此游行演讲，为公共租界捕房所拘捕；群众要求释放，捕房又开枪轰击，死伤多人。此即所谓"五卅惨案"。并延及汉口、重庆，及广州的沙基等处。民气大为激昂。国民军到达长江流域，英人乃将九江、汉口租界交还，后来比于天津，英于镇江、厦门，亦自动将租界放弃。

我国现存租界表					
上海	公共　法	重庆	日	芝罘	公共
苏州	日	广州	英法	天津	英　法　日
杭州	日	福州	日	营口	英　日
汉口	法日	厦门	日	沈阳	日
沙市	日	鼓浪屿	公共	安东	日

东北的事变

　　外交中最可痛心的，为东北的事变。十八年七月，我国因撤换东省铁路职员，和俄国起有纠纷，俄军侵犯吉、黑，旋将东路回复旧状，而两国的邦交，则至二十一年十二月才恢复。民国二十年九月十八日，日兵占据东三省，二十一年一月，又和我国在上海开衅，至五月间，才成立《停战协议》。明年三月，日军陷热河，侵犯长城一带，亦到五月末，成立《塘沽协议》，战事才终止。二十三年三月，日人遂拥立溥仪于长春。此项交涉，直到现在还未了结。

第五十八章　最近之文化经济与社会状况

　　现代国家的盛衰强弱，是以经济为其根本的。我国因生产方法落后，以致备受帝国主义的剥削。近二十余年，因为内战不息，以致一切实业都走不上振兴的路；而旧有的反更遭破坏。一国的命脉是经济，而经济的荣枯，往往表现于财政上。民国的财政，惊心动魄。革命军兴，财政的系统，一时破坏，现出艰窘的样子。经过两三年的整顿，渐渐上轨道了。不意帝制运动发生，中央威信坠地，各省应解的款项，多数都被截留。一九三一年，政府提倡国民经济建设运动，设立全国经济委员会。各省设分会，研究救济农村，发达商工，改良物产。实行兴水利，开公路，整理棉业茶业，建筑谷仓，已有成效。

最近的经济状况

　　谁都知道：现代国家的盛衰强弱，是以经济为其根本的。我国最近的经济，却是怎样呢？我国因生产方法落后，以致备受帝国主义的剥削，这已非一朝一夕之故了。可是到近二十余年来，而此等情势，更为恶劣。近二十余年，因为内战不息，以致一切实业都走不上振兴的路；而旧有的反更遭破坏。欧战时代，日本、美国，都因此大获其利，我国则仍未能挽回入超的颓势。

民国以后的财政状况

　　一国最重要的命脉是经济，而经济的荣枯，往往表现于财政上。民国以来的财政，却是很惊心动魄的。革命军兴，财政的系统，一时破坏，自然要现出艰窘的样子。经过两三年的整顿，渐渐的有些上轨道了。不意帝制运动发生，中央威信坠地，各省应解的款项，多数都被截留。中央除关、盐余外（付给所担保的赔款、外债的余额），乃专靠借债以自活。除大借款外，还有许多较小的借款。欧战期间，则专借日本债。欧战既停，并日本债而不能得，则又专借内债。这是北京政府的情形。国民政府成立后，所借内债亦不少。现在中央政府的收入，以关、盐、烟酒、印花，统税为大宗。（《初中标准教本 本国史》第四册，第96—97页）

欧战以后，反而备受各国倾销之害；而尤以一九二九年世界大恐慌爆发后为甚。农业：因兵燹的破坏；水旱的频仍；租税的苛重；出口的农产品，既因世界恐慌而减少；外国的农产品，反要侵夺我们的市场；遂至全国的农村，都沦于破产的景象。工业：旧有的既遭破坏，新兴的，必备受外国及外人在我国境内所经营的工业压迫，不论轻工业、重工业，都陷于困苦挣扎之中。（我国现在的轻工业：纺织事业，受日本的倾挤最甚；卷烟制造，受英国英美烟公司的倾挤最甚。煤，日本人所开抚顺煤矿，名为合办而实在是日人所独占。英国人所开开滦煤矿营销最畅，也是大权属于英人。我国人自开的煤矿，反不容易和他们竞争。生铁的出产，像大冶铁矿等差不多全和日资有关系；而且我国铁的储量，有百分之七十五在辽宁，又有百分之九在察哈尔，这是我国前途最严重的问题呀）沿海航业，外国船舶，有百分之九十强；长江中亦超过百分之六十。铁路既多欠外债，航空亦系和外国合办（中国航空公司，是中、德合办，德资居三分之一），凡外力所及的通商口岸都有较便利的交通连结着，而内地则直到最近，才开辟公路，而国货亦渐次兴起。并且国民政府，于十八年，自动取消厘金，收回关税自主权，是对外亦有进步了。

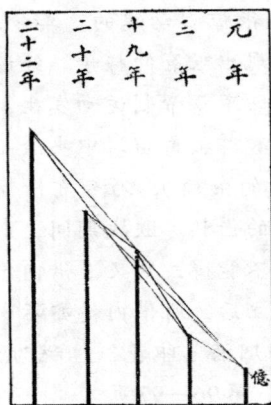

二十二年　二十年　十九年　三年　元年

億

国民以来入超图

重要输入品

米、麦、面粉、砂糖、海产

纱布、人造丝、毛织品

药品

卷烟

木材

煤油

五金、机械

纸张

最近的经济政策

中山先生的民生主义，是包含平均地权、节制资本两大中心问题。而节制资本之中，又包含节制私人资本，和发展国家资本两义。平均地权一项，近来政府对土地有强制征收，或实行征收地价，也算一端。对于佃农，定了二五减租之法。（此案系十五年国民党所提出。原意谓减百分之二十五。其后各地解释，颇有歧异。有地方，先将农产物减去百分之二十五，再将所余的七十五，由业主佃户平分。有地方，先将收获量平分，即业主佃户各得百分之五十，再从业主所得的五十分中，减去其二十五。浙江是照前法行的。其余各地方减租之事，实在并没有普遍实行）近来又设立农民银行，提倡合作事业，希冀农困的渐舒。节制资本，一时也谈不到，因为现在正是苦于无资本呢！不过全国劳动大会，十一年在广州业已召开，后来又开过两次。十六年国民革命军北伐，达到长江流域时，各地方的工会，风起云涌，组织最盛。后来因其不能尽上轨道，又逐渐加以整理。关于劳动的法规，亦已颁布多种。（其重要的，为工会、工厂、工厂检查、

劳资争议处理、团结协约等法）

政府并提倡国民经济建设运动，于二十年，设立全国经济委员会。各省设分会，研究救济农村，发达商工，改良物产。实行兴水利，开公路，整理棉业茶业，建筑谷仓，已有成效。又于二十四年十一月四日，颁布法币政策，现银集中，专用纸币，不但货币数量的伸缩可以自由，币价易于稳定；而且外汇专由国家所指定的银行办理，则某种货物，我们要限制其进口的，就可以限制商人购买外汇，入超就可减少；而国币价值，不至较外币为高，输出又可以增加了。至于利用外资，一时也还不易着手。但是二十年全国经济委员会设立以来，业经国际联合会行政院，许我技术合作，连年委派专家来华，业已帮助我们不少。世界各国，在这不景气的局面下，其困苦都是和我们一样的；而我国疆域的广大，天产的丰富，人口的众多，国民性质的勤俭，在世界上都是数一数二的；而又值各国经济，既经发达之后，可以利用其最新的技术，防止其已有的流弊；一时虽然困苦，将来实在是有很大的希望的啊！

第五十九章　本期结论

　　从西力东侵以来，中国人早已处于另一个世界中了，然中国人迄未觉悟。中国人感觉到遭逢旷古未有的变局，实自鸦片战争以来。其中又当分为两期：自五口通商以来，为我国饱受外国压迫的时代。从革命运动发生以来，则为我国受外力压迫而起反应的时代。历来议论的人，不论是中国人、外国人，大多数都说中国人进步迟缓，这是蔑视了历史上社会进化的规律，其实以中国之大，文化根柢的深厚，内地偏僻之处和现代的新文化接触的少，仅仅一百年，而能有如此的成绩，也不算坏了。至于其效迄今似尚未能见，则因大器晚成之故。

现代史的性质

　　自西力东侵以来，中国历史，就发生一个大变局，这是谁都知道的了。可是其中又当分为两期：自五口通商以来，为我国饱受外国压迫的时代。从革命运动发生以来，则为我国受外力压迫而起反应的时代。我们革命的成绩，是怎样呢？我们试自己检查检查看。

现代史是由外力压迫到起而反应的时代

　　自五口通商以来，可以说是我民族受外力压迫的时代。自戊戌变法以至于今，可以说是我民族受外力压迫而起反应的时代。前此固非全不认识西洋人的长处。买枪炮、买兵轮，进而至于自己立船厂，设制造局……也算觉得西洋人的长处了。然而总以为西洋人的长处，不过如此。此等一枝一节之事，民族间互相仿效，是常有的事（中国最切于生活之物，如木棉的栽种、纺织，来自南洋；蔗糖的煎熬，出自摩揭陀国。见《唐书》本传），算不得文化的大变动；所以也算不得我们民族的有觉悟。到中日之战以后，就不然了。我们知道他们之所以强，并不在于这些械器之末，而另有其根本的。于是始而想变法维新，仿效其政治。继而拟议及于政体。再后来，就知不仅是政治、军事一部分的关系，实在整个社会，都是有关系的。于是所拟议的，遂及于社会组织、学术思想……根本的问题。到这时代，我们可谓承认我们的文化，有改造的必要了。我们也可以说：业经走上改造的路了。我们的觉悟，并不算迟；我们所走的路线，也并没有错；至于一时未能见效，则事情的体段大了，原非旦夕所能奏功，这并不算无成效。我们不必因此灰心，反当益励其勇气。（《中国民族演进史》，第190—191页）

民族主义的成绩

从近代以来，中国的民族主义，受着两重的压迫：一是清朝的专制，一是列强的侵略。从辛亥革命以来，专制的压迫，可算是摆脱掉了。至于列强的压迫，则现今仍在挣扎苦斗之中。从前清末年，我们就是靠着列强的均势以偷安的。民国初年，还是这个趋势。可是四国团变为五国团，已经有些协以谋我的现象了。欧战以后，更并这最小限度的均势，而亦不能维持。于是有"五九"的国耻。一时外交上的形势，紧张到极度。华盛顿会议时代，似乎要宽弛些。从世界大恐慌爆发以来，列强都无暇他顾，而最近形势的严重，又远过于"五九"时代了。民族的危机，是没有人能够援助我们的，只有靠我们自己奋斗呀！

民权主义的成绩

中国行专制政体数千年，辛亥革命，几于兵不血刃，不过百日，就给我们推翻；以后虽有帝制、复辟等反动，亦都不崇朝而败。军阀的混战，凡不得民心的，亦无不以失败终；这真是民意的发挥，算得世界革命史上的奇迹了。但是我国的民权，在消极方面，虽已能充分发挥，在积极方面，即进而运用四权，参与国事，则还正在训练期中，凡我国民，都不可以不勉。

官僚阶级是民权主义的大敌

官僚阶级，乃合下列几种人而组织成功的，即：（一）做官的人。（二）辅助官的人。其中又分（甲）高级、参与谋议的，或有专门技术的，即幕僚。（乙）办例行公事的，即胥吏。（丙）供奔走使令的，即差役。（三）与官相结托的人，即士绅。这三种中，固然都不乏好人。然虽有好人，改变不了阶级的性质。以阶级的性质论，总是要求自利的。自利的方法，从理论上言，是权威力求其大，收入力求其多，办事力求其少。在上级监督，社会制裁的力量所不及之处，便要尽力行之。社会的文化，因得官力的辅助而发展是例外，事业遭其压迫，财力被其榨取，人才被其吸收，以致萎缩，倒是通常的现象。所以官僚阶级，实在是社会文化发展向上的大敌。欲救此弊，唯有发展地方自治，其根本又在增加人民的知识能力。中国向来，亦未尝不看重地方自治，但治者阶级的理论，根本有一个偏蔽之处，以为天生人而有智愚，愚者必不能自谋，非靠智者为之代谋不可。其实国家的事务，有些复杂的、艰难的，非有特殊的才能，不易应付，若社会的事务，则根本不离乎日常生活，人民有何不能办？而且向来也总是人民自行联合，自行办理，自行立法，自行制裁，何尝真靠官家的力量来？所以提高人民的知识能力而扩大其自

治权限，乃是民权主义的真谛。对于官僚阶级，其效用不过
如此的，却深寄其希望。这便是民权主义的大敌，把这种思
想打倒，民权主义的前途，就现出光明来了。(《中国现阶段
文化的特征》，原刊 1940 年 4 月 5 日《中美日报》)

民生主义的成绩

民生主义，在将来是可以发生惊人的成绩的。因为我们可
以利用资本主义的长处，而避掉他的短处了。可是现在，我们还
正在艰苦奋斗之中。我们当这内忧外患交迫，天灾人祸迭乘的时
候，我们还能够很坚苦的维持其生活，我们的一切事业，实际仍
在进行。对外的不平等条约，当以关税协定为最甚，我们在短时
间内，居然将其解除。技术合作，也已在开始。我们看似困苦，
实已走上光明的路了。

成绩的总批评

我国的全面积，大于欧洲；我国的人口，居世界四分之一；
愈是进化的社会，其内部的情形，就愈复杂，短时间如何整理得
来？古语说的好："大器晚成。"正唯晚成，才成其为大器。况且
区区二十余年的时间，在历史上论起来，算得什么？我们回顾已
往的成绩，我们要自壮，不要自馁。

中华民族大器晚成

从西力东侵以来，中国人早已处于另一个世界中了，然
中国人迄未觉悟。中国人感觉到遭逢旷古未有的变局，实自
鸦片战争以来。此战爆发于民国纪元前七十二年（一八四〇
年），距今恰足一百年。此一百年之中，中国的变化比之以前
任何一个时期，都要来得大，来得快。历来议论的人，不论

是中国人、外国人，大多数都说中国人进步迟缓，这是蔑视了历史上社会进化的规律，其实以中国之大，文化根柢的深厚，内地偏僻之处和现代的新文化接触的少，仅仅一百年，而能有如此的成绩，也不算坏了。至于其效迄今似尚未能见，则因大器晚成之故。制造一种器具，必须将各部分合拢起来，装置成功，然后其用乃见。社会的进化，亦系如此。各方面零零碎碎点点滴滴所做的工作，不到合拢的时候，其功是不见的。而今则正是一种合拢的工作，所以近百年来的历史，在现今看来，固然只觉得其黑暗，然到将来看起来，则一定觉得其光明，因为它是光明的前驱。所以中国的历史，特别是近百年来的历史，不论在哪一方面，都有追溯和检讨的价值。民族主义是国民活力的源泉，其发展的情形自然更值得追溯和检讨。（《中国民族精神发展之我见》）

第五编　综　论

第六十章　历史与人类生活之关系

　　历史是记载社会进化现象的。所以社会进化，为历史的重心；有进步的国民，才能使社会进化。人类的进步，为什么如此迟缓，而在进化的中间，还要生出许多纷扰来，以致阻碍进化呢？其最大的毛病，就在无所用其心，而凡事只会照老样做。古人称君为元首，就是头脑的意思。一身的指导者是头脑，一群亦不可以无头脑，这意思是对的。惜乎局面广大，情势复杂，更无人能当此重任了。人类的举动，所以不能合理，而往往闯下大祸，就是由于或无足称为首脑部的一群人，或则虽有之，而其行动先自误谬，导其众以入于盲人瞎马，夜半深池之境。

历史与人类生活

　　历史是记载社会进化现象的，而社会的进化，不外乎人类生活的转变。所以孙中山先生说："民生为社会进化的重心，社会进化，为历史的重心。"

民生为社会进化的重心

　　人类从用石进化到用铜、用铁，从采拾食物，进化到渔猎、畜牧、农耕，再从农耕进化到工商时代。人类由家族而成民族，由部落而成国家，种种组织，都离不开社会。一言以蔽之：是人类要求生存，才有种种进化，而且离开社会，就不能够生存。

社会进化是历史的重心

封建时代，列国分立，秦始皇把他统一。汉武帝更开拓疆土，东南到海，西过葱岭，北过大漠。唐初武功，称雄东亚。明朝派三保太监郑和遍历南洋、印度洋，直到非洲东岸。中国声名从此很远。但须知那时的中国社会，大有进步，才能在历史上显著光荣。所以社会进化，为历史的重心；有进步的国民，才能使社会进化。

人类的进步为什么迟缓

人类的进步，为什么如此迟缓，而在进化的中间，还要生出许多纷扰来，以致阻碍进化呢？其最大的毛病，就在无所用其心，而凡事只会照老样做。

人类的行动，不容盲目。而在一群之中，总有较为聪明的人，大家的行动，都受这种人的指导，是合宜的，其结果必然有益。在古代小国寡民的社会中，此等需要，易于察知；而其功绩亦易于见得；所以才智出众的人，易于受人的推戴。古代的民主政治，所以能著成效者以此。到后世，就不是这么一回事了。国大民众，利害关系复杂，断非一人或少数人所能尽知。而我们还只会用老法子，希望有一个人或少数人，出而当指导之任，而我们大家都跟着他走。所以凡百事情，利弊都很难明了，兴利除弊，更不必说了。古人称君为元首，就是头脑的意思。一身的指导者是头脑，一群亦不可以无头脑，这意思是对的。惜乎局面广大，情势复杂，更无人能当此重任了。然而没有一个能做首脑的人，却不能说一群之中，不能有一个首脑部，现在人类的举动，所以不能合理，而往往闯下大祸，就是由于或无足称为首脑部的一群人，或则虽有之，而其行动先自误谬，导其众以入于盲人瞎马，夜半深池之境。前者一切衰微之国都属之，后者好侵略以致陷入泥淖，

不能自拔者，便是个好例。(《塞翁与管仲》，原刊 1940 年 5 月
24 日《中美日报》)

从怎样生活的到该怎样生活

　　从前的人，以为历史不过记载伟人的事迹，与大多数国民无
干。殊不知有怎样的社会，才能有怎样的人物。孔子若非生于周
代文化最盛之时，岂能成为博学的大圣人，为儒教之祖。如来若
不生于印度，或者那时印度文化不发达，岂能创立一种伟大的宗
教，传布到中国来？所以伟人只是时代的产物。固然，伟人的能
力，超过常人数十百倍，不是社会进化，已经达到一定的阶段，
伟人亦是无可成其伟的。伟人只是时代的结晶。了解了该时代的
社会，就什么都了解了。旧见解的纰缪，在于不知道古今社会的
变迁。他们总以为古今的社会，是一样的；一切不同的事，只
是几个特殊的人做出来，倒像不同的人，在同一舞台上做不同的
戏一般。如此，就要摹仿古人，演成时代的错误。从西力东侵以
来，我们这种错误，不知道闹过多少次。你们试想想看：从你
们有知识以来，社会上的现象，有什么改变没有？你们或者年纪
小；或者生在偏僻地方，觉不着什么；试问问年纪大的人，据
他们的经验，社会上的现象，有什么改变没有？吃的东西，价格
腾贵么？衣服的式样变换么？住的房子怎样？交通的器具和路线
怎样？人情风俗又怎样？这许多，固然是一事一物之微；一个人
所看见的，也只是社会的一小部分；然而社会全体的变动，就是
一事一物之积；就部分，就可以推想出全体来。社会是变了。社
会是时时刻刻在变的，拘守老法子，是不对的。该走什么路呢？
社会为什么要变，必有其所以然之故。看清这所以然之故，应付
的方法，就出来了。所以然之故，是要从事实上看出来的，所以
史学是社会学的根柢。

社会科学是人人必须的知识

我们所以要研究社会学，乃因现在的社会，不可以不革命。唯有社会学，能昭示我们以（一）革命的理由，（二）革命的可能，（三）革命的途径。我们现在所奉为革命的方针的，是三民主义。然三民主义，乃是一种主义。若不求其了解，而只责以诵读，则是宣传而非教育。专靠宣传，是最危险的事。

不但如此，就是研究自然科学的人，对于社会学，亦不可以不知道。我国向来重视社会科学而轻视自然科学，这就是重视人与人的关系，而轻视人与物的关系。近几世纪来，因为靠自然科学之力，使世界焕然改观，大家视我国人的旧观念为陈腐，甚至视为背谬了。其实这个旧观念，是没有错的。物的道理，在未曾发明以前，我们固无如物何。然既经发明之后，亦断不会更有什么为难的问题，断不会根据业经有效的方法，装置电灯，而电灯忽然开不亮；制造火车，而火车忽然开不动。人和人的关系则不然。可以对付这个人的方法，未必能对付那个人。可以治理这个时代，这个地方的方法，未必可以治理那个时代，那个地方。然则从实用方法说起来，社会科学上智识，较诸自然科学上智识，获得确更艰难，价值确更宝贵。而且从应用方面说，自然科学实不必人人皆通，社会科学则不然。因为以一个人兼通各种学问，事实上决无此理，总不过享受他人所发明的成果。自然科学，是全不懂得这种学问，亦可以应用的。譬如全不懂电学的人，亦可以点电灯，打电话。电车不会开，则可以靠他人开。人与人的关系则不然。父子、兄弟、夫妇、朋友的交际，不能说我不会应付了，而请懂得伦理学的人代为应付。然则人与人的关系，确是人人所必须的知识，而人与物的关系则不然。所以我们的旧观念，重视人与人的关系，视为首要，轻视人与物的关系，视为次要，实在并没有错。即谓二者的重要当相等，而人与人的关系的教育，当较人与物的关系的教育，更为普遍，总是一个不磨的道理。而在现代一切人与人关系的科学，都须明白了社会学，才能够认识其原理，而批判其是非。更显豁言之，则相传的道德、伦理、哲学、宗教等等，均须根据于现在的社会学，而重新估定其价值。(《为什么成人的指导不为青年所接受》，原刊《青年（上海）》1940年第6、7、8期)

第六十一章　中华民族之逐渐形成与前途

天下本无不变的事物，民族亦何独不然。民族，就是代表一种文化的。文化，只是一种生活的方式。生活的方式变，即文化变；而人所遭遇的环境变，即其生活方式，不得不因之而变。凡事穷则变，变则通，通则久，所以民族本来是要求其能变的。唯能变才有生机。唯一种文化，发达到一定的程度，就要发生均衡的现象。此时非加之以外力，则不能大变。自西力东侵以来，中国遇着一旷古未有的变局。前此所遇的异族，至多武力为我所不逮；到现代，便文化的优劣，也发生问题了。所以近世和欧洲趋向相异的文化接触，实给我们民族以甚大的进展的机会。一个民族的文化，当其发生剧变之时，总不免相当的牺牲和苦痛。当这时代，对于新文化，深闭固拒愈甚，则其所受的牺牲和苦痛愈深。

中华民族的形成

中华民族，是怎样形成的？我们试追溯到历史上。我们最初，只是黄河流域的一个民族。我们进而将其他民族同化。我们再进而开拓长江流域，我们再进而开拓辽、热、察、绥，我们再进而开拓粤江流域。中华民族大一统的规模，就于此确立。自此以后，为我所同化的：北有匈奴、鲜卑、突厥；东北有女真、蒙古；西北有深目高鼻的西胡；西南有氐、羌、苗、猺、猓猡等高地民族。每经一次同化作用，我们的疆域就扩张一步。我们的文化，亦时时兼收异族之长。我们吃西方来的瓜，我们着南方来的棉。我们会坐胡床，我们会玩胡琴和羌笛。我们也崇拜从西方来的胡天。我们吸收、融化了这些，而仍不失其为我。天下只有能兼容并蓄，是伟大的；只有能兼容并包，而仍不丧失其自己的，是伟大的。诚然，中华民族是伟大的。

民族唯能变才有生机

天下本无不变的事物，民族亦何独不然。民族是怎样变化的呢？民族的成因，总说起来，可以说是原于文化。一民族，就是代表一种文化的。文化的差异不消灭，民族的差异，也终不能消灭。而文化之为物，并不是不变的。文化，只是一种生活的方式。生活的方式变，即文化变；而人所遭遇的环境变，即其生活方式，不得不因之而变。环境是无时无小变的，所以人类社会，也不绝的在渐变。到环境生大变化时，人类要求适应他，乃罄其潜力（即平时储蓄之力以应之），就发生所谓突变了。凡事穷则变，变则通，通则久，所以民族本来是要求其能变的。唯能变才有生机。唯一种文化，发达到一定的程度，就要发生均衡的现象。此时非加之以外力，则不能大变。但微细的渐变，仍是有的。因和异民族交通，而效法其所为，这亦可以说是一种环境的改变。民族之互相冲突亦然。所以异民族之相接触，于民族亦是有利的，因为这亦是一种文化的刺激。（《中国民族演进史》，第10—11页）

中华民族前途的希望

中华民族，已往的事迹，留于历史上的，已显著光荣。但在将来，更有很大的希望。为什么呢？凡是一国的兴亡，全视国民的强弱，国民能振奋则强，倘堕落就弱。像古代的罗马大帝国，强盛的时候，全部欧洲，和非洲北部，亚洲西部，都在其统辖之下。只因罗马人民，因强盛而奢侈、放纵，贪佚乐，怕当兵，养成懒惰的社会，外族交侵，罗马大帝国从此瓦解而灭亡。自古以来，文化最早曾经强盛的民族，因国民堕落而衰亡的，不知其数。我中国有五千年的文化历史，国民向以勤俭耐劳著称，又有孔子诸圣贤著书立说，劝导国民，力戒贪乐懒惰，要奋发有为，崇道德，求知识。如此则国民元气常新，已往历史上的强盛，可以复见了。

打破文化的平衡

自西力东侵以来，中国遇着一旷古未有的变局。前此所遇的异族，至多武力为我所不逮；到现代，便文化的优劣，也发生问题了。民族既以文化为特征，与优等的异民族相遇，自然我们的民族，也感受着重大的威胁。文化进展到一定的程度，便要发生平衡的现象。所谓平衡，便是乐于保守，惮于改革；非加之以外力，则不能大变。中国文化，在东亚的一个区域中，其发展，可说是已达于高度。向来同我们接触的民族，其文化程度，都较我们为低。其文化的趋向，与我相异，而足给我们以一种刺激的，只有印度。但是印度的佛教，自汉代输入中国以来，经过魏晋、南北朝、隋唐时代的摄取，再加以宋、明时代（理学时代）的改造，业已与我国的文化融合为一；又成平衡的现象了。当此情势之下，非环境大变，我们的文化是不会有急剧的改进的。所以近世世界大通，和欧洲趋向相异的文化接触，实给我们民族以甚大的进展的机会。一个民族的文化，当其发生剧变之时，总不免相当的牺牲和苦痛。当这时代，对于新文化，深闭固拒愈甚，则其所受的牺牲和苦痛愈深。中国民族，是以"易"为其哲学思想，以"中庸"为其践履的标准的。所以对于新文化，最能欢迎和吸受。（《中国民族演进史》，第167—168页）

第六十二章　中国文化之演进及其未来

　　古语说：殷忧所以启圣，多难所以兴邦。国家如此，民族亦然。复兴民族，不是虚怀之气所能济事的。我们既要复兴民族，就得深切认识：现在民族的病根在哪里？我们不该自讳，中国所最缺乏的是科学。在中国人的意思，或者以为人和人的关系，弄明白了，对于物的措置，自然不成问题。而不知受了物质方面的牵制，人与人的关系，也是不能尽善的。"仓廪实而知礼节，衣食足而知荣辱。"然生产之法不精，防患之法不周，不能战胜天然的灾害，何法使之仓廪实、衣食足呢？所以中国今日，对于西洋人的科学方法，是应该无条件接受，迎头赶上去的。

中国文化的演进

　　中国的文化，是怎样演进的呢？中国古代的文化，是以农业社会的文化，为其根柢的。其对内对外，都极和平。这就是孔子所谓大同世界。同时，我们因立国大陆，对四围民族的斗争，极其剧烈，所以我民族又发达了武德，看古人多少慷慨激昂的举动，就可以知道。同时，我国因所处环境的优良，和我国民族天才的卓越，又发达了高深的学术。至周秦之际，诸子百家，争奇竞秀，而达于极点。这是我国固有的文化。秦汉以后，我国和异族接触更多。异族的文化有能够裨益我们的，我们也都把他吸收着。其中关系最大的，尤其要推印度，从南北朝到隋唐，正是我国努力吸收印度文化的时代。到宋朝以后，我国的旧文化，就要和印度输入的文化相调和，而别生一种新文化了。宋学的精微奥妙之处，确能吸收佛学之长，而其切于民生日用，则仍不失我国固有文化的特色。

中西文化的比较

我国现在的文化，比起西洋来，似乎自愧弗如了。然而西洋文化之所长，只是自然科学的发达；他们现在的社会科学，固然也极精深，然而都是自然科学发达了，借用其研究方法的。所以说到根本，西洋近来的发达，还是受科学之赐。而自然科学的发达，乃是特殊的环境使然，并不是在先天上，他们有什么特长。这话怎说呢？科学在粗浅之处，是世界上任何民族，都懂得的；所争的，只是发达与不发达。欧洲的海岸线，是很曲折的，因此他们长于航海，海外的贸易就兴盛。输出之物，求过于供，就不得不想到用机器代人力。机器的使用广了，自然研究的人多，研究的人多，发明就多了。所以我们现在，似乎比西洋人落后了许多，而推其相异之由，实在只差得初的一步。迎头赶上，决不是难事。

中国最缺乏的是科学

古语说：殷忧所以启圣，多难所以兴邦。国家如此，民族亦然。历史上的事实，证明我们着着成功。短时间的挫折怕什么？我们便该鼓起民族复兴的勇气。

但是复兴民族，不是虚骄之气所能济事的。我们既要复兴民族，就得深切认识：现在民族的病根在哪里？是怎样的病情？病状既明，然后从根本上施以救治。

民族的特征，既是文化；那我们的文化，自然总有缺点的。我们不该自讳。然则中国文化的劣点，到底在哪里呢？中国人是注重于人与人的关系的。所以自古以来，所苦心研究的，是修身、齐家、治国、平天下之道。其于实际的应付，则注重于治人。西洋人所注重的，是人与物的关系。苦心研究，专想阐明事物的真相，求得其不变的法则。因此上发明了科学，及其实际的应付，则注重于治法。人是较为活动的，物是较为呆板的。中国人以为呆板之物，生不出什么问题来，不肯用心去研究，所以不会发明科学。西方人则习惯于研究"物"。其治社会科学，分明所研究的对象是人；是人所做出来的事情；然而亦想以研究"物"的方法行之，于纷纭蕃变的人事中，求得其不易的定则。二者可谓各有所偏。物，诚然是呆板的，不会有意与人为难。然而对于物的性质不明白，因而驾驭物的方法不尽善，则这呆板之物，已尽足做人类发展的障碍了。在中国人的意思，或者以为人和人的关系，弄明白了，对于物的措置，自然不成问题。而不知受了物质方面的牵制，人与人的关系，也是不能尽善的。譬如老话说："仓廪实而知礼节，衣食足而知荣辱。"然生产之法不精，防患之法不周，不能战胜天然的灾害，何法使之仓廪实、衣食足呢？

如此，中国民族和西洋各民族的异同优劣，就可以了然；而中国民族复兴所应取的途径，也就可以不烦言而解了。中国所最缺乏的是科学。唯其有科学，对付起"物"来，事前才算得定；而办理的手续，也可以一无错误；工力才可简省；而任何浩大的工程，亦都可以举办。人类制伏自然，利用自然之力才强。制伏自然、利用自然之力强了，供给人类发展的物质基础，才无所欠缺。所以中国今日，对于西洋人的科学方法，是应该无条件接受，迎头赶上去的。（《中国民族演进史》，第185—189页）

第六十三章　国际现势下吾国之地位与复兴运动

　　　　西力的东侵，是从海陆两路来的。从海路来的，是英、美、德、法等国；从陆路来的是俄国。十九世纪之末，日本新兴，其势力亦及于大陆。在我国，遂成为三方交迫的局势。我国本是东亚的主人翁，可是因国势陵夷，全立于被动的地位。要想自立自强，必先振起民族的精神。所以我国现在的复兴运动，像新生活运动、识字运动、去毒运动、卫生运动，全要有学问有能力的学生去担任。青年学生不可以身家衣食为志，多思有所藉手以自效于社会国家。今之时事艰难，有大志者，理宜风起云涌，而顾寂然，是则士之耻也。

国际的现势

　　从西力东侵以后，我国就从闭关独立的局势，进而为国际的一员。国际的情势，是时有变迁的，现在却是怎样？西力的东侵，是从海陆两路来的。从海路来的，是英、美、德、法等国；从陆路来的是俄国。十九世纪之末，日本新兴，其势力亦及于大陆。在我国，遂成为三方交迫的局势。古人说：远交近攻，那自然愈切近之国，其关系愈深了。欧战以前，英、美、德、俄、日在东洋都是有势力的。欧战以后，德国海外的属地，丧失净尽，在东洋可说已无关系。法国和东洋的关系，比较也是浅的。现在尽力对付欧陆诸问题，也无暇过问东洋了。只有英国，本是掌握世界海权的；在中国的权利亦较多，所以不肯放手；美国滨临太平洋；日本立国东方；俄国虽本国在欧洲，而在亚洲的属地，亦极广大，所以在东方，遂成为这四国争霸之局。

吾国的地位

我国本是东亚的主人翁，可是因国势陵夷，全立于被动的地位，而有时，尤不免有左右做人难之苦。在现今的国际情势之下，说是哪一国真得了哪一国的扶助，是不会有这事情的。不论讲均势，说瓜分，都不过是为自己打算。国际间的正义公道，虽不能说全然没有，可是没有实力的制裁，也就等于一句空话。何况瓜分固然危险，恃均势以自存，也不是立国之道；何况瓜分还可以变为独占呢？

复兴运动

但是要想自立自强，必先振起民族的精神。所以我国现在的复兴运动，正是切要之图。像新生活运动，政府正竭力推行，人民也踊跃从事。他若识字运动，是望全国人民，都受教育，增高道德和知识。去毒运动，是望人民勿再嗜好毒品，将百余年有害身体和精神的烟毒，永远禁。卫生运动，是望人民注意清洁预防疾疫。至于在学校中的学生，尤当晓得如何修养本身及服务社会的意义，因为教育之目的，在造就有实学有实用之人才，养成劳动服务之精神，与实际工作之能力。在校能勉力及此，他日出校，服务工作，必更有非常之成就。所以建设国家与复兴民族之大业，全要有学问有能力的学生去担任了。

青年学生不可以身家衣食为志

自吾有知识以来，五十年矣。小时所遇之读书人，其识见容或迂陋可笑，然其志则颇大，多思有所藉手以自效于社会国家，若以身家之计为言，则人皆笑之矣。今也不然。读书者几皆以得一职求衣食为当然，一若人之所求，更无出于此之外者。人诚不能无衣食，然谓所求仅仅在此可乎？人之所求，仅在衣食，是率天下皆自私自利之徒也，聚自私自利之人，而欲为利国利民之事，不亦蒸沙而欲成饭乎？

社会科学其本在识。当识人事之万象纷纭，而能明其理，知其所以然之故，然后知所以治之之方，而识之本，尤在于志，必有己饥己溺之怀，然后知世有饥溺之事，不然饥溺者踵接于前，彼视之若无所见也。张横渠见饿莩辄咨嗟，对案不食者竟日。嗟乎，见此饿莩者，独横渠也哉？

人之志量，固有大小，然未尝不可以学而扩充之。日与第一流人相接，熏其德而善良。入芝兰之室，久而与之俱化，未有志徒在乎身家衣食者。第一流人或不易遇，尚友古之人，则其道也。今之时事艰难极矣，有大志者，理宜风起云涌，而顾寂然，是则士之耻也。（《吕诚之先生讲经世》）

附　录

编辑者言

　　大凡编纂教科书，总是找对于那一门学问，略有研究的人。而人们的性质，对于素所研究的学问，往往易觉其重要，易觉其容易。这样又不可不知，那样又不可不知；这样又不难了解，那样又不难了解；于是材料愈聚愈多，学生的消化力，可就不胜其任了。不能了解，即使记得，亦有何益？况且总是要忘掉的。而勉强记忆，以及过于努力，强求了解，实于真正的了解有害。

　　初中学生读历史，实在只要知道一个轮廓，过求详细，反要连轮廓而丧失掉的。古人说：对马的认识，在牝牡骊黄之外的。这似乎是句笑话，其实确有至理。我们现在问：有一条河，其下流是以定期泛滥的，因此遗下很肥沃的土地，为世界上最古文明的源泉。这是什么河？在什么国里？不常读书的人，或者仓猝之间，竟记不起尼罗、埃及的名字。然而只要这个人，是受过教育；他所受教育，不是白受的；总记得这条河是在非洲的北部，决不会误以为在欧洲在亚洲，而河流与文明的关系，与最古文明的关系，他也还是了解的。如此，这个人的书，就算是没有白读。反之，在科举式的考试下读书，竟可以尼罗、埃及等名词，背得烂熟，而这一条河，在历史上，在地理上，有何等关系；因而与人有什么关系；竟茫然不知。有时或者会照书上所说的，默写、背诵出来，而于这句话的内容，其实并没有了解。这种教育，就算白受了。然而勉强注入的材料太多，其结果必至于此。

　　我这一部书，颇想力矫此弊，凡是不必要的材料，我都尽力删除；不必要的人名、地名等，尤其是概不阑入。譬如江苏教育厅所定的进度表,《隋唐之社会与教育》一课,中有"唐代道教之改革"一条,我觉其不必要,从北魏寇谦之以后,对于道教,就不再叙述了。又如"近代史"叙清代的学术,我只说明考据是怎样一种学问,有什么用处,清代考据家的名字,我一个也没有列入。这在以博闻强识为读书,以读书为学问的人看起来,或者竟是笑话。然而既不懂得他们的学问,知道了戴震、惠栋、段玉裁、余箫客等名字,有什么用处呢? ——有种人名,举出几个,是不要紧的。譬如李白、杜甫,因为学生很容易读到他们几首诗。又如颜真卿、柳公权,则或者曾用他的字做过范本。

有等学生,天分高超的,或者以教科书所举为不足。然而就是天分低的学生,亦决不会以教科书所举为已足的。教科书原不过是教授的中心而已,不过宁可简单些。以此为中心,让他自己去泛览,不要把教授的材料,堆积得太多了,以致埋头诵读尚来不及,更无余力,泛览他书。因为凡自以余力泛览的书,大抵是兴趣所在,容易了解,自然也容易记忆。

以上是我编辑这部书宗旨的所在。

以下还有几条凡例:

(一)这一部书中所定的细目,我自以为是颇费斟酌的。但我对于初中历史教授,是没有经验的。究竟适用与否,亦不敢自信。海内的教育家,如肯赐教正,最所欢迎。部定的课程标准,自然不能改动;斟酌改良,全在这细目中也。

(二)进度的迟速,自然不能十分刻定的。我每一册前,都附列一张进度表,以备教师诸君参考,并求教正。进度表每学期以十六星期计,末一学期,只十二星期,以备腾出时间,将全书温习。

(三)每章之后,附有习题。百分之九十几,都以启发思想,引导其了解相当的理论,并和别一科互相联络为主,都不责记忆的。然我自信:对于此等问题,如能了解,历史上的事实,决不至于茫然不忆。我很希望学校教师,甚而至于官厅会考,出题都以了解为主，勿责记忆。我所列的问题中，有一小部分，是要学生根据亲身的经验作答案的。这是所以将本书与事实，联结为一，引导他使知书中所记载，就是社会上的某种事实。此法尤可随时随地，广为利用。

（四）注释及参考一项中，所举的参考书有两种：一种是本文所依据，该知道其出处的，列之以备查检，但不查检亦无妨。一种是以备学生参考的。其中专备某一事件参考的，即于该处正文之下，附注一、二、三、四……数字，应参考之书，即在后文一、二、三、四……项下举出，不再与注释分别。其供给全章参考的，则附于注释及参考一项之末。参考书能举出篇名、章、节或页数的，都经举出。其不能的，则但列书名。间有卷帙较多的，则或联合几人分看，或自己泛览大概，只好希望教师随时指导的了。

（五）凡地名，可免用古地名的，均即用今地名的。[①]其不能，或用今地名反不清楚的，——如行政区划，——则仍用古地名，而于附注中详其今地。外国人地名，亦于注释项下，附列原文。

（六）凡图表，都是与书不重复的，这是所以养成学生阅读图表的能力。

---

① 此处所说的今地名，即二十世纪三四十年代时的地名。